Feines aus der
5-Elemente-Küche

Ekkehart Hamma · Stefanie Hamma · Wolfgang Radi

Tinto ▪ Verlag

Inhaltsverzeichnis

Chronologisch geordnet

Dieses Kochbuch ist modular aufgebaut.

Sie können sich inspirieren lassen und einfach durch die Seiten der jeweiligen Jahreszeit blättern. Sagt Ihnen ein Gericht besonders zu, probieren Sie es einfach aus.

In diesem Inhaltsverzeichnis können Sie chronologisch nach einem Gericht suchen.

Die Lesebändchen und das alphabetisch sortierte Inhaltsverzeichnis auf Seite 282 sind dafür gedacht, dass Sie aus verschiedenen Gerichten einzelne Teile der Zubereitung herausziehen können.

Sie und wir zählen Sie dann zu der Gruppe unserer Leser, die gern und viel mit diesem Buch arbeiten will. Dabei werden Sie wunderbare, sinnlich-geschmackliche Erfahrungen machen können.

Zu allen Vorgehensweisen wünschen wir Ihnen viel Freude, gutes Gelingen und großen Genuss.

PREAMBLE

„Chinese medicine includes many different therapeutic modalities such as acupuncture, herbal medicine, massage, osteopathy, breathing exercises and dietary therapy.
Food and diet have always been an integral and important part of Chinese medicine.

Indeed, the classification of herbs according to their temperature (e.g. hot or cold), taste (bitter, pungent, sweet, etc.) and channel entered is applied in exactly the same way to foods.

For example, we read in a Chinese book that spring onion is pungent in taste, hot in energy and without toxicity. It releases the Exterior, promotes sweating, expels Cold and facilitates Yang.

The nature and actions of this food are expressed in exactly the same way as those of a medicinal herb.

Indeed, just as we have herbal prescriptions, there are also dishes that are prepared for their medicinal effect. Dietary irregularity is unfortunately a very common and important cause of disease in Western countries.

This book by Dr. Hamma is therefore a very welcome addition to the Chinese medicine literature in Western languages and it represents an important adaptation of Chinese dietary principles to Western foods.

It describes the actions of common foods in terms of Chinese medicine and it presents attractive, delicious and nourishing dishes to eat our way to health."

Giovanni Maciocia

Prof. Univercity Nanjing
„Father of Chinese Medicine in Europe"

Vorwort
Deutsche Übersetzung

Die chinesische Medizin beinhaltet viele verschiedene therapeutische Ansätze wie Akupunktur, Kräutermedizin, Massage, Osteopathie, Atemübungen und Ernährungs-Therapie. Nahrung und Ernährung sind seit jeher ein wesentliches Element der Chinesischen Medizin. Tatsächlich werden Nahrungsmittel, genau wie Heilkräuter entsprechend ihrer Temperatur (z.B. heiß oder kalt), ihres Geschmacks (z.B. bitter, scharf, süß...) beispielsweise der Leitbahn zu der sie Bezug haben, klassifiziert.

So ist in einem chinesischen Buch zum Beispiel zu lesen, dass die Frühlingszwiebel scharf im Geschmack ist, wärmt und selber frei von Giftstoffen ist. Sie beseitigt äußere Symptome, fördert das Schwitzen, vertreibt Kälte, stärkt die Yang-Energie und wirkt entgiftend. Die Natur und der Einfluss dieses Nahrungsmittels werden auf exakt die gleiche Weise beschrieben, wie es bei einem medizinischen Kraut geschieht.Und ähnlich wie Kräuter verschrieben werden, gibt es auch Gerichte, die wegen ihrer medizinischen Wirkung zubereitet werden. Falsche Ernährungsweisen sind in westlichen Ländern leider eine weit verbreitete Krankheitsursache.

Das Ihnen vorliegende Buch des Arztes Ekkehart Hamma ist daher eine willkommene Ergänzung zur Literatur über Chinesische Medizin in westlichen Sprachen und stellt eine wichtige Bearbeitung und Anwendung chinesischer Ernährungsprinzipien auf westliche Lebensmittel dar. Es beschreibt den Einfluss gängiger Nahrungsmittel mit Begriffen aus der chinesischen Medizin und präsentiert attraktive, köstliche und nahrhafte Gerichte, um uns gesund zu ernähren.

Giovanni Maciocia
Prof. Univercity Nanjing
„Father of Chinese Medicine in Europe"

Einführung

„Eure Nahrung sei Eure Medizin und Eure Medizin sei Eure Nahrung"

wusste schon der altgriechische Arzt Hippokrates vor rund 2400 Jahren. In die heutige Sprache übersetzt, ließe sich diese Weisheit so ausdrücken: Essen Sie so, dass Sie gesund bleiben und wenn Sie doch einmal erkranken, soll Ihnen Ihre Nahrung bei der Gesundung helfen.

Dem Philosophen Ludwig Feuerbach wird das Zitat zugeschrieben:

„Der Mensch ist, was er isst".

Dass es sich bei beiden Persönlichkeiten um Europäer handelt, beweist, wie tief der elementare Zusammenhang zwischen Ernährung, Gesundheit und Entwicklung auch in unserem Kulturkreis verwurzelt ist.

Essen mit anderen Sinnen

Wir müssen es jeden Tag tun. Vom ersten bis zum letzten Tag. Nur atmen ist noch wichtiger: Nahrungsaufnahme kräftigt unseren Körper und ermöglicht ihm mittel- und langfristig seinen Aufgaben ein ganzes Menschenleben lang nachkommen zu können.

Neben der Schlafenszeit stellen unsere Mahlzeiten feste Eckpunkte im Tagesablauf dar: sie sind Felsen in der Brandung des Alltags und können den Rhythmus des Lebens im Wesentlichen bilden.

Unsere Ernährung ist mehr als nur Beseitigen des Hungergefühls: mit ihr kräftigen und nähren wir unsere Existenz im weiteren Sinne. So werden wir in die Lage versetzt, alle unsere in uns schlummernden Möglichkeiten und Fähigkeiten von frühester Kindheit bis ins hohe Alter zu entwickeln und zur Entfaltung zu bringen. Wir können wachsen und gedeihen, unsere körperlichen Kräfte entwickeln, wir erhalten die Fähigkeit zur Fortpflanzung, können uns gesund erhalten und geistig und emotional reifen. Wie zur Krönung des Ganzen, kann Ernährung von uns als entspannende Sinnesfreude und besonderer Höhepunkt des Lebens Tag für Tag empfunden werden: Tischgemeinschaft mit Familie, Kollegen oder lieben Menschen zu haben, ist ein besonderes soziales Ereignis. Geschmäckern und Aromen nachspüren kann unsere Sinne ansprechen und uns emotional tief berühren.
Dankbarkeit gegenüber den Menschen, die zu Entstehung und Gelingen einer Mahlzeit beitragen und Ehrfurcht gegenüber der Schöpfung stärken das Gefühl für das große Ganze.

Die Ernährung nach den 5-Elementen beinhaltet auf ganz besondere Weise all diese Gedanken. Mit ihr sind die Kunst der Zubereitung, das Ritual der Mahlzeit, die Sinnlichkeit der Speisen und das Genießen der Geschmäcker verbunden. Sie umfasst eine hochwertige jahreszeitentypische und regional geprägte Auswahl naturbelassener und möglichst ursprünglicher Rohstoffe.

In der 5-Elemente-Ernährung spielen Eigenschaften der Lebensmittel wie Geschmack, Temperaturverhalten, Wirkrichtung und Bezug zu einem inneren Organ eine besondere Rolle. Durch geschickte Kombination von Lebensmitteln, Küchenkräutern und den subtilen Einsatz der Gewürze, kann nicht nur eine köstliche Mahlzeit entstehen, sondern es wird eine besondere Bekömmlichkeit erreicht. Dieses Prinzip ist bereits in alten Schriften aus dem dritten vorchristlichen Jahrhundert beschrieben.

All diese Inhalte teilt die Ernährung nach den 5-Elementen mit ihrer Mutter, der Chinesischen Ernährungslehre. Was die beiden unterscheidet ist einfach, aber wesentlich: während sich die Chinesische Ernährungslehre ganz auf den fernen Osten bezieht und durch dortige Lebensmittel, Gewürze und Zubereitungsformen geprägt ist, hat die 5-Elemente-Küche ihre Heimat prinzipiell in jedem Land der Erde. Mit ihr können wir bei den Geschmäckern, Düften, Aromen und Zubereitungsformen bleiben, die wir von Kindesbeinen an gewohnt sind, denn sie stellen ganz natürlich die gesündeste Ernährung für uns dar.

喜
智
壽
福

Mit dem Buch

Feines aus der 5-Elemente-Küche

leisten wir einen Beitrag zu einer bewussteren, nachhaltigeren und die Sinne ansprechenden Ernährung. Mit unseren Rezeptvorschlägen ermöglichen wir unseren verehrten Lesern, dem Vorsatz, etwas zum Besseren zu verändern, auch Taten folgen zu lassen.

Sich täglich mit vertretbarem Aufwand mindestens zwei Mahlzeiten zuzubereiten, die schmecken, zu Wind, Wetter, Sonnenschein passen und dabei dem Körper ermöglichen, sich aus den gegessenen Lebensmitteln kräftigend zu ernähren, ist auch der Anspruch der zweiten Auflage von „Feines aus der 5-Elemente-Küche". Spaß an der Zubereitung und Genuss beim Essen, stehen erneut im Gleichgewicht mit Zeitökonomie und Nachhaltigkeit.

Das Buch verfolgt keine medizinischen Intentionen, sondern dient im doppelten Sinn dem Gleichgewicht der Erde, dem Element, das in der „Mitte" des 5-Elemente-Systems als ruhender Bezugspunkt steht: Während alle anderen Elemente stärker oder schwächer zur Yin- oder Yang-Seite streben und durch große Dynamik geprägt sind, stehen im Element Erde Yin und Yang im Gleichgewicht. Da die Erde als Element im Sinne der 5-Elemente-Lehre mit dem Organ „Mitte" als zentraler und umfassender Stoffwechselinstanz verbunden ist, stärken und pflegen die Rezepte vor allem die Erde in uns, unsere „Mitte".

Um in diese Gedanken eintauchen zu können, bedarf es an dieser Stelle der Erklärung einiger Grundbegriffe aus der Chinesischen Medizin.

Begriffe

Worte, Benennungen, Bedeutungen

Yin und Yang

Im Verständnis der Traditionellen Chinesischen Medizin lassen sich alle Phänomene des Lebens nach Yin und Yang klassifizieren. Dabei steht Yin für die ruhenden, verlangsamenden, stofflichen, befeuchtenden, kalten, schweren, zusammenhaltenden, unten und innen verhaftenden Energien, während Yang für die dynamischen, warmen, trocknenden, auseinanderstrebenden, nach oben und außen gehenden, flüchtigen und nicht greifbaren Prozesse steht.
Yang prägt den Tag, hat seinen Entfaltungshöhepunkt am Mittag und seinen Tiefpunkt um Mitternacht. Yin verhält sich gegenläufig und polar dazu, das heißt es kommt maximal zur Entfaltung um Mitternacht und hat seine schwächste Zeit mittags.

Diese Tagesgliederung hat auch Bedeutung für den gesunden Schlaf. Sind Yin und Yang im Gleichgewicht, kann sich nachts die aktive Yang-Kraft ins ruhende Yin absenken, ähnlich unserem Körper, der nach einem Tag voller Tatkraft, Unrast und Umtriebigkeit, müde in ein ruhiges, weiches Bett sinkt, um sich zu regenerieren. In der Nacht schöpft das Yang im Yin frische Kraft, damit es sich am kommenden Tag wieder kraftvoll entfalten kann. Sind Yin und Yang nicht im Gleichgewicht, kann es zu Schlafstörungen in der Nacht und zu Einbußen in der Kraftentfaltung am Tage kommen.

Das Auf und Ab von Yin und Yang muss bei der Ernährung besondere Beachtung finden. Denn die „Mitte", unsere zentrale Stoffwechselinstanz, die Wandlung und Transport der aufgenommenen Speisen vollzieht, schöpft ihre wärmende und wandelnde Kraft aus dem Yang, das am Tage herrscht. Folglich ist die „Mitte" am stärksten, wenn das Yang seiner maximalen Entfaltung entgegenstrebt: bis zum Mittag können Speisen und Getränke am besten von einer gesunden „Mitte" gewandelt und transportiert werden. Deshalb besagt auch unser altes Sprichwort: „Iss morgens wie ein Kaiser und mittags wie ein König ...". Da das Yang in der zweiten Tageshälfte abnimmt und damit auch die Kraft der Verdauung schwindet, sollte das Abendessen eher bescheiden ausfallen. Vor allem Rohkost, rohe Salate, Joghurt, Käse und Wurst sind zum Abendessen nicht geeignet, da sie von Natur aus kalt und schwer verdaulich sind. Wohingegen Brühe oder Suppe, ein gekochter Salat, gedünstetes Gemüse am Abend die „Mitte" stützen können und so für den Körper leichter bekömmlich sind. Über Suppen, Brühe und Gemüse wird zudem das wachsende Yin in der zweiten Tageshälfte gestärkt. Und so heißt es in dem deutschen Sprichwort weiter: „... und abends wie ein Bettelmann." Sinngemäß das Gleiche meinen die Chinesen, wenn sie sagen „Das Abendessen schenke deinem Feind."

Viele Menschen spüren das abnehmende Yang am Abend mit Druck im Bauch, vermehrten Blähungen oder schlechtem Schlaf in der Folge opulenter Mahlzeiten. Auch die Drei-Monats-Koliken des kleinen Säuglings haben in vielen Fällen ihre Ursache in einer schwachen und ungeordneten Yang-Energie der „Mitte" und treten daher bevorzugt in den Abendstunden in Form von Unruhe, Schrein des kleinen Säuglings und vermehrten Blähungen auf.

Nicht nur die Gliederung des Tages folgt dem dynamischen Wechsel von Yin und Yang. Auch die Jahreszeiten lassen sich vor dem Hintergrund dieser Gesetzmäßigkeit betrachten. So wird die Zeit des Holzelementes, die Phase des zarten Sprießens und Wachsens im Frühling als „junges Yang" bezeichnet, das vom „großen Yang" des Sommers, der Zeit der Reifung und der Fruchtbringung, abgelöst wird. Die Natur strebt im „großen Yang" ihrer vollen Blüte und ihrer maximalen Entfaltung entgegen. Im „kleinen Yin" des Herbstes ziehen sich die Kräfte in die Erde zurück, um sich im Winter, dem „Yin im Yin", in Dunkelheit und Kälte in der Wurzel zu sammeln und für den Neubeginn im Frühling zu stärken.

Beachten wir neben der tageszeitlichen Dynamik auch noch das Auf und Ab des Jahreskreises, können wir unserem Körper mit der Ernährung helfen, diesen Wechsel mühelos zu verkraften. Während wir dem „großen Yang" des Sommers mit erfrischenden Gerichten begegnen, hilft uns ein wärmender Eintopf mit dem „Yin im Yin", der Kälte des Winters, umzugehen.

Die 5 Elemente

Auch wenn sich prinzipiell alle Phänomene des Lebens, der Natur und des Kosmos nach Yin und Yang zuordnen und einteilen lassen und die beiden Polaritäten mit ihren fließenden Übergängen in einander, sehr pragmatisch erscheinen, fanden die Chinesen im Laufe der Zeit, dass es Phänomene gibt, die nach feinerer Erklärung verlangen und sich daher besser mit anderen Modellen erklären lassen. So entstand das System der „5-Elemente".

Die „5-Elemente" werden von Wasser, Holz, Feuer, Erde und Metall gebildet. Die Organe Niere, Leber, Herz, Milz und Lunge sind den Elementen zugeordnet und die Geschmäcker salzig, sauer, bitter, süß und scharf werden mit Elementen und zugehörigen Organen assoziiert. Jedes Element ist mit Gefühlen verbunden, die es in seiner Funktion beeinträchtigen oder gar schädigen können. So schädigen tiefe Angst und Schock das Element Wasser, das mit dem Organ Niere verbunden ist. Auch in unserem Kulturkreis ist dieser Zusammenhang bekannt: wenn uns etwas besonders stark betroffen gemacht hat, sagen wir: das geht mir an die Nieren. Ähnliches gilt für das Element Holz, mit dem Organ Leber und den Emotionen Zorn, Wut, Frustration. Redensarten wie „da läuft mir doch die Galle über" oder „dem ist eine Laus über die Leber gelaufen" zeugen davon, dass derartige Erfahrungen nicht nur in China gemacht wurden. Dem Element Feuer, mit dem Herz als zugehörigem Organ, sind exzessive Erregung und Freude, sowie Reizüberflutung der Sinne und Suchtverhalten als schädigende emotionale Einflüsse zugeordnet. Die Erde mit der Milz kann durch Grübeln und ein Übermaß an gedanklicher Arbeit – zumeist verbunden mit Bewegungsmangel – geschädigt werden.

Das ist einer der Gründe, warum unsere Kinder so häufig gesundheitliche Probleme in diesem Bereich haben, zumal ihr Erdelement in Form der „Mitte" von Natur aus zart und verletzlich ist. Zur Verkopfung in Kindergarten und Schule gesellen sich nur allzu oft Fehlernährung und Bewegungsmangel. Das Element Metall und die Lunge können durch nicht bewältigte, anhaltende Trauer und Besorgtheit in Mitleidenschaft gezogen werden. Auch die Jahreszeiten werden nach den „5-Elementen" charakterisiert: Winter und Wasser, Frühling und Holz, Sommer und Feuer sowie Herbst und Metall bilden jeweils ein Paar. Einzig die Erde nimmt eine Sonderstellung ein: sie hat keine eigene Jahreszeit! Sie kommt in jeder Jahreszeit vor. Die Erde bildet die Übergänge von einer Jahreszeit zur nächsten und von den Yang-Jahreszeiten Frühling und Sommer in die Yin-Jahreszeiten Herbst und Winter. Denn die letzten 18 Tage jeder Jahreszeit gehören ihr. In verschiedenen klassischen Schriften der Traditionellen Chinesischen Medizin wird sinngemäß beschrieben, dass in den letzten 18 Tagen einer jeden Jahreszeit die „Himmelsenergien" zur Erde zurückkehren, um erneute Kräftigung zu erfahren. Oder wie es der „Vater der Chinesischen Medizin in Europa", Giovanni Maciocia schreibt: ... Erde korrespondiert mit der späten Phase jeder Jahreszeit und wird mit Umwandlung und Übergang in Verbindung gebracht. Durch ein komplexes System von Nähren und Kontrollieren wird unser Organismus ausbalanciert. So erhält sich symbolisch das Gleichgewicht der 5-Elemente in uns. Wird eines der Elemente zu stark oder schwächelt ein anderes, droht das gesamte System aus den Fugen zu geraten und Krankheiten können entstehen.
Besondere Bedeutung kommt dabei dem Element Erde in der „Mitte" zu: es sorgt für harmonischen Übergang und Regeneration mit seiner ausgleichenden und nähr-end-kräftigenden Funktion.

Aus der Perspektive der Ernährung, ist die Sichtweise mit der „Mitte" als Bezugspunkt eine besonders gelungene Darstellung:

1. Sie zeigt, dass jede Jahreszeit immer wieder zur Erde oder „Mitte" zurückkehrt und sich auf sie bezieht.
2. Sie unterstreicht damit die Bedeutung der richtigen Ernährung und die Stärkung des Organismus über die „Mitte".

Das Qi

Qi (ausgesprochen Tschi) gehört zu den aktiven Yang-Energien des Körpers. Es ist eine wärmende, dynamische und wandelnde Kraft, die uns durchströmt. Durch Qi haben wir warme Hände, unser Blut wird bewegt und es werden unsere Gewebe und Organe genährt und gewärmt. Aber auch unsere Verdauungskraft, der gesamte Stoffwechsel und unsere Abwehrkraft sind Teilaspekte des Qi.

Qi kann durch richtige Ernährung täglich neu gestärkt und erhalten werden. So können wir die ererbte Konstitution schützen.

Qi wird von der „Mitte" aus aufgenommener Speisen und Getränken gebildet. Die „Mitte" zieht das Qi aus den aufgenommenen Lebensmitteln, um es für den menschlichen Organismus nutzbar zu machen. In einem Verfeinerungsprozess, an dem das Organ Lunge wesentlichen Anteil hat, werden verschiedene Arten von Qi geschaffen. Gelingt es nicht, dank einer kräftigen „Mitte" genügend Qi zu bilden, werden die ererbten Reserven vorzeitig angegriffen und es können gravierende Ungleichgewichte und Gesundheitsstörungen entstehen. Deshalb ist die Pflege der „Mitte" von so herausragender Bedeutung.

Gemüsegarten

Die „Mitte“

Die „Mitte“ setzt sich aus den Organen Magen und Milz zusammen. In ihr finden Wandlung und Transport der aufgenommenen Lebensmittel und Getränke statt.
Sie trennt „Klares“ von „Trübem“. Dabei beschreibt der Begriff des „Klaren“ den Anteil der Nahrung, den wir zum Leben benötigen, während das „Trübe“ zur Ausscheidung gebracht wird. Während der Magen die aufgenommene Nahrung fermentiert, die uns innerlich befeuchtenden so genannten „aktiven Säfte“ bildet und sein Qi absenkt, um „Trübes“ nach unten zu leiten, bildet die Milz das Qi und hebt das „Klare“ nach oben an, so dass es zu reineren Qi-Formen verfeinert werden kann.
Durch diese Funktionen ist die „Mitte“ der Generator für die Energie, die uns erhält und durch den Tag trägt. Sie ist Grundlage für die Ernährung des gesamten Organismus und wesentlich mitverantwortlich für Gesundheit.

Bildet die „Mitte“ nicht genügend Qi, Blut und klare Säfte, wird von der ererbten Substanz gelebt. Wir fühlen uns müde, unsere Muskulatur wird schwach, wir lagern Flüssigkeiten im Körper ein, wir büßen Merkfähigkeit ein und verlieren die Fähigkeit zum konzentrierten Denken. Mit unserer Ernährung nehmen wir somit täglich spürbaren Einfluss auf unser körperliches und geistiges Wohlbefinden, auf unsere Vitalität.

Die Milz liebt Wärme und Trockenheit. Deshalb können sie Kälte und ein Übermaß an Feuchtigkeit schädigen und in ihrer Aufgabe von Wandlung und Transport beeinträchtigen.

Mit einem alltäglichen Beispiel soll die Wirkung von Kälte auf den lebendigen Organismus exemplarisch dargestellt werden: Sind Sie schon einmal bei kalter Witterung ohne Handschuhe mit dem Fahrrad gefahren? Haben Sie anschließend verzweifelt versucht mit klammen Fingern, den Schlüssel aus der Hosentasche zu bekommen und ins Haustürschloss zu bringen? Kälte lähmt nicht nur unsere Finger und beraubt sie ihrer feinmotorischen Fähigkeiten. Kälte „lähmt“ auch die „Mitte“ und beraubt sie dadurch ihrer Fähigkeiten, die Nahrung zu wandeln und zu transportieren, „Klares“ von „Trübem“ zu trennen, Qi, Blut und „klare Säfte“ zu bilden. Kälte bremst alle lebendigen Prozesse stark ab. Deshalb ist es ratsam, kalte und eisgekühlte Speisen und Getränke mit großer Zurückhaltung zu genießen.
An sehr heißen Sommertagen können uns kühlende Lebensmittel und Getränke erfrischen. Kalte oder gar eisgekühlte Speisen und Getränke schädigen hingegen immer die Funktion der „Mitte“. Das stellt nicht nur zur kalten Jahreszeit ein ernstes Problem dar, sondern auch in der Gluthitze der Wüste von Nevada. Durch Cola mit Eiswürfeln schalten wir gewissermaßen die körpereigene Klimaanlage ab, sodass wir trotz Eiskühlung völlig überhitzen können.
Besonders erwähnenswert ist die Bedeutung des Getreides für die „Mitte“, denn alle Getreidearten unterstützen durch ihr neutrales, tendenziell leicht warmes oder leicht kühles Temperaturverhalten in einzigartiger Weise die gegensätzlichen Bedürfnisse der Organe Milz und Magen. Durch ihren süßen Geschmack stellen sie Energie zur Verfügung, stützen das Yang der Milz in seiner emporsteigenden Kraft und halten die Milz „trocken“, während sie in gleicher Weise eine Qi-absenkende und

befeuchtende Wirkung auf den Magen haben. Getreide gehört seit Jahrtausenden zur Grundlage unserer Ernährung. Das Besondere am Getreidekorn ist, dass es mit sehr vielen lebenswichtigen Nährstoffen ausgestattet ist, gewissermaßen das Potential einer ganzen Pflanze auf kleinstem Raum vereinigt. Grütze, Suppe oder Brei sind die ursprünglichsten Zubereitungsarten. In dieser gekochten, sehr bekömmlichen Form, kann der Körper die wertvollen Inhaltsstoffe optimal verwerten. Je weiter Getreide durch Mahl- und Reinigungsvorgänge bis hin zum Weißmehl verarbeitet werden, desto mehr büßen sie von diesen Eigenschaften ein.

Die „Mitte" besitzt damit überragende Bedeutung: sie ist die zentrale Stoffwechselinstanz! Das rückt die Bedeutung der Ernährung in den Mittelpunkt des Lebens! Und genau an diesem Punkt ist der Ansatz von „Feines aus der 5-Elemente-Küche".

Die energetische Einteilung der Lebensmittel

Während wir in unserem Kulturkreis gewohnt sind, bei Nahrungsmitteln auf Protein-, Fett- und Kohlehydratgehalt, den glykämischen Index, Vitamine, Mineralstoffe und Spurenelemente zu achten, betrachten wir die Lebensmittel in der 5-Elemente-Ernährung unter einem thermischen Aspekt, dem so genannten Temperaturverhalten. Die Beurteilung der geschmacklichen Wirkung, der speziellen Wirkung auf ein bestimmtes Organ und der Wirkrichtung, spielen bei der Beurteilung der Lebensmittel eine zentrale Rolle. Über diese Betrachtungsweise erhalten wir eine Fülle von Informationen, wie Lebensmittel oder ein ganzes Gericht auf unseren Körper wirken können. Anders als in der westlichen Betrachtungsweise haben auch die Ursprünglichkeit der Nahrungsmittel – im alten China als Gebot von Reinheit und Klarheit bekannt – und die Form der Zubereitung große Bedeutung bei der Beurteilung der energetischen Wertigkeit der Lebensmittel.

Das Temperaturverhalten

Von Natur aus besitzen alle Lebensmittel eine eigene energetische Dynamik, die sich in ihrem Termperaturverhalten wiederspiegelt. Ihre Einteilung erfolgt in 5 Kategorien: Kalt, kühl, neutral, warm und heiß.

Kühle und kalte Nahrungsmittel stärken das Yin, sie erzeugen Säfte und verlangsamen die energetischen Prozesse im Körper.
Dabei gilt zu beachten, dass kühle Lebensmittel den Körper erfrischen, während ihn kalte kühlen. Vor allem durch kalte Nahrungsmittel können normale vitale Prozesse wie oben beschrieben verlangsamt oder gar gestört werden. Kühle Nahrungsmittel hingegen können durchaus eine segensreiche Wirkung entfalten, wenn der Organismus unter Hitze leidet. Eisgekühlte Getränke berauben den Körper durch ihre Kälte der Fähigkeit, aktive Säfte zu bilden: das körpereigene Kühlsystem fällt aus, wie bei der „Mitte" beschrieben. Wohingegen eine erfrischende Mischung aus Minz- und Grüntee in Nordafrika die Menschen vor Überhitzung schützt. Zu den kalten Lebensmitteln zählen Wassermelonen, Bananen, Tomaten, Gurken und Joghurt, zu den kühlenden Spargel, Blattgemüse wie Spinat und Mangold oder Birne.

Warme und heiße Nahrungsmittel stärken das Yang, sie dynamisieren und erzeugen Wärme und Energie, sie trocknen, sie heben empor und führen eher nach außen, ähnlich einer Flamme.
Auch hier ist zu beachten, dass warme Nahrungsmittel wie Fenchel, Kürbis, Rosinen oder Aprikosen den Körper sanft erwärmen, während heiße Nahrungsmittel, wie Chili, Pfeffer oder Curry ihn erhitzen und Säfte - und Yin - schädigende Hitzeprozesse verstärken können.

Neutrale Nahrungsmittel stärken sowohl das Yin, als auch das Yang, sie spenden und erhalten Säfte und stellen dem Körper gleichzeitig Energie und Wärme zur Verfügung.
Viele unserer Grundnahrungsmittel wie Dinkel, Hirse, Mais, Kartoffeln, Karotten, Bohnen, Erbsen, viele Kohlarten und Rote Bete gehören dieser Gruppe an. Wollen wir ausgewogene Gerichte bereiten, die dem Körper gleichermaßen Saft und Kraft spenden und die unserer „Mitte" die Verdauungsarbeit erleichtern, bewegen wir uns bei der Auswahl der Nahrungsmittel vorwiegend in den Temperaturbereichen kühl, neutral und warm.
Kalte und heiße Nahrungsmittel und Gewürze werden flankierend in kleinen Mengen eingesetzt. Werden sie nicht vertragen, sollten Sie bei erfahrenen Therapeuten Rat suchen. In der Kinderküche sollten kalte und heiße Nahrungsmittel noch sparsamer oder gar nicht Anwendung finden.

Im Alltag ist uns beim Treffen der richtigen Lebensmittelauswahl besonders das Marktangebot hilfreich, denn es spiegelt wieder, was derzeit aus einheimischem Anbau verfügbar ist. Verfügbarkeit und Preis sind deutliche Wegweiser bei der richtigen Wahl.
So finden wir im Frühling und Sommer ein reiches Angebot an eher kühlenden, erfrischenden Gemüse- und Obstsorten, während diese in Herbst und Winter den fröhlich leuchtenden und erwärmenden Kürbis-, Rüben- und Kohlsorten Platz machen.
Das Temperaturverhalten eines Nahrungsmittels lässt sich durch unterschiedliche Zubereitungs- und Konservierungsformen beeinflussen. So kann einem kalten oder kühlenden Lebensmittel durch Kochen, Dünsten, Blanchieren, Schmoren und Einlegen in Alkohol oder Essig, Wärme zugeführt werden, während wärmenden Rohstoffen durch Kühlung oder Einlegen in Salz oder Sojasauce kalte Energien zugeführt werden können. Zugefügte Gewürze und Kräuter üben vergleichbare Wirkung aus.

Der Geschmack und seine Wirkung auf die Organe

Jedem der 5-Elemente Erde, Metall, Wasser, Holz und Feuer, sind aufgrund seiner Eigenschaften und Aufgaben unterschiedliche Organe und Geschmäcker zugeordnet.

Möchten wir alle Organe gleichermaßen in ihrer Funktion unterstützen, den Körper in seiner Ganzheit nähren und harmonisieren und die freie Bewegung der Qi-Energien in alle Richtungen fördern, sollten in den Gerichten alle Geschmacksrichtungen vertreten sein. Dabei nimmt das Element Erde mit seinem süßen Geschmack und dem Organbezug Milz und Magen eine Sonderstellung ein. In diesem Element befinden sich viele unserer Grundnahrungsmittel mit einem hohen Anteil an Fett, Eiweiß und Kohlenhydraten. Da diese oft stark nährend, manchmal schwer verdaulich und oft wenig bewegend sind, ist die Zugabe der vier dynamischen Geschmacksrichtungen – scharf, salzig, sauer und bitter – von großer Bedeutung für die Bekömmlichkeit. Doch gehen Sie beim Würzen mit Bedacht ans Werk. Schon die alten Chinesen wussten, dass die Kunst des Würzens so subtil ist, wie die Kunst des Bogenschießens.

Süß ist der Geschmack, der in den Funktionskreisen Milz & Magen seine Wirkung entfaltet. Er harmonisiert, er spendet Säfte und bringt aktive Energien in den Körper. Er stützt und erweicht, löst Schmerzen und puffert die Wirkung der anderen Geschmäcker. Viele Getreide-, Gemüse-, und Früchtearten, zahlreiche Fleischsorten, Butter, Sahne, Kuhmilch und Hühnereier sind Vertreter des süßen Geschmacks. Seine ausgewogenen Eigenschaften machen den süßen Geschmack für Kinder besonders wertvoll. Dabei muss aber beachtet werden, dass die „Mitte" der Kinder „zart und verletzlich" ist und vom süßen Geschmack schnell überfordert werden kann. Denn Süße bringt immer auch Feuchtigkeit mit sich, sodass die Funktion der „Mitte" dadurch beeinträchtigt werden kann. Bedauerlicherweise stillen Kinder ihr Süßbedürfnis durch thermisch sehr heißen weißen Zucker und Weißmehl. Das heizt ihre ohnehin stark ausgeprägten, aktiven Yang-Energien stark an und kann zu motorischer Unruhe, Verdauungsstörungen oder Schleim führen. Werden Energie einerseits und Säfte andererseits gleichermaßen gespendet, bleiben die Kinder im Gleichgewicht. Getreidebreie, Früchte, viele Gemüsesorten, Trockenfrüchte, Honig etc. sind gesunde Alternativen.

Der **scharfe** Geschmack wirkt auf die Funktionskreise Lunge & Dickdarm und ist dem Element Metall zugeordnet. Er löst, entfaltet und bringt zur Oberfläche. Typische Vertreter sind Frühlingszwiebeln, Knoblauch, Paprika, Chili, Meerrettich, Rettich, Pfeffer, Koriander und frischer Ingwer.

Salzig bezieht sich auf die Funktionskreise Niere & Blase und ist dem Element Wasser zugehörig. Der salzige Geschmack bewahrt, erweicht, senkt ab, wirkt in der Tiefe. Meersalz, Sojasauce, viele Meeresfrüchte und Algen werden mit diesem Geschmack assoziiert.

Zum Element Holz gehört der **saure** Geschmack. Er hat besonderen Einfluss auf die Funktionskreise Leber & Gallenblase. Er wirkt zusammenziehend und erhält die Säfte. Zitrone und Essig sind zwei typische Vertreter dieses Geschmacks. Aber auch Entenfleisch gehört ins Holz-Element.

Abgerundet wird der Kreis durch den **bitteren** Geschmack, der dem Element Feuer und den Funktionskreisen Herz & Dünndarm zugeordnet ist. Er senkt ab und trocknet. Löwenzahn, viele Salate, Rucola und Holunder sind reich an Bitterstoffen.

Goldene Regeln für eine starke Mitte

Mit dem Wissen um unsere Nahrungsmittel, halten wir einen Schatz in Händen, den es gilt mit Leben und Kreativität zu erfüllen.
Dreh- und Angelpunkt ist dabei die Pflege unserer „Mitte", denn über sie gewinnen wir die Energie, die uns erhält. Ist die Funktion der „Mitte" gestört oder die Ernährung nicht kräftigend genug, wird nicht ausreichend Qi gebildet und wir leben von der Substanz. Die Folge ist ein vorzeitiger Verbrauch der konstitutionellen Kräfte, die die Basis unseres Lebens mit all seinen Möglichkeiten bilden. So können im Konzert der Organe Disharmonien und schließlich Krankheiten entstehen.

• Achten Sie deshalb beim Einkauf der Nahrungsmittel auf Qualität. Gönnen Sie sich biologisch angebautes Obst, Gemüse und Getreide und Fleisch aus artgerechter Haltung. Damit folgen Sie dem altchinesischen Gebot von Reinheit und Klarheit.

• Kochen Sie thermisch ausgewogen. Damit stärken Sie Yin und Yang gleichermaßen. Mit thermisch neutralen, warmen und kühlenden Lebensmitteln gelingt Ihnen dies am leichtesten. Was die Jahreszeit gerade bereithält, können Sie am besten an Angebot und Preis auf dem Markt ablesen. Setzen Sie heiße und kalte Nahrungsmittel nur mit Bedacht ein. Einseitig zu kalt kühlt den Körper zu sehr, verlangsamt den Stoffwechsel und behindert die Verdauungsarbeit. Einseitig zu heiß birgt die Gefahr der Überhitzung. Säfte und Yin unseres Körpers können über die Maßen verbraucht werden.

• Passen Sie die Zubereitungsform an die Jahreszeit an. Mehr dazu finden Sie auf Seite 278f.

• In einer Mahlzeit sollten sich alle fünf Geschmacksrichtungen wiederfinden. Besondere Bedeutung kommt dabei, neben unseren Grundnahrungsmitteln, den frischen Kräutern und Gewürzen zu. Sie helfen zu verdauen, runden ein Gericht harmonisch ab und dynamisieren die Nahrung, sodass die Bekömmlichkeit der Speisen deutlich gesteigert werden kann. Der Einsatz der Gewürze sollte mit Bedacht erfolgen. Trifft ihre dynamisierende Wirkung auf eine schwache „Mitte", kann es zu Druck im Bauch und vermehrten Blähungen kommen. Hören Sie deshalb auf Ihren Bauch, passen Sie die Gewürzmengen an und kombinieren und harmonisieren Sie mit nährenden Zutaten, die süßen Geschmack und einen Bezug zur „Mitte" aufweisen.

• Regelmäßigkeit stärkt unsere „Mitte". Essen Sie zwei bis drei gekochte Mahlzeiten am Tag. Um Ihren erholsamen Schlaf nicht zu gefährden, sollte die Abendmahlzeit nicht zu spät erfolgen und nicht zu üppig ausfallen.

• Essen Sie zwischen den Mahlzeiten nichts. Dadurch hat Ihr Organismus die Möglichkeit, das Gegessene zu verwerten. Hunger ist ein guter Indikator dafür, dass Ihr Magen für die nächste Mahlzeit aufnahmebereit ist.

• Die wichtigsten Mahlzeiten des Tages sind Frühstück und Mittagessen. Ein warmes, nährendes Frühstück – je nach Vorliebe süß oder auch herzhaft – spendet uns Kraft und Energie, unsere Ideen und Ziele für den Tag konzentriert umzusetzen. Auch können Sie das Frühstück ohne Reue genießen, denn unsere Verdauungsorgane kommen morgens auf Touren. Die Morgen- und Vormittagsstunden stehen im Zeichen der „Mitte" und sie haben genügend Kraft und Zeit, die aufgenommene Nahrung zu wandeln und zu transportieren.

Bevor wir Sie nun zum Ausprobieren unserer Rezepte einladen, möchten wir Ihnen ein chinesisches Sprichwort mit auf den Weg geben. Dieses sagt:

„Der Mensch, der den Berg versetzte ist derselbe, der anfing kleine Steine wegzutragen."

In diesem Sinne, nehmen Sie sich nicht zuviel auf einmal vor.
Lassen Sie sich Zeit für die Zubereitung der Gerichte, schmecken Sie den feinen Aromen von frischen Kräutern und Gewürzen nach, genießen Sie die Mahlzeiten in Ruhe und netter Gesellschaft und lassen Sie Ihren „Bauch" entscheiden, ob und wenn ja, wie viele Steine Sie wegtragen möchten.

Ekkehart Hamma Stefanie Hamma Wolfgang Radi

Jetzt steht er in den Startlöchern: die Tage werden spürbar länger, die Sonne hat an Kraft deutlich gewinnen können, ganz zart fangen die ersten Triebe an, sich in Richtung Licht zu strecken. Dies sind untrügliche Zeichen für den nahenden Frühling.

Der Frühling

Haben wir im Winter unsere „Wurzel" gut stärken können, wird bald das Holz kraftvoll austreiben und die Natur wird zu neuem Leben erwachen. Nach Rückzug und Sammlung, drängen jetzt die Energien und Säfte mit Macht an die Oberfläche. Das Leben in der Natur beginnt von neuem mit frischem Grün, bunten Blüten und Vogelgezwitscher. Uns hält es nicht mehr in den Stuben und die warmen Wintermäntel weichen leichterer Kleidung.

Auch in der Küche kündigt sich ein Wandel an. Plötzlich essen wir Sprossen und Keimlinge und die wärmenden und gehaltvollen Mahlzeiten weichen zunehmend frischen Gemüsen und Salaten.

Mit dem Frühling sind in der 5-Elemente-Ernährung das Element Holz, die Funktionskreise Leber und Gallenblase, die Farbe grün und die Geburt assoziiert. Der zugehörige saure Geschmack mit seiner zusammenhaltenden Wirkung stärkt die Leber. Ist die Leber stark, ist reichlich Blut vorhanden und das Qi kann weich fließen.

So sind wir besonders geschützt gegen Erkrankungen durch Wind, die uns nach überstandenem Winter erneut Erkältungen oder Heuschnupfen im Frühling bescheren können. Daher sollten nun auch Lebensmittel Verwendung finden, die einen besonderen Bezug zum Holzelement haben. Sprossen, Löwenzahnblätter, Sauerampfer, Spinat, Sellerie mit seinen verschiedenen Pflanzenteilen und Grünkern sind Beispiele dafür.

Über den Winter haben sich im Körper zudem reichlich „Schlacken" angesammelt. Deshalb sollte die Mitte zu deren Entfernung aus dem Körper im Frühling besonders gepflegt und gekräftigt werden.

Leichte Getreide-Gemüse-Gerichte und Nahrungsmittel wie Amaranth, Reis, Buchweizen, Dinkel, Hirse, Spargel, Austernpilze und Fisch können der Mitte im Frühling behilflich sein, diese Aufgabe zu bewerkstelligen. Nach der fleischreichen Jahreszeit Winter, wird jetzt eher darauf verzichtet.

Typischerweise kommen leichtere Zubereitungsformen wie Dünsten, Dämpfen, Blanchieren und Pochieren im Frühling zur Anwendung. Diese stärken den Yin-Charakter der Mahlzeiten und heizen sie nicht zu sehr energetisch auf.

Haferflocken

mit Apfel-Cranberries

Mengen:	Zutaten:
120 g	Haferflocken
	Kardamom
	Wasser
	Meersalz
4 EL	Cranberries
1 EL	Leinsamen
3	süße Äpfel
1/2 TL	frischer Ingwer
4 EL	Ahornsirup
Spritzer	Zitronensaft
4 EL	Walnusskerne

Zubereitung:

1. Haferflocken abspülen und in einen Topf geben. Mit Wasser knapp bedecken und mit je einer Prise Kardamom und Salz aufkochen. Köcheln lassen bis die Haferflocken das ganze Wasser aufgenommen haben, dauert etwa 1 Minute, dann den Herd ausschalten, Topf stehen lassen.

2. Cranberries, Leinsamen, geriebene Äpfel und fein geriebenen Ingwer (Muskatreibe) dazugeben, gut umrühren damit nichts anbrennt und noch 1 - 2 Minuten auf der ausgeschalteten Herdplatte nachziehen lassen.

3. In 4 Schälchen umfüllen. Pro Schälchen 1 EL Ahornsirup und einen Spritzer Zitronensaft dazugeben.
   Abschließend mit 1 EL grob zerhackter Walnusskernen bestreuen.

Tipp: Sollte es morgens schnell gehen müssen, dann die Haferflocken am Vorabend mit kaltem Wasser abspülen und mit kaltem Wasser über Nacht einweichen.

Tipp: Wenn Sie Äpfel nicht mögen, ersetzen Sie diese einfach durch 100 ml Vollmilch und 1 EL Honig, sowie einer Prise Zimt, Kardamom und etwas Zitronenschale (kein Saft).

Hafer ist die neutrale Grundlage, die die Mitte stärkt, indem sie aktive Energie und Befeuchtung spendet. Walnüsse tonisieren das Yang der Nieren und geben damit viel aktive Energie für den Tag. Wir holen die letzten Lageräpfel aus dem Keller: sie unterstützen in geriebener Form die stärkende Wirkung der Haferflocken auf die Milz. Ihren befeuchtenden Aspekt entfalten sie vor allem im Bereich von Mitte und Lunge. Cranberries gehören zu den Früchten, die es im alten China nicht gab. Vor allem ihre Süße lässt einen Bezug zur Mitte herstellen. Ähnliches gilt für den Ahornsirup. Dynamisiert wird die Rezeptur durch die wärmenden Gewürze.

Frühstück

Tipp: sollten Sie auf dieses Frühstück mit vermehrten Blähungen reagieren, reduzieren Sie einfach etwas die warmen Gewürze Ingwer und Kardamom.

Dies ist ein Frühstück für kalte Frühlingstage. Durch die vielen wärmenden Bestandteile, kann es aber auch in Herbst und Winter Anwendung finden. Menschen, die zum Frieren neigen oder sich energielos fühlen, können dieses Frühstück auch über die warme Jahreszeit hindurch essen.

Hirsetopfen

Medaillons mit Gemüse und Schnittlauchrahm

Mengen:	Zutaten:
1	Karotte
2	Frühlingszwiebeln
1	Zwiebel
1	Knoblauchzehe
	Curry
	Pfeffer aus der Mühle
	Meersalz
1 EL	Petersilie
1 EL	frisches Basilikum
1 EL	frischer Rosmarin
1/2 EL	Butter
1/2 EL	Olivenöl
150 g	Hirse
450 ml	Wasser oder Gemüsebrühe (2,5 - 3-fache der Hirse)
50 g	Haferflocken
100 g	Topfen / Quark
	Paprika edelsüß
60 g	geriebener Edamer / Bergkäse
1 EL	Erdnussöl zum Braten

Zubereitung:

Hirsetopfen mit Gemüse

Gemüse, Zwiebel und Knoblauch in feine Würfel schneiden. Kräuter fein hacken.

1. Gemüse, Zwiebel und Knoblauch in Butter und Olivenöl andünsten.
2. Gewürze und Kräuter dazu und ganz kurz mitrösten. Pfanne auf die Seite stellen.
3. Hirse gut mit heißem Wasser im Sieb abspülen und in ungesalzenem Wasser oder Brühe aufkochen. Ca. 25 Minuten bei kleiner Hitze quellen lassen. Hirse abkühlen lassen.
4. Das angeröstete Gemüse mit Kräutern, Haferflocken, Prise Salz, Topfen, Messerspitze Paprika und Käse unter die kalte Masse heben.
5. Masse zu Laibchen formen.
6. Laibchen in einer beschichteten Pfanne mit Erdnussöl beidseitig braten oder auf ein gefettetes Blech legen und 15-20 Minuten bei 200° C leicht bräunen lassen.

Tipp:
Die Laibchen lassen sich gut am Vorabend vorbereiten und bis zum Anbraten am nächsten Morgen im Kühlschrank aufbewahren.

100 ml	Sauerrahm
1 EL	Joghurt
Spritzer	Zitronensaft
	Pfeffer aus der Mühle
	Cayennepfeffer
1 Bund	Schnittlauch
	Fleur de Sel

Schnittlauchrahm

Sauerrahm mit Joghurt, Zitronensaft, Schnittlauch und Gewürzen glatt rühren.

Frühstück

Die Hirsetopfen-Medaillons eignen sich auch sehr gut als Zwischenmahlzeit im Büro, für ein Picknick oder als „Pausenbrot", sofern es nicht ohne geht. Ansonsten konzentrieren Sie sich auf die drei Hauptmahlzeiten.

Die leicht wärmende Hirse vereint alle positiven Eigenschaften von Getreiden in idealer Weise in sich. Sie sollte schon in der Kinderernährung einen festen Platz einnehmen.

GRIESSBREI MIT APFEL-BIRNENKOMPOTT

Mengen:	Zutaten:
250 ml	Milch
250 ml	Reismilch
1 TL	Butter
1/2	Vanilleschote
1 TL	Rohrzucker
	Kardamom
	Meersalz
60 g	Dinkelgrieß
1/2	Zitrone
250 ml	Birnensaft
2	Äpfel
3	reife Birnen
	Kardamom
125 ml	Wasser
	Meersalz
1	Zitrone
1	Orange
1/2	Vanilleschote
1	Sternanis

Zubereitung:

Grießbrei

1. Milch und Reismilch zu gleichen Teilen in einen Topf geben und erwärmen.
2. Butter, Mark einer ½ Vanilleschote, Rohrzucker, Prise Kardamom und Salz zur Milch geben.
3. Wenn die Milch heiß ist, Dinkelgrieß einrieseln lassen und mit dem Schneebesen verrühren.
4. Etwas Abrieb einer Zitrone zugeben und bei geringer Hitze ca. 10 Minuten quellen lassen.

Apfel-Birnenkompott

Äpfel und Birnen waschen, schälen und Scheiben schneiden. Mit Zitronensaft beträufeln, damit sie nicht braun werden.

1. Birnensaft in einen Topf geben und erwärmen.
2. Apfel- und Birnenscheiben zugeben.
3. Mit einer Prise Kardamom würzen.
4. Wasser, Prise Salz, Spritzer Zitronensaft, etwas Abrieb einer Zitrone und Orange und das Mark einer halben Vanilleschote dazugeben.

Kurze Zeit sanft köcheln lassen. Obstscheiben sollen nicht zerfallen.

5. Sternanis in den Topf geben und nach ca. 5 Minuten wieder entfernen.

Während der Dinkelgrießbrei sehr erdbetont ist, bringt das Kompott Dynamik ins Gericht. Kardamom und Sternanis bewegen das Qi und leiten durch ihr Aroma Nässe aus. Dadurch wird die Mitte entlastet und kann ihre Funktion von Wandlung und Transport ausführen.

Das Kompott ist auch für Kinder eine ideale Zwischenmahlzeit am Nachmittag. Durch seine Saftigkeit unterstützt es das aufsteigende Yin der zweiten Tageshälfte.

Müsli mit Joghurt und Sauerrahm

Frühstücke

Mengen:	Zutaten:
100 g	Haferflocken
100 g	Dinkelflocken
200 ml	Wasser
	Meersalz
2 EL	Leinsamen
2	Äpfel
1	Birne
4 EL	Rosinen
	Kardamom
1/2 TL	frisch geriebener Ingwer
4 EL	Honig
8 EL	Joghurt
4 EL	Sauerrahm
4 EL	Walnusskerne
	Sesam

Zubereitung:

Dinkel und Haferflocken gut mit Wasser abspülen.
Sesam und klein gehackte Walnusskerne in einer beschichteten Pfanne ohne Fett anrösten.

Tipp: Rösten Sie gleich eine größere Menge davon an.
Beides lässt sich abgekühlt gut für 2 - 3 Wochen in einem Schraubglas aufbewahren.

1. Getreide mit Wasser bedecken, salzen und aufkochen. Hitze reduzieren und 1 Minuten köcheln lassen, bis das Wasser aufgenommen wird. Zwischendurch umrühren, sonst besteht die Gefahr, dass es anbrennt.
2. 2 EL Leinsamen zugeben.
3. Geriebene Äpfel und Birne, Rosinen, Prise Kardamom und frischen Ingwer dazugeben. Auf der ausgeschalteten Herdplatte 5 Minuten nachziehen lassen.
4. Joghurt und Sauerrahm in einer Schüssel mit Honig verrühren und zum warmen Müsli geben. Gut durchrühren.
5. In 4 Müslischälchen füllen. Mit geröstetem Sesam und Walnusskernen bestreuen.

Tipp: Müsli in eine Schüssel umfüllen und mit Plastikfolie bedecken. Kann bis zum nächsten Hunger zwischendurch oder für den nächsten Tag gut im Kühlschrank aufbewahrt werden.

Die Getreide Dinkel & Hafer stärken die Funktion der Mitte und beseitigen Feuchtigkeit. Zusammen mit Kardamom und frischem Ingwer, bilden sie ein gutes Gegengewicht zur befeuchtenden und kühlenden Wirkung der Sauermilchprodukte.

Durch die Milchprodukte und das Obst, erhält das Müsli einen erfrischenden Charakter. Es eignet sich daher für warme Frühlingstage und Sommerhitze.

AUSTERNPILZE MIT BUCHWEIZENPFANNKUCHEN

Mengen:	Zutaten:
300 g	Austernpilze
50 g	Frühlingszwiebeln
1 EL	Olivenöl
1 EL	Butter
	Pfeffer aus der Mühle
	Fleur de Sel
1/2	Zitrone
250 ml	Gemüsebrühe
100 ml	Sahne
1 TL	frisch geriebener Ingwer
1	Tomate
2 EL	Petersilie
	Paprika edelsüß
1 Bund	Rucola
100 g	Buchweizenmehl
250 ml	Milch
4	Eier
	Mineralwasser (Kohlensäure)
	Kardamom
	Meersalz
	Butterschmalz oder Sonnenblumenöl zum Backen

Zubereitung:

Austernpilze

Pilze mit Küchentuch putzen, nicht waschen und grobwürfelig schneiden. Tomaten schälen, entkernen und würfeln.

1. Pilze in heißem Öl und Butter kurz anbraten.
   Wenn das Öl heiß genug ist, sollten die Pilze kein Wasser ziehen.
2. Frühlingszwiebeln dazugeben und kurz mitdünsten.
   Zwiebeln sollten keine Farbe annehmen.
3. Pfeffer aus der Mühle, Salz und Zitronensaft darüber geben.
4. Alles aus der Pfanne nehmen und auf einem Teller beiseite stellen.
5. Brühe und Sahne in die Pfanne gießen und mit Pfeffer, frisch geriebenem Ingwer und Salz würzen.
6. Tomate und Petersilie zugeben und mit einer Prise Paprika würzen.
   Um 1/3 einkochen lassen. Sobald eine leichte Bindung entsteht, Pilz-Zwiebelmischung wieder in die Sauce geben.
7. Kurz vor dem Servieren Rucola dazugeben.
8. Pfannkuchen auf den Teller legen, Pilzfülle in die Mitte geben und einklappen.

Tipp: Alternativ können anstelle der Austernpilze auch Shiitake, Kräuterseitlinge oder Champignons verwendet werden.

Frühstück

Buchweizenpfannkuchen

1. Mehl und Milch glatt rühren.
2. Einen Schuss kohlensäurehaltiges Mineralwasser zugeben und einen Moment stehen lassen.
3. Die Eier darunter ziehen.
4. Mit Prise Kardamom und Salz würzen.
5. Pfannkuchen in einer flachen, beschichteten Pfanne mit Butterschmalz oder Sonnenblumenöl ausbacken.

Dieses Gericht erfüllt in idealer Weise die Ernährungsanforderungen im Frühling. Austernpilze und Buchweizen stützen die Mitte und leiten Feuchtigkeit aus. Im Sinne des üblichen Sprachgebrauches, kann von entschlackender Wirkung gesprochen werden. Wollen Sie diesen Effekt noch verstärken, reduzieren Sie die Sahne.

Kartoffelgnocchi
mit Bärlauchpesto

Mengen:	Zutaten:
600 g	mehlige Kartoffeln
2	Eier
	Pfeffer aus der Mühle
	Muskat
	Meersalz
100 g	Vollkorn-Kamutmehl
100 g	Vollkorn-Dinkelmehl
4 - 5	Thymianblätter
	Olivenöl
	Butter
	Bärlauchpesto
	Parmesan

Zubereitung:

Kartoffelgnocchi

1. Kartoffeln waschen und im Salzwasser kochen. Wasser abgießen und Kartoffeln trocken tupfen, Deckel wieder auf den Topf geben und Kartoffeln ca. 10 Minuten ausdünsten lassen. Danach Kartoffeln schälen.
2. Kartoffeln noch warm durch die Kartoffelpresse geben, eine Mulde in die Mitte drücken, Eier zugeben und mit Pfeffer, Muskat und Salz würzen.
3. Kamutmehl und Dinkelmehl mischen und etwa ¾ des Mehles und klein gehackten Thymian dazugeben.
4. Alle Zutaten mit der Hand zu einem glatten, geschmeidigen Teig kneten. Ist der Teig zu feucht und klebrig, geben Sie das restliche Mehl dazu.
5. Teig zu einer Rolle mit ca. 3 cm Durchmesser formen und 1 cm breite Gnocchi abschneiden. Gnocchi über eine Gabel rollen, auf ein Blech geben und mit etwas Mehl bestäuben. Immer einen Probe-Gnocchi machen und ins heiße Wasser geben.
6. Wenn die Probe gut ist, alle Gnocchi in einen großen, breiten Topf mit kochendem, leicht gesalzenem Wasser geben und warten, bis die Gnocchi nach ca. 2 Minuten an die Oberfläche steigen.
7. Gnocchi mit der Schöpfkelle aus dem kochenden Wasser heben und in eine Schüssel mit eiskaltem Wasser geben.

Dies ist wichtig, denn dadurch wird die Stärke abgespült. Diese lässt die Gnocchi sonst in der Pfanne zusammenkleben.

8. Gnocchi in der Pfanne mit Olivenöl, etwas Butter und etwas Kochwasser schwenken.
9. Gnocchi auf den Tellern mit Bärlauchpesto und Parmesanspänen anrichten.

Bärlauchpesto

Die Zubereitung wird auf Seite 262 beschrieben.

Vegetarisch

Während Kartoffeln sanft das Qi der Mitte stützen und bewegen, wirkt Bärlauch auf das Element Metall und ist von seinem Geschmack scharf. Er bewegt Qi und öffnet sanft die Oberfläche. So können in den Körper eingedrungene, krankmachende Faktoren wie z.B. Wind wieder entlassen werden, bevor sie eine Erkrankung hervorrufen. Diese Eigenschaft ist im Frühjahr besonders wertvoll.

Wurzelgemüse

mit Amaranth und Linsen

Mengen:	Zutaten:
100 g	Amaranth
200 ml	Gemüsebrühe
100 g	Tellerlinsen oder Berglinsen
	Olivenöl
	Wein-Essig
2 EL	Olivenöl
4	Karotten
1	Sellerie
	Rohrzucker
4	Frühlingszwiebeln
1 Stange	Lauch
	Cayennepfeffer
	Meersalz
3 EL	weißer Balsamico-Essig
1 Zweig	Rosmarin
250 ml	Gemüsebrühe
2 EL	Petersilie
2 EL	Kerbel

Zubereitung:

Amaranth

1. Amaranth gut waschen. Geben Sie dazu 1 Tasse Amaranth in ein sehr engmaschiges Sieb und spülen es mit Wasser.
2. Amaranth in die Brühe geben und zugedeckt ca. 30-40 Minuten köcheln lassen.
3. Leicht salzen.

Linsen

1. Linsen über Nacht einweichen und ca. 30 Minuten kochen, bis sie gar sind.
2. Linsen salzen, etwas Wein-Essig und Olivenöl dazugeben.

Wurzelgemüse

Karotten in Scheiben schneiden.
Sellerie in kleine Würfel schneiden.
Frühlingszwiebeln und Lauch (nur das Weiße und Hellgrüne) klein schneiden.

1. Karotten in Olivenöl anbraten. Eine Prise Rohrzucker und Sellerie dazugeben und kurz mitrösten.
2. Frühlingszwiebeln, Lauch, etwas Cayennepfeffer und Salz dazu. Hitze reduzieren.
3. Mit Essig und Brühe ablöschen, Rosmarinzweig hineinlegen.
4. 7-10 Minuten leicht köcheln, so dass das Gemüse noch knackig bleibt. Rosmarinzweig wieder herausnehmen.
5. Gemüse-Amaranth-Mischung auf tiefen Tellern anrichten.
6. Mit Linsen und Kräutern garnieren.

Dieses Gericht eignet sich hervorragend, wenn Regen und Kälte den Frühling besuchen oder Sie leicht frieren.

Amaranth hatte bei den Azteken den Ruf, Widerstandskraft und Gesundheit zu stärken. Auch in China ist er seit langem als stärkendes Getreide bekannt.

Die Linsen mit ihrem süßen Geschmack tonisieren Qi und Blut und betonen dadurch die kräftigende Wirkung des Getreides.
Dieses Gericht kann ganzjährig genossen werden.

Spargel in Alufolie

Mengen:	Zutaten:
16	Spargel
	Rohrzucker
	Pfeffer aus der Mühle
	Fleur de Sel
1/2	Zitrone
	frische Salbeiblätter
100 g	Butter
1	rote Karotte
1	gelbe Karotte
1 Stange	Lauch (das Weiße)
2 EL	Olivenöl
	Frühlingskräuter
	Löwenzahnblätter

Vegetarisch

Zubereitung:

Spargel in Alufolie

Spargel schälen und hinteres Ende (holzig) daumenbreit abschneiden.

1. Spargel auf Alufolie geben, zuckern, pfeffern, salzen.
2. 4 dünne Zitronenscheiben und Salbeiblätter darüber legen.
3. Flüssige Butter und das kleinwürfelig geschnittene Gemüse darüber geben.
4. In Alufolie einwickeln und im vorgeheizten Ofen (180°C Umluft) ca. 30 - 35 Minuten, abhängig von der Spargeldicke, schmoren.
5. Alufolie aufschneiden mit Olivenöl, Löwenzahn und Frühlingskräutern garnieren und servieren.

Heiß ersehnt und doch alle Jahre zu kurz: die Spargelzeit. Ideal in den Frühling passend, leitet der Spargel mit seinen kalten und bitteren Eigenschaften aus. Zugleich stärkt er, durch seinen kühlen und befeuchtenden Charakter, das Yin. Ein toller Stoffwechselstärker.

Knuspriger Polentaturm mit Tomaten und Mangold

Mengen:	Zutaten:
250 ml	Gemüsebrühe
250 ml	Milch
	Meersalz
1 Zweig	Rosmarin
200 g	Maisgrieß
2	Eigelb
	Pfeffer aus der Mühle
	geriebene Muskatnuss
50 g	geriebener Parmesan
1 EL	gehackte Petersilie
2 EL	Olivenöl
je 1 Zweig	Rosmarin & Thymian
700 g	Mangold
50 g	Butter
60 g	Pinienkerne
1 TL	Knoblauch
	Pfeffer aus der Mühle
	Muskat
	Fleur de Sel
2	Ofentomaten
	Petersilie
	gehobelten Ziegenkäse

Zubereitung:

Polenta

1. Brühe und Milch mit Salz und Rosmarinzweig aufkochen und 5 Minuten auf kleiner Flamme köcheln lassen. Rosmarinzweig herausnehmen.
2. Maisgrieß einrieseln lassen und unter ständigem Rühren auf kleiner Flamme weich kochen. Topf vom Herd nehmen und ca. 5 Minuten stehen lassen. Masse darf nicht mehr heiß sein, sonst gibt es Rührei.
3. Eigelb, Pfeffer, Muskat, Parmesan und gehackte Petersilie einrühren.
4. Blech mit Klarsichtfolie auslegen und Masse ca. 3 cm hoch auf das Blech streichen. Im Kühlschrank erkalten lassen.
5. Kreise ausstechen (Metallring oder Trinkglas mit ca. 7 cm Ø) und in einer beschichteten Pfanne in etwas Olivenöl langsam, mit geringer Hitze, bräunen.
6. Rosmarin- und Thymianzweig mit in die Pfanne legen. So nehmen die Polentascheiben das feine Aroma mit auf.

Mehr Tipps und Tricks zur Polentazubereitung auf Seite 242

Fülle

Mangold in Salzwasser blanchieren und in Eiswasser abkühlen. Mit einem Tuch abtupfen. Pinienkerne in einer Pfanne ohne Fett anrösten.

1. Butter erhitzen.
2. Mangold, Pinienkerne, Knoblauch, Pfeffer, Muskat, Salz, Ofentomaten und Petersilie dazu geben.
3. Ziegenkäse fürs Anrichten aufbewahren.
4. Polentascheiben und Tomaten-Mangoldgemüse zum Turm bauen und mit Ziegenkäse gratinieren.

Vegetarisch

Ofentomaten

Ofentomaten nach dem Grundrezept auf Seite 249 herstellen.

Polenta harmonisiert die Mitte, stärkt das Qi, nährt Blut und leitet Feuchtigkeit aus. Damit zeigt sie viele positive, getreidetypische Eigenschaften.

Lasagnette
mit Spinatsauce

Mengen: Zutaten:

Zubereitung:

Nudelteig

Nudelteig nach Grundrezept auf Seite 237 herstellen,
dünn rechteckig ausrollen und mit einem Messer und Lineal Nudelstreifen,
ca. 4 cm breit und ca. 10 cm lang, herstellen.
Ins kochende, gut gesalzene Wasser geben und bissfest kochen.

Spinatsauce

Mengen	Zutaten
100 g	Spinatblätter
3	kleine Kartoffeln
1 EL	Olivenöl
1/2	Zwiebel
1/2	Knoblauchzehe
400 ml	Gemüsebrühe
	Pfeffer aus der Mühle
	Muskat
	Meersalz
1 EL	Crème fraîche
	Bockshornkleesamen
2 EL	Sahne

1. Spinat waschen und putzen, in heißem Wasser blanchieren und in eiskaltem Wasser abschrecken.
   Geschälte und ganz klein gewürfelte Kartoffeln in kaltes Wasser geben.
   Das nimmt ihnen ein bisschen Stärke und sie werden nicht braun.
2. Zwiebel klein hacken und in Olivenöl glasig dünsten, Knoblauch dazugeben und kurz mitdünsten. Mit Brühe aufgießen und aufkochen.
3. Kartoffeln dazugeben und ca. 15 Minuten weich dünsten.
4. Sobald die Kartoffeln weich sind, Spinat dazugeben und noch einmal eine Minute aufkochen lassen. Die Kartoffel-Spinat-Mischung im Mixer (oder Stabmixer) pürieren, mit Pfeffer, Muskat und Salz würzen.
5. Vor dem Servieren Crème fraîche, eine Prise Bockhornkleesamen und eventuell noch halbsteif geschlagene Sahne unter die Sauce heben.
6. Nudeln in die Pfanne mit Sauce geben und einmal gut durchschwenken.
   In tiefen Tellern auf Wunsch mit frischen Kräutern servieren.

Vegetarisch

Der Nudelteig ist eine gute nährende Getreidegrundlage für den kühlenden, Blut- und Yin-stützenden Charakter des Spinats. Nicht dynamisch und kraftvoll – wie bei Poppey – sondern, entspannend und beruhigend wirkt der Spinat. Eine feine Gewürzmischung sorgt dafür, dass keine Langeweile aufkommt.

Kalbsfilet mit Spargel und Topinamburpüree

Mengen:	Zutaten:
800 g	Kalbsfilet (vom Metzger auf 800 g portionieren lassen, gibt 200 g pro Person)
	Olivenöl
	Rosmarinzweig
	Salbeiblätter
	grober Senf
	Meersalz
	frische Kräuter:
	Petersilie
	Salbei
	Thymian
	Rosmarin
	Pfeffer aus der Mühle
	Fleur de Sel

Fleisch

Zubereitung:

Kalbsfilet

Kräuter waschen, mit Küchenpapier trocknen und klein hacken.

1. Kalbsfilet mit Olivenöl einreiben, nach Wunsch mit einem Zweig Rosmarin und Salbeiblätter belegen.
2. Die Filets mit den Kräutern, wie ein Bonbon, erst in Frischhaltefolie und anschließend in Alufolie wickeln und an beiden Enden fest zudrehen.
3. Wasser in einem größeren Topf auf 80° C erhitzen. In das dickste Filet wird das Fleischthermometer gesteckt. Verpacktes Fleisch in den Topf legen und mit einem kleinen Teller beschweren.Das Filet im Wasserbad ca. 20 Minuten langsam garen. Vorsicht: Bei 52 ° C (Fleischkerntemperatur) muss das Fleisch aus dem Wasserbad genommen werden.
4. Im Ofen bei 80° C warm stellen. Fleisch 5 - 7 Minuten in der Verpackung nachruhen lassen. Durch das Nachruhen zieht das Fleisch noch auf 55° bis 57° C nach. Das Fleisch ist gut rosa bis 57° C, dann leicht rosa und ab 62° C durch. Das Fleich auspacken, mit Senf bestreichen und in den gehackten, frischen Kräutern wenden. Dann in ca. 3 cm dicke Scheiben (à 100 g) schneiden. Auf die Schnittfläche legen und mit einer Prise Pfeffer und Fleur de Sel bestreuen.

Alternative Zubereitung: Den Dampfgarer auf 80° C Dampftemperatur einstellen, um 55 - 57° C Fleischkerntemperatur zu erreichen.

Tipp:
Alternativ ist die Verwendung eines Schweinefilets auch gut möglich.

Spargel und Topinamburpüree nach Grundrezepten auf Seiten 253 und 250 herstellen.

Sowohl das Kalbsfilet, als auch das Topinamburpüree stützen sanft die Mitte. Der warme und dynamisierende Kräutermantel gleicht die kühlende Wirkung des Spargels aus und erhöht die Bekömmlichkeit. Eine kulinarische Köstlichkeit für besondere Anlässe.

Rinderfilet

mit schneller Bratensauce

Mengen: Zutaten: Zubereitung:

Rinderfilet

Mengen	Zutaten
4	Rinderfilets (mit 4 cm Höhe)
	Pfeffer aus der Mühle
	Meersalz
	Rapsöl

Rinderfilets mit einer Küchenrolle trocken tupfen. Unmittelbar vor dem Anbraten mit etwas Pfeffer und Salz auf der anzubratenden Seite würzen.

1. Mit einem Pinsel etwas Rapsöl in der heißen Pfanne verstreichen.
2. Steak bei maximaler Hitzezufuhr für eine Minute kräftig einseitig anbraten. Danach Hitze reduzieren und fünf Minuten bei der Hälfte der Hitze weiterbraten.
3. Würzen und sofort umdrehen.
4. Zweite Seite bei maximaler Hitzezufuhr eine Minute scharf anbraten und weitere fünf Minuten bei halbierter Hitzezufuhr weiterbraten.
5. Bei 80° C in den vorgeheizten Backofen auf das Gitter der mittleren Schiene legen. Das Fleisch bleibt im Ofenrohr, bis das Bratenthermometer 55° C (hellrosa bis blutig) bis 60° C (leicht rosa) anzeigt.

Bratensauce

Die eingekochten Bratenrückstände unbedingt in der Pfanne belassen. Das Öl abgießen.

Mengen	Zutaten
1	Zwiebel
2	Karotten
4	Frühlingszwiebeln
2	Ingwerscheiben
	Fleur de Sel
4 - 5	Tomatenscheiben
1 Zweig	Rosmarin
200 ml	Kalbsfond oder Gemüsebrühe

1. Kleingehackte Zwiebel, Karotten-, Frühlingszwiebeln- und Ingwerscheiben, eine Prise Salz und Rosmarin in die Pfanne geben und anbraten.
2. Nachdem die Zwiebeln goldgelbe Farbe angenommen haben, Tomatenscheiben einlegen und mit Kalbsfond oder Gemüsebrühe ablöschen. Noch auf kleiner Flamme weiter köcheln lassen.
3. Vor dem Servieren durch ein feines Sieb abgießen.

Fleisch

Als Beilage passen im Frühjahr sehr gut Rosmarinkartoffeln und Spargel.

Rind stärkt die Mitte, bringt wärmende Energie in den Körper und nährt das Blut.

HUHN mit Gemüse und Basmatireis

Fleisch

Mengen:	Zutaten:
4	Hühnerbrüstchen
3 EL	Sesamöl
1	Knoblauchzehe
3 EL	Sojasauce
1 EL	Limettensaft
1 EL	Rapsöl
	Pfeffer aus der Mühle
	Fleur de Sel
je 1	rote & grüne Paprikaschote
1 Stange	Staudensellerie
1	Chinakohl
1 Stange	Zitronengras
1	Zwiebel
1 TL	Currypulver
3 EL	Sojasauce
1 TL	Mango-Chutney (Seite 263)
1/2 TL	Kurkuma
250 ml	Kokosmilch
250 ml	Hühnerbrühe
Bund	Koriander
1/2 TL	Sesamöl
1 Tasse	Reis
2 Tassen	Wasser
1 TL	Meersalz

Zubereitung:

Hühnerbrüstchen

Hühnerbrüstchen in feine Streifen schneiden und in einer Marinade aus Sesamöl, Knoblauch, Sojasauce und Limettensaft, 1 Stunde einlegen.
Zwiebel schälen und fein hacken. Paprika und Staudensellerie waschen und würfelig schneiden. Chinakohl und Zitronengras (nur den unteren, hellen Teil verwenden) fein schneiden.

1. Huhn im Öl scharf anbraten, pfeffern und salzen. Aus der Pfanne nehmen und auf einem Teller warm stellen.
2. Paprikaschoten, Staudensellerie, Chinakohl, Zitronengras und Zwiebel in die Pfanne geben und braten.
3. Currypulver, Sojasauce, Mango Chutney und Kurkuma dazugeben.
4. Mit Kokosmilch und Fond aufgießen und 5 Minuten köcheln lassen.
5. Huhn wieder zurück in die Sauce geben und kurz anwärmen. Mit frischem Koriander und ein paar Tropfen Sesamöl bestreuen.
6. Curryhuhn mit Basmatireis servieren.

Basmatireis

1. Reis in einen Topf geben, Wasser und Salz dazugeben. Am besten die flache Hand auf den mit Wasser bedeckten Reis legen, diese sollte bis Oberkante bedeckt sein.
2. Reis aufkochen, zwei bis drei Minuten leicht köcheln lassen, dann Deckel drauf und ca. 25 Minuten im Ofen Umluft bei 180° C ziehen lassen, bis der Reis das ganze Wasser schön aufgenommen hat und gar ist.

Huhn ist ein wunderbares Lebensmittel, das die Mitte wärmt, Qi und Blut nährt und die Essenz Jing unterstützt. Das ist auch für Kinder besonders geeignet.

Das erfrischende Gemüse gibt dem wärmenden Charakter ein Gegengewicht. Der Reis als Beilage stärkt die Mitte und leitet Feuchtigkeit aus.

Alpenlachs
mit zweierlei Saucen

Fisch

Mengen: Zutaten: Zubereitung:

Alpenlachs

Mengen	Zutaten
4	Alpenlachsfilets à 120 g
20 g	Butter
	Pfeffer aus der Mühle
	Fleur de Sel

1. Beschichtete Pfanne ausbuttern, pfeffern und mit Fleur de Sel bestreuen.
2. Lachs darauf legen. Mit etwas Butter bepinseln und mit Klarsichtfolie abdecken.
3. Im Backofen bei 80° C ca. 8 - 10 Minuten garen.
   Die Garzeit ist abhängig von der Dicke der Fischfilets.
4. Filets herausnehmen und 2 Minuten nachziehen lassen.

Warme Sauce

Mengen	Zutaten
250 ml	Fischfond
4 EL	Olivenöl
	Pfeffer & Meersalz
1	Zwiebel
3	Frühlingszwiebeln
1 EL	Schnittlauch
	Tomatenwürfel
1 EL	Kerbel
je 1 EL	Petersilie & Rosmarin

1. Fischfond um 1/3 einreduzieren.
2. Mit einem Schneebesen Olivenöl einrühren.
3. Pfeffer, Zwiebelwürfel, Frühlingszwiebeln, Schnittlauch, Salz, Tomatenwürfel, Kerbel, Petersilie und Rosmarin dazugeben und über den Fisch gießen.

Kalte Sauce

Mengen	Zutaten
100 ml	Sahne
	Pfeffer aus der Mühle
	Cayennepfeffer
	Koriander aus der Mühle
Spritzer	Worcestersauce
	Fleur de Sel
3 EL	Sauerrahm
2 EL	Joghurt
1/2	Zitrone (Saft)
1/2 TL	Rosmarin
1 Msp.	Rohrzucker

1. Alle Zutaten miteinander verrühren.

Tipp: Passend zur Jahreszeit sind Stampferdäpfel, Spargel, Erbsenpüree, oder Basmatireis als Beilage geeignet.

Der Hauptdarsteller Lachs wirkt auf die Funktionskreise von Mitte und Niere. Indem er Blut und Qi nährt, bringt er Energie in unseren Körper. Durch seinen Auftritt zwischen warmer und kalter Sauce, wird ein Spannungsfeld aufgebaut, in dem er seine Wirkung voll entfalten kann.

Saiblingsfilet

Mengen:	Zutaten:
4	Saiblingfilets
	Hibiskus-Meersalz
	Pfeffer aus der Mühle
1	Zitrone
1 Zweig	Thymian
1 Zweig	Rosmarin
1 EL	Olivenöl

Zubereitung:

Saiblingsfilet

1. Fischfilets in einer Pfanne mit Olivenöl auf der Hautseite ca. 2 Minuten, mit nicht zuviel Hitze anbraten, bis die Filetränder weiß werden.
2. Zitronenschale, Rosmarin- und Thymianzweig und Butter dazugeben.
3. Filets wenden, Pfanne auf die Seite stellen und Fisch fertig ziehen lassen.
4. Beim Anrichten die Haut zurückziehen, die Filets mit Olivenöl und etwas Zitronensaft beträufeln und mit Peffer und Hibiskus-Meersalz würzen.

Sollten die Filets etwas dicker sein, können Sie die Pfanne auf die mittlere Schiene in den Backofen stellen und sanft bei 80° C fertig garen.

Zubereitungsvariante:
Die Fischfilets können Sie auch in einem Fischfond pochieren.
1. Fischfilets in Fischfond einlegen und ca. 5 - 7 Minuten sanft pochieren. Danach mit Punkt 2, wie oben beschrieben, fortfahren.

Tipp: Immer unter 80° C (Thermometer verwenden) ziehen lassen.
Fond darf nur Schlieren ziehen, nicht köcheln.

Fisch

Zu diesem Gericht passt im Frühling Reis oder Stampferdäpfel.
Im Sommer schmeckt der Fisch sehr fein mit lauwarmem Gurkensalat.

Achten Sie auf Frische aus heimischer Zucht oder Wildfang.

Fische stärken mit ihrem süßen Geschmack und ihrem neutralen Temperaturverhalten in aller Regel die Mitte, das Qi und das Blut. Daneben leiten sie meist Feuchtigkeit aus und lösen dadurch Verdauungsblockaden. Sie sind eine sehr gut verdauliche Eiweißquelle.

Bärlauchsuppe

mit Beinschinken und Pesto

Mengen:	Zutaten:
1 EL	Olivenöl
1	mittelgroße Zwiebel
2	kleine Frühkartoffeln
1/2 EL	geriebener Ingwer
	Meersalz
100 ml	trockener Weißwein
	frischer Rosmarin
800 ml	Rinderbrühe
1/8 L	Sahne
200 g	Bärlauch
	Pfeffer aus der Mühle
	Cayennepfeffer
1/2	Zitrone
200 g	Beinschinken

Zubereitung:

Bärlauchsuppe

Bärlauch kurz in heißem Wasser blanchieren, im Eiswasser abkühlen lassen und in Streifen schneiden.

1. Zwiebel klein hacken und in Olivenöl farblos anschwitzen. Klein geschnittene Kartoffeln dazugeben.
2. ½ EL frisch geriebenen Ingwer und eine Prise Salz zugeben und mit Weißwein ablöschen. Komplett einreduzieren lassen, bis der Wein verdunstet ist.
3. Kleingehackten Rosmarin mit Rinderbrühe aufgießen und alles zusammen köcheln lassen, bis die Kartoffeln gar sind.
4. Sahne und Bärlauchstreifen in die Brühe geben, ca. 3 - 5 Minuten köcheln lassen, mit Stabmixer mixen und durch ein Sieb passieren.
5. Mit Pfeffer, Cayennepfeffer, Salz und 1 EL Zitronensaft abschmecken.

Tipp:
Wenn Sie Sahne sparen möchten, diese halbsteif schlagen und am Schluss drunter ziehen. So erzielt man diesen cremigen Effekt und spart sehr, sehr viel Sahne.

Suppe

Beinschinken

Beinschinken in Streifen schneiden und anbraten.
Ein wenig Bärlauchpesto darüber träufeln. (Bärlauchpesto-Grundrezept auf Seite 262)

Oft schon vor der Spargelzeit taucht auf dem Markt der Bärlauch, im Volksmund auch „Wilder Knoblauch" genannt, auf. Diesem Frühlingskraut werden auch in der westlichen Heilkunde viele gesundheitsstärkende Wirkungen zugeschrieben.

Der Bärlauch gilt mit seinem scharfen Geschmack als Qi-bewegend. Die Rinderbrühe als Hauptbestandteil bringt Wärme, Dynamik und Befeuchtung in den Körper. Sie ist von ihrem Charakter her sehr rund. Weißwein und Sahne sorgen für Kühle und Befeuchtung.

Brennessel-Spinatsuppe

Suppen

Mengen:	Zutaten:
100 g	gezupfte Brennesselspitzen
200 g	Spinat
1 EL	Butter
1	Zwiebel
2	kleine Kartoffeln
	Pfeffer aus der Mühle
	Meersalz
600 ml	Hühnerbrühe
100 ml	Brennesselfond
50 ml	Sahne (auf Wunsch)
2	kleine Kartoffeln
	Muskat
1/2	Zitrone
1 - 2 EL	Crème fraîche oder halbsteif geschlagene Sahne

Zubereitung:

Brennessel-Spinatsuppe

1. Die Brennesselspitzen und die Spinatblätter gut waschen, in 100 ml leicht gesalzenem Wasser kurz blanchieren und in Eiswasser abkühlen. Das Kochwasser als Brennessel-Spinat-Fond weiter verwenden.
2. Zwiebel klein hacken und in Butter glasig dünsten. Klein geschnittene Kartoffeln, Pfeffer, Salz und Hühnerbrühe dazugeben und weich kochen.
3. Brennessel-Spinatfond, blanchierte Brennesselblätter, Spinat und etwas Sahne dazugeben, kurz aufkochen lassen und mit Stabmixer mixen.
4. Mit Prise Muskat, Pfeffer, Salz und Zitronensaft abschmecken.

Auf Wunsch Crème fraîche oder halbsteif geschlagene Sahne dazugeben.

Von ihrem Geschmack ist Brennessel adstringierend und leicht bitter. Sie stärkt die Leber, da sie das Leberblut nährt und Leber Qi Stagnationen löst. So haben wir im Frühjahr genügend Blut und das Qi kann frei fließen.

Viele Kinderbeine haben mit ihr schon Bekanntschaft gemacht, unserer heimischen Brennessel. Man kann sie als Tee trinken, als Tinktur anwenden oder als Suppe genießen.

Spargelcrèmesuppe

Mengen:	Zutaten:
500 g	Spargel
500 ml	Wasser
3	Frühlingszwiebeln
1	kleine Zwiebel
1 EL	Butter
	Spargelfond
125 ml	Sahne
	Piment, ersatzweise Muskat
	Meersalz
1/2	Zitrone
1/2	Orange
1 EL	Pinienkerne

Zubereitung:

Spargel waschen, schälen und holziges Ende (ca. 1 cm) abschneiden. Spargel in ein feuchtes Tuch einschlagen und bis zur Weiterverwendung im Kühlschrank aufbewahren.

1. Die Schalen in Wasser ca. 25 Minuten auskochen, ergibt Spargelfond. Den Spargelfond etwas stehen lassen und durch ein Sieb gießen.
2. Die geschälten Spargel in den Fond geben und 15 - 20 Minuten (je nach Dicke des Spargels) kochen lassen. Garprobe mit der Gabel. Spargel aus dem Topf nehmen.
3. Zwiebel und Frühlingszwiebeln kurz in etwas Butter glasig dünsten.
4. Mit dem Spargelfond und Sahne aufgießen und ca. 5 Minuten köcheln lassen.
5. Mit Prise Piment, Prise Salz, Saft einer halben Zitrone und etwas Abrieb einer Orangenschale würzen.
6. Spargelspitzen (4 cm) als Garnitur aufheben, den restlichen Spargel in den Spargelfond geben, mixen und durch ein Sieb gießen.
7. Tiefe Teller mit Spargelsuppe füllen und mit Spargelspitzen als Suppeneinlage und gerösteten Pinienkernen garnieren.

Tipp:
Sahne können Sie mit dem Schneebesen etwas cremig schlagen und kurz vor dem Servieren unter die Suppe ziehen, so braucht es pro Person nur ganz wenig Sahne. Mögen Sie gar keine Sahne verwenden, können Sie auch zwei kleine Frühkartoffeln mitkochen.

Durch seine bitteren Eigenschaften hat der Spargel, als typisches Frühlingsgemüse, eine nach unten absenkende und ausleitende Wirkung. Gleichzeitig ist er von kühlem Temperaturverhalten, kühlt dadurch Hitzeprozesse – wie sie gerne aus der langen Winterzeit noch übrig sind – und hilft dem Körper gesunde Säfte und Yin zu stärken.

Selleriecrèmesuppe

mit Dinkel

Mengen:	Zutaten:
1 EL	Butter
1	Zwiebel
	Pfeffer aus der Mühle
	Meersalz
1 EL	Dinkelschrot
1/2 L	Hühnerbrühe
	frische Salbeiblätter
4 Stangen	Staudensellerie
100 ml	Milch (Sahne)
	Cayennepfeffer
	Pfeffer aus der Mühle
	Fleur de Sel
1/2 EL	Crème fraîche
1/2	Zitrone
Bund	glatte Petersilie

Zubereitung:

1. Zwiebel kleinhacken und in Butter glasig dünsten. Mit Pfeffer und Salz würzen.

2. Dinkelschrot einrühren und 2-3 Minuten bei nicht zu starker Hitze mitrösten.

3. Mit etwas kalter Brühe aufgießen und klein geschnittenen Staudensellerie dazugeben. Gemüse weich kochen.

4. Restliche Brühe, klein gehackte Salbeiblätter und Milch (oder Sahne) dazugeben und noch einmal aufkochen.

6. Mit Cayennepfeffer, Pfeffer und Salz würzen.

7. Suppe gut mixen und durch ein Sieb passieren.

8. Saft der halben Zitrone und Crème fraîche unterrühren. Suppe nicht mehr kochen lassen.

9. Mit Petersilie garnieren.

Tipp: Thermomix kaufen, so können Sie sich zukünftig das Passieren der Gemüsecremesuppen sparen.

Suppe

Im Frühling herrschen die Kräfte des Holz-Elementes vor.
Das Leber Yang schlägt leicht nach oben und macht vielen Menschen in Form von Heuschnupfen und Kopfschmerzen zu schaffen.
Stangensellerie besänftigt das Leber Yang und vertreibt Wind, während Dinkel die Mitte sanft erwärmt und stützt.

Auch für alle „Stressgeplagten" eine feine Frühlingssuppe.

Minestrone

von der Schwarzwurzel

Mengen:	Zutaten:
	Fenchelsamen
	Kümmelsamen
2 EL	Olivenöl
1	Zwiebel
1	Karotte
100 g	Weißkohl
1 Stange	Staudensellerie
4	Schwarzwurzeln
1 L	Gemüsebrühe
1	Lorbeerblatt
1	Knoblauchzehe
250 g	passierte Tomaten
	Paprika edelsüß
2 - 3 Stangen	grüner Spargel
1	Frühlingszwiebel
1 Msp.	Safranfäden
1 TL	geriebener Ingwer
1	Gewürznelke
	Pfeffer aus der Mühle
	Fleur de Sel
2	Tomaten
	Parmesan
	Basilikumblätter
	Olivenöl

Zubereitung:

Gemüse in feine Rauten schneiden.
Schwarzwurzeln schälen und gleich in etwas Zitronenwasser (1 ausgepresste Zitrone auf ½ l Wasser) legen, damit diese sich nicht verfärben. Kurz vor dem Anrösten in Rauten oder Stücke schneiden. Spargel schälen und holziges Ende abschneiden. Bis zur weiteren Verwendung in ein feuchtes Tuch einschlagen.

1. Fenchel- und Kümmelsamen in einen Topf geben und ohne Fett etwas rösten.
2. Olivenöl dazugeben und Gemüse (Zwiebel, Karotte, Weißkohl, Staudensellerie und Schwarzwurzeln) darin glasig dünsten.
3. Mit Gemüsebrühe ablöschen.
4. Lorbeerblatt, Knoblauch, Prise Salz, passierte Tomaten, Messerspitze Paprika dazugeben und 10 Minuten köcheln lassen.
5. Spargel und Frühlingszwiebel dazugeben.
6. Safranfäden, frisch geriebener Ingwer und Gewürznelke dazugeben und weitere 7 - 10 Minuten ziehen lassen.
7. Mit Pfeffer und Salz würzen.
8. Die geschälten und gewürfelten Tomaten in die Suppe geben.
9. Minestrone in Suppentellern mit feinen Parmesanraspeln, Basilikumblättern und einigen Tropfen Olivenöl servieren.

Suppe

Weißkohl und Karotten stärken die Mitte, während Staudensellerie und Tomaten auf den Funktionskreis Leber einwirken. Sellerie vertreibt Wind, kühlt Hitze, leitet Feuchtigkeit aus und senkt das Leber Yang ab. Tomaten nähren das Leber Yin und die Säfte und besänftigen ebenfalls das Leber Yang.
Als Suppe können die verwendeten Gemüse vom Körper leicht aufgenommen werden. So ist der Organismus gut gegen Wind im Frühling geschützt. Wind ist die Hauptursache für akute Erkrankungen in dieser Jahreszeit.

Dies ist eine sehr wohltuende Frühlingssuppe, die Ihren Bauch wärmt und die Vorfreude auf den Sommer weckt.

Kartoffelsalat

mit Löwenzahn und Radieschen

Mengen:	Zutaten:
1 kg	festkochende Kartoffeln
1/2 EL	Kümmel
	Meersalz
1	kleine Zwiebel
1/2	Knoblauchzehe
1/2 Bund	Radieschen
	junge Löwenzahnblätter
200 ml	Gemüsebrühe oder Rinderbrühe
3 - 4 EL	Sonnenblumenöl oder Olivenöl
2 EL	grober Senf
	Pfeffer aus der Mühle
1 Msp.	Cayennepfeffer
	Meersalz
3 - 4 EL	Birnen-Essig
	Paprika edelsüß
	Rohrzucker
4 EL	Schnittlauch

Zubereitung:

1. Kartoffeln waschen und mit der Schale in einem Topf mit Salzwasser und Kümmel weich kochen.
   Wasser abgießen und Kartoffeln trocken tupfen, Deckel wieder auf den Topf geben und Kartoffeln ca. 10 Minuten ausdünsten lassen.
   Kartoffeln noch warm schälen, in dünne Scheiben schneiden und in eine Schüssel geben. Eine kleine Kartoffel für die Marinade aufbewahren.
2. Zwiebel und Knoblauch schälen und in kleine Würfel schneiden.
   Kurz in etwas Öl andünsten.
3. Radieschen waschen und in dünne Scheiben schneiden. Löwenzahnblätter waschen und in kaltem Wasser einweichen. Dadurch verliert der Löwenzahn etwas von den Bitterstoffen. Löwenzahnblätter halbieren.
4. Brühe in einem Topf leicht erwärmen.
5. Öl, Senf, Pfeffer, Cayennepfeffer, Salz, Essig, Paprikapulver, etwas Rohrzucker und eine kleine Kartoffel dazugeben und alles zusammen mit einem Stabmixer pürieren.
6. Die Marinade mit den Zwiebeln über die Kartoffelscheiben geben, vermischen und 10-15 Minuten ziehen lassen.
7. Radieschen und Löwenzahnblätter unter den Kartoffelsalat mischen.
8. Salat mit frischem Schnittlauch garnieren.

Salat

Schon aus der Rezeptüberschrift erschließt sich die Wirkung:
Kartoffeln harmonisieren die Mitte, stärken und bewegen das Qi der Mitte und leiten blockierende Feuchtigkeit aus.
Löwenzahn ist der bitterste Salat. Seine entgiftende, kühlende, trocknende und absenkende Wirkung ist in den Naturmedizinen der verschiedensten Kulturen bekannt. Die Radieschen sind durch ihre Schärfe ebenfalls sehr dynamisierend. Schärfe hebt an, führt nach außen an die Oberfläche. Sie wirken in diesem Sinne komplementär zum Löwenzahn.

Ob als altes Familienrezept, Kindheitserinnerung, Weihnachtsessen oder auf dem Buffet des sommerlichen Gartenfestes, der Kartoffelsalat hat einen festen Platz in unserem Leben. Unterschiedlich zubereitet, können wir ihn das ganze Jahr hindurch genießen.

Rucolasalat mit grünem Spargel

Mengen:	Zutaten:
2 Bund	grüner Spargel
100 ml	Gemüsebrühe
	Rohrzucker
	Pfeffer aus der Mühle
	Fleur de Sel
1/2	Z trone
3 EL	Olivenöl
4 Bund	Rucolasalat
4 Kugeln	Büffelmozarella

Zubereitung:

Spargel schälen und in Stücke schneiden.

1. Spargelstücke in wenig Olivenöl anbraten.
2. Mit etwas Brühe ablöschen.
3. Mit Rohrzucker, Pfeffer, Salz und Zitronensaft abschmecken. Kurz garen und Fond abkühlen lassen.
4. Rucolasalat und Scheiben des Büffelmozarella auf den Tellern anrichten.
5. Spargel untermischen.
6. Etwas Olivenöl, Gemüsefond, Pfeffer und Salz darüber geben.

Tipp:
Weißer Spargel bleibt weiß, weil er bis zum Stechen mit Erde bedeckt ist.

Grüner Spargel wächst überirdisch, ist vom Geschmack herzhaft nussig und gart schneller.
Er muss nur in den unteren 2/3 geschält werden.

Besonders geeignet für warme vorsommerliche Frühlingstage.

Voller Frühlingsfrische kommt dieser besondere Salat daher: Auch wenn ihn die alten Chinesen nicht kannten, erschließt sich seine Wirkung rasch beim Genuss. Vor allem sein bitterer Geschmack sticht hervor, oft gepaart mit einer gewissen Schärfe. Er kühlt und dynamisiert zugleich, leitet Feuchtigkeit aus und stärkt das Yin. Kühle & Befeuchtung werden durch Mozarella und Spargel betont.

FRÜHLINGS BLATT SALAT

Mengen:	Zutaten:
Etwas	Kopfsalat
Etwas	Eichblattsalat
Etwas	Feldsalat
1 Bund	Frühlingszwiebel
1 Bund	Radieschen
	frischer Schnittlauch
	Bach- und Gartenkresse
100 g	Cocktailtomaten
125 ml	Gemüsebrühe
2 EL	Sonnenblumenöl
1 EL	Walnussöl
	Rohrzucker
1/2 TL	scharfer Senf
	Pfeffer aus der Mühle
1 TL	frisch geriebener Ingwer
	Fleur de Sel
1 - 2 EL	Weißwein-Essig

Zubereitung:

Blattsalat

Geputzte, gemischte Salatblätter in eine Schüssel geben.
Frühlingszwiebeln 1/2 cm breit schneiden.
Radieschen in Scheiben schneiden.
Cocktailtomaten halbieren.

Salate

Dressing

1. Brühe mit Sonnenblumenöl, Walnussöl, einer Prise Rohrzucker, Senf, Pfeffer, Ingwer, Salz und Essig gut verrühren.
2. Kurz vor dem Servieren Gemüse zum Salat geben und mit dem vorbereiteten Dressing vermischen.

Den Salaten kommt im Frühjahr eine ganz besondere Bedeutung zu. Vor allem die Vertreter mit vielen Bitterstoffen, wie Chicoree, Radicchio, Endivien, Eichblatt, Kopfsalat oder Feldsalat helfen dabei, die Schlacken des Winters auszuleiten. So kann der Frühjahrsputz im Körper gelingen.

Griessflammerie

Mengen:	Zutaten:
250 ml	Milch oder Reismilch
1/2	Vanilleschote
40 g	Rohrzucker
	Kardamom
	Meersalz
70 g	Dinkelgrieß
1	Orange
3 Blatt	Bio-Gelatine
250 ml	Sahne

Zubereitung:

1. Milch, Rohrzucker und Vanilleschote aufkochen.
   Nach 2 - 3 Minuten Vanilleschote entfernen.
2. Kardamom und Prise Salz zugeben.
3. Grieß und etwas Abrieb einer Orange einrühren.
   Unter ständigem Rühren 10 Minuten köcheln lassen.
   Auf die Seite stellen und abkühlen lassen.
4. Blattgelatine in kaltem Wasser einweichen, gut ausdrücken, in warmem
   Orangensaft einer halben Frucht auflösen und unter die Masse rühren.
   Eine ½ Stunde kalt stellen.
5. Kurz bevor die Masse stockt, die geschlagene Sahne einrühren.
6. Eine weitere Stunde kalt stellen. Nochmals umrühren, in Förmchen abfüllen oder in
   eine große Schüssel geben, über Nacht kalt stellen und bei Bedarf Nocken mit
   einem Löffel ausstechen.

Dessert

Tipp:
Metall-Förmchen vor dem Befüllen mit kaltem Wasser ausspülen.

Ein 5-Elemente-Genuss
für besondere Tage.

Auch wenn Sahne, Zucker und Milch sehr viel Yin und Befeuchtung mit sich bringen, kann dieses außergewöhnliche Flammerie gelingen und bekommen: Die Kombination mit wärmenden und bewegenden Bestandteilen, wie Kardamom und Orangenabrieb, lässt keine Stagnation aufkommen. Der Orangensaft sorgt für Temperaturausgleich und Bewegung gleichermaßen.

Weizendalken mit Birnenmus

Mengen: Zutaten: Zubereitung:

Weizendalken

Mengen	Zutaten
250 ml	lauwarme Milch
10 g	Hefe
2 TL	Honig
1/2	Vanilleschote
	Koriander
	Meersalz
125 g	Weizenvollkornmehl
125 g	Buchweizenvollkornmehl
2	Eigelb
1 EL	Butter
1	Ei
1	Zitrone
2	Eiklar
	Butterschmalz zum Backen

1. Lauwarme Milch mit Hefe, Honig, Mark der Vanilleschote, Prise Koriander und Salz vermischen und 1/3 des Mehls einrühren. Etwa eine ½ Stunde gehen lassen.
2. Restliches Mehl, Eigelb, 1 EL zerlassene Butter, 1 Ei, Salz und etwas geriebene Zitronenschale zu einem weichen Germteig verarbeiten.
3. Eiweiß zu Schnee schlagen und unter den Teig heben. Den Teig eine weitere halbe Stunde ruhen lassen.
4. Butterschmalz in eine Pfanne geben. Mit einem Löffel Teig in Plätzchenform in die Pfanne einsetzen und beidseitig knusprig braun backen.

Birnenmus

Mengen	Zutaten
1 kg	Birnen
200 ml	Birnensaft
1	Zimtrinde
4	Gewürznelken
	Meersalz
1	Zitrone

1. Birnen schälen, in Spalten schneiden und in Zitronensaft wenden.
2. Birnensaft mit Zimtrinde, Gewürznelken, Prise Salz, Spritzer Zitronensaft und etwas Abrieb einer halben Zitronenschale aufkochen.
3. Birnen dazugeben, Deckel darauf und 15 Minuten dünsten.
4. Zimtrinde und Nelke entfernen.
5. Birnenkompott pürieren.

Dessert

Dieses Dessert besteht ausgewogen aus Yin und Yang. Die Dalken sind Yin-betont und freuen sich über das Birnenmus mit seinen dynamischen und wärmenden Gewürzen. Erwähnenswert ist an dieser Stelle der neutrale bis leicht kühle Buchweizen. Da bereits viele Kinder unter sogenannter Hitze im Magen leiden, ist er mit seiner Eigenschaft, diese zu kühlen, den Magen zu öffnen und seine Absenkungsfunktion zu stärken, ein Lebensmittel, das im Alltag Beachtung verdient.

Palatschinken

mit Rhabarber und Erdbeeren

Mengen:	Zutaten:
100 g	Dinkelmehl
	echten Kakao
250 ml	Milch
4	Eier
	Kardamom aus der Mühle
	Meersalz
3 - 4 EL	Mineralwasser
	Butterschmalz zum Backen

Zubereitung:

Palatschinken

1. Mehl, Prise Kakao und Milch glattrühren.
2. Die Eier darunter ziehen und mit dem Schneebesen ebenfalls glattrühren.
3. Mit einer Prise Kardamom und Salz würzen.
4. Mineralwasser mit Kohlensäure zugeben und die Masse 10 Minuten stehenlassen.
5. Palatschinken in einer flachen, beschichteten Pfanne mit Butterschmalz ausbacken.

Dessert

Mengen:	Zutaten:
1 kg	Rhabarber
500 g	Erdbeeren
700 ml	Wasser
1	Zitrone
1 Zweig	Rosmarin
200 g	Rohrzucker
1	Zimtrinde
2	Gewürznelken
	Meersalz
2 EL	Joghurt
1 EL	Sauerrahm
1 EL	Mascarpone
1	Zitrone
1	Orange
1 EL	Rohrzucker
2	Minzeblätter

Rhabarber- Erdbeerkompott

Rhabarber schälen und in ca. 2 cm große Stücke schneiden.
Erdbeeren in Würfel schneiden. Die Hälfte davon pürieren.

1. Wasser, Zitronensaft, Rosmarinzweig, Rohrzucker, Zimtrinde, Gewürznelken und Prise Salz einige Minuten einreduzierend kochen.
2. Rhabarberstücke einlegen und ca. 5 - 7 Minuten kernig kochen.
3. Zimtrinde, Gewürznelken und Rosmarinzweig entfernen.
4. Rhabarbersud etwas auskühlen lassen.
5. Pürierte Erdbeeren zugeben.
6. Mascarpone, Joghurt, Sauerrahm, Abrieb einer ½ Zitrone und einer ½ Orange und Rohrzucker mit dem Schneebesen glattrühren und zu der Rhabarber- Erdbeermischung zugeben.
7. Klein gehackte Minzeblätter dazugeben.
8. Palatschinken auf einem Teller anrichten.
   Früchtemasse auf eine Hälfte geben und Palatschinken zuklappen.
   Mit Erdbeeren und einem Minzeblatt dekorieren und genießen.

Die warmen und trocknenden Gewürze wie Zitronen- und Orangenschale, Nelke, Zimt und Rosmarin, setzen einen Kontrapunkt zuden ansonsten kühlenden bis kalten und befeuchtenden Zutaten. Dadurch wird nicht nur die Kälte gewärmt und die Feuchtigkeit getrocknet, vielmehr kommt durch dieses Prinzip eine große Dynamik in das Gericht.

Ein wunderbar erfrischendes Dessert für warme Frühlings- und heiße Sommertage.

Der Sommer

In der Jahreszeit des „Grossen Yang" (tai yang) ist das Element das Feuer.

Der Sommer ist voll feuriger Dynamik und Wachstum. Er steht im Zeichen von Fruchtbildung und Reifung. Wir Menschen öffnen uns nach außen und verbringen viel Zeit in der freien Natur. Wir erfreuen uns an langen Tagen mit viel Sonnenschein und blauem Himmel und an lauen Sommernächten. Es ist die Zeit von Gartenfesten und Festivals. Es ist die extrovertierteste Zeit im Jahreszyklus.

Das Marktangebot an erntefrischem Obst und Gemüse ist groß. Rohkost wird jetzt viel besser vertragen, als zu anderen Jahreszeiten und der Organismus braucht an heißen Tagen Kühlung und Erfrischung.

Vorsicht ist jedoch bei eisgekühlten Nahrungsmitteln und Getränken angezeigt. Sie nehmen dem Körper die Fähigkeit zur Selbstkühlung, indem sie die Bildung aktiver, kühlender Säfte durch den Magen schädigen und die Fähigkeiten der Mitte zu wandeln und zu transportieren, einschränken. Getränke wie Grün- und Minztee, heißes Wasser gemischt mit etwas Fruchtsaft oder Früchtetees tragen wirksam zur Kühlung des Organismus bei, ohne die „Mitte" zu schädigen.

Durch Schwitzen verlieren wir in dieser heißen Zeit viel Körperflüssigkeit. Mit erfrischenden und säftespendenden Nahrungsmitteln, wie Auberginen, Champignons, Mangold, Spinat, Oliven, Tomaten, Gurken, Zucchini unter den Gemüsesorten und Äpfeln, Aprikosen, Ananas, Bananen, Birnen, Brombeeren, Erdbeeren, Heidelbeeren, Himbeeren, Melonen, Datteln, Johannisbeeren und Kirschen unter den Obstsorten, ermöglichen wir unserem Körper, diesen Verlust auszugleichen.

Neben den Grundnahrungsmitteln aus dem Erdelement, die für die „Mitte" in jeder Jahreszeit von Bedeutung sind, können frische Gartenkräuter, Sprossen, gekochte Gemüsesalate, frische Blattsalate und auch der kühlende Tofu den Speiseplan bereichern.

Eiweissomelette

mit Schinken oder Gemüse

Mengen: Zutaten: Zubereitung:

Eiweißomelette mit Schinken

Mengen	Zutaten
1 EL	Olivenöl
1/2	Zwiebel
	Pfeffer aus der Mühle
2 EL	Schnittlauch
	Meersalz
100 g	gekochter Schinken
2 EL	Kerbel
2 EL	Petersilie
1 Zweig	Rosmarin
8	Eiweiß

1. Klein gehackte Zwiebel in einer beschichteten Pfanne in Olivenöl glasig dünsten.
2. Mit Pfeffer und Salz würzen. Schinken und Kräuter kurz mitrösten. Rosmarinzweig entfernen.
3. Mit Eiweiß aufgießen. Sobald das Eiweiß fest wird, Teller drüber legen, umdrehen und vom Teller wieder in die Pfanne gleiten lassen. Auch auf der zweiten Seite kurz braten, in der Pfanne in 4 gleiche Teile zerteilen und gleich servieren.

Frühstück

Eiweißomelette mit Gemüse

Mengen	Zutaten
1 EL	Olivenöl
1	rote Zwiebel
1	Zucchini
3	Champignons
	Pfeffer aus der Mühle
2 EL	Schnittlauch
	Meersalz
2	Tomaten
2 EL	Kerbel
2 EL	Petersilie
	Paprika edelsüß
8	Eiweiß

1. Kleingehackte Zwiebel in einer beschichteten Pfanne in Olivenöl glasig dünsten.
2. Kleingeschnittene Zucchini und Champignons dazu.
3. Pfeffer, Schnittlauch und Salz zugeben.
4. Geschälte und gewürfelte Tomaten mit Kerbel, Petersilie und Prise Paprika unterrühren und mit Eiweiß aufgießen. Sobald das Eiweiß fest wird, Teller drüber legen und umdrehen. Vom Teller wieder in die Pfanne gleiten lassen und auf der zweiten Seite kurz braten. Noch in der Pfanne in 4 Teile zerteilen und servieren.

Tipp
Verwenden Sie beschichtete Pfannen für Ihr Omelette. So sparen Sie Fett und mit einem reinen „Eiweiß Omelette" verzichten Sie auf Cholesterin.
Sie können dieses Omelette auch in einer sehr kleinen Pfanne - pro Person - zubereiten.

Ein leicht bekömmliches, rundes 5-Elemente-Frühstück, das anhaltende Sättigung verspricht. Für Menschen, die zu Blähungen neigen, lassen sich als nährende Beilage, fettarm in der beschichteten Pfanne gebraten, Kartoffeln oder ein Kartoffelrösti kombinieren.

POLENTANOCKERLN

MIT KIRSCHKOMPOTT

Frühstück

Mengen:	Zutaten:
100 g	Maisgrieß
350 ml	Sojamilch
2 EL	Honig
	Zimt
	Kardamom
	Meersalz
1/2	Zitrone
1/2	Orange

Zubereitung:

Polentanockerln

1. Sojamilch aufkochen. Honig, jeweils eine Prise Zimt, Kardamom und Salz, 1 EL Zitronensaft und etwas Abrieb einer Zitrone und Orange zugeben.
2. Maisgrieß einrühren und 5 Minuten auf kleiner Flamme köcheln lassen. Immer wieder umrühren, damit die Polenta nicht anbrennt. Herd ausschalten, Deckel drauf geben und noch weitere 5 Minuten auf der Platte quellen lassen.
3. Nockerln mit Löffel ausstechen, auf Tellern anrichten und mit Kirschkompott servieren.

Mengen:	Zutaten:
100 ml	Wasser
100 ml	Kirschsaft
1/2	Zitrone
1/2	Vanilleschote
2 EL	Rohrzucker
1 - 2 TL	Apfelpektin
	Nelke
	Meersalz
200 g	frische Kirschen (entkernt)

Kirschkompott

1. Wasser und Kirschsaft aufkochen.
2. Zitronenabrieb, Vanilleschote, Rohrzucker, Apfelpektin (mit etwas kaltem Wasser angerührt) Nelke, Prise Salz und Spritzer Zitronensaft dazugeben. 2-3 Minuten kochen lassen, bis es leicht eindickt.
3. Vanilleschote entfernen.
4. Kirschen dazu und etwas ziehen lassen.

Polenta und Sojamilch sind ein ausgezeichnetes Team im Sommer: die leicht kühle Sojamilch befeuchtet und nährt sehr tiefgreifend Lunge, Darm und Niere und Polenta besitzt alle positiven Eigenschaften eines Getreides. Für weitere Befeuchtung, Stärkung und Regulierung sorgt das wärmende Kirschkompott.

Lachende Kinder, die sich im Schatten eines Baumes gegenseitig die Kirschpaare an die Ohren hängen und dann angelaufen kommen und stolz die neuen Ohrringe präsentieren. Das ist Sommer pur!

GRIESSSCHNITTEN

Frühstück

Mengen:	Zutaten:
500 ml	Sojamilch
	Koriander aus der Mühle
	Meersalz
100 g	Weizengrieß
1/2	Zitrone
4	Bio-Gelatine
1/2	Orange
100 ml	Sahne

Zubereitung:

1. In einem Topf Sojamilch mit Koriander und Salz aufkochen.
2. Weizengrieß einrieseln lassen und mit dem Schneebesen verrühren.
3. Etwas Zitronenabrieb zugeben und bei geringer Hitze ca.10 Minuten ausquellen lassen.
4. Bio-Gelatine in kaltem Wasser einweichen und gut ausdrücken. In etwas erwärmtem Orangensaft auflösen und unter die abgekühlte Grießmasse rühren. Geschlagene Sahne unterziehen.
5. Die Grießmasse in eine, mit Klarsichtfolie ausgelegte Kastenform geben und auskühlen lassen.
6. Mit der Folie aus der Form heben oder stürzen und in Scheiben schneiden.
7. In der Pfanne goldgelb anbraten und mit Zwetschgenkompott (Grundrezepte Seite 268) servieren.

Tipp:
Aus diesem Frühstück können Sie, mit wenig Aufwand, ein feines Dessert zaubern.

Für den Sommer haben wir kühlende Sojamilch für den Grießbrei gewählt. Zusammen mit dem zur leichten Kühle neigenden Weizengrieß, lässt sich aus ihr ein nährendes und erfrischendes Sommerfrühstück bereiten.

Während der rohe unverarbeitete Weizen von kühlendem Charakter ist, ist sein Grieß etwas wärmer. Denn mit jedem Verarbeitungsschritt entfernt sich das Getreideprodukt weiter vom Ursprungskorn und wird von seinem Temperaturverhalten etwas wärmer. Das ist der Grund, warum hochraffiniertes Weizenauszugsmehl Hitzeprozesse verstärken kann und in einer überdynamisierten Gesellschaft, die von Zucker, Kaffee, Energy-Drinks, Weißmehl, Alkohol und Stress lebt, möglichst wenig Verwendung finden sollte.

TORTILLA Spanisches Omelette

Frühstück

Mengen:	Zutaten:
400 g	festkochende Kartoffeln
3	rote Paprikaschoten
	Olivenöl
1	Zwiebel
1	Knoblauchzehe
	Pfeffer aus der Mühle
	Fleur de Sel
1/2	Zitrone
1 Zweig	Rosmarin
	Rosenpaprika
6 - 7	Eier

Zubereitung:

1. Kartoffeln schälen, halbieren, in dünne, ca. 3mm breite Scheiben schneiden und in kaltes Wasser legen.
2. Topf mit gesalzenem Wasser aufstellen und Kartoffelscheiben darin ca. 5 - 7 Minuten nicht ganz weich kochen. Kalt abschrecken und auf einem Küchentuch trocknen.
3. Zwiebel in Würfel schneiden, Knoblauch klein hacken.
4. Paprika schälen, würfeln und in Olivenöl kräftig anbraten. Zwiebel, Knoblauch, Pfeffer, Salz, Spritzer Zitronensaft, Prise Paprika und einen Zweig Rosmarin dazu geben und schön durchrösten, bis die Zwiebel etwas Farbe annimmt. Pfanne auf die Seite stellen und das Gemüse auskühlen lassen.
5. Olivenöl erhitzen und Kartoffeln schwimmend darin knusprig braten. Auf einem Küchenpapier abtropfen lassen. Olivenöl kann mehrmals verwendet werden.
6. Eier verquirlen, mit Pfeffer und Salz würzen und zusammen mit dem Gemüse und den knusprigen Kartoffeln in einer Schüssel vermischen.
7. Große breite Pfanne erhitzen und die Masse 2 cm hoch hineingießen. Achten Sie darauf, dass die Kartoffeln und das Gemüse schön mit den verquirlten Eiern umgeben sind. Hitze zurückdrehen und warten bis das Ei stockt. Teller drüber legen, Pfanne umdrehen und vom Teller wieder in die Pfanne gleiten lassen. Auf beiden Seiten schön goldgelb braten.
8. Omelette mit der Pfanne im Ofen bei 160° C noch kurz (ca. 5 Minuten) nachziehen lassen, so dass die Eiermasse schön durchgegart ist. Pfanne herausnehmen und die Tortilla vierteln oder achteln.

Tipp :
Die Tortilla kann wunderbar vorbereitet und über Nacht im Kühlschrank aufbewahrt werden. Sollte sie Ihnen direkt aus dem Kühlschrank zu kalt zum Essen sein, geben Sie die Tortilla für kurze Zeit bei 80° C in den Backofen.

Auch wenn Paprikaschoten eine Frucht heißer Regionen sind, gehören sie zu den Capsicum-Arten und sind damit wärmend. Ihre heißesten Vertreter sind Peperoni und Chili. Die thermisch neutralen Zutaten Kartoffel und Ei schützen vor zu viel Wärme im Sommer, wenngleich in diesem Sommerfrühstück mächtig mediterranes Temperament ist.

Es gibt Tage im Sommer, da möchte man den dicken Pullover anziehen und sich an den Kachelofen setzen oder aber man geht den ganzen Tag in den Wald und macht Holz für die kalte Jahreszeit. Für diese Art von Tagen, aber auch zu jeder anderen Jahreszeit ist dieses Frühstück goldrichtig. Wollen Sie die Tortilla zum Mittagessen servieren, passt dazu wunderbar ein bunter, knackiger Sommersalat von Seite 107 oder der lauwarme Gemüsesalat beschrieben auf Seite 110.

TOFU

MIT GEMÜSE UND VOLLKORNPENNE

Vegetarisch

Mengen:	Zutaten:
50 g	grüne Bohnen
50 g	Karotten
50 g	Jams
50 g	Zucchini
200 g	Tofu
1 EL	Sesamöl
2 Stangen	Frühlingszwiebeln
1 EL	gehackte Knoblauchzehe
1	Chilischote
1 EL	geriebener Ingwer
	Rohrzucker
	Pfeffer aus der Mühle
	Fleur de Sel
2 EL	Sojasauce
2 EL	Limettensaft
	frisches Bohnenkraut
1/2 EL	Honig
100 ml	Gemüsebrühe
400 g	Vollkornpenne
4 EL	frisches Koriandergrün
	Sesamöl
40 g	Cashewkerne
	Kreuzkümmel
	Piment d´Espelette

Zubereitung:

1. Grüne Bohnen in kochendem Salzwasser weich garen und in eiskaltem Wasser abschrecken.
2. Karotten und Jams schälen, Zucchini waschen und trocknen, in Julienne schneiden und in etwas Sesamöl anbraten. Tofuwürfel (ca. 1 cm), Frühlingszwiebelringe, gehackten Knoblauch, entkernte und gewürfelte Chilischote und geriebenen Ingwer dazugeben. Kurz mitbraten.
3. Gekochte Bohnen dazugeben. Mit einer Prise Rohrzucker, Pfeffer und Salz würzen und gut durchschwenken.
4. Sojasauce, Limettensaft, Bohnenkraut und Honig dazugeben und mit Gemüsebrühe ablöschen. Noch einmal gut durchschwenken.
5. Hitze reduzieren und ein paar Minuten köcheln lassen. Bohnenkraut wieder entfernen.
6. Vollkornpenne in Salzwasser kochen und direkt aus dem heißen Wasser in die Pfanne mit Tofu-Gemüse geben. Koriandergrün darüber streuen und gut durchschwenken. Kreuzkümmel dazugeben. Falls Flüssigkeit fehlt, Brühe oder Wasser dazugießen.
7. Die Penne in Suppentellern servieren. Mit Sesamöl, einigen in der Pfanne (ohne Fett) gerösteten Cashewkerne, Korianderblättern und Piment d´Espelette garnieren.

Ein Rezept voller Dynamik: nicht nur geschmacklich, auch energetisch entwickelt sich bei diesem Gericht ein wilder Tanz zwischen erfrischend-kühlen und wärmenden Zutaten und heißen und kalten Akzenten. Die bunte Gemüsemischung stellt den neutralen Vermittler. Bei soviel Temperament im Essen, sollte sich auch bei Menschen mit schwacher „Mitte“ keine Müdigkeit nach dem Essen einstellen.

KOHLRABIRAVIOLI

MIT GRAPEFRUITS

Vegetarisch

Mengen:	Zutaten:
400 g	Kohlrabi
400 ml	Gemüsebrühe
	Pfeffer
	Curry
	Meersalz
1	Grapefruit
2 - 3 EL	geriebener Parmesan
	Nudelteig Grundrezept Seite 237
1	Ei
1 - 2 EL	Butter
1 EL	Crème fraîche
	Bockshornkleesamen aus der Mühle
2	Grapefruit (filetieren)
	Basilikumblätter
	Olivenöl

Zubereitung:

1. Geschälte und klein geschnittene Kohlrabi in Brühe mit Pfeffer, Prise Curry, Salz, Grapefruitsaft und etwas Abrieb der Grapefruitschale weich kochen. Kohlrabi durch ein Sieb gießen und den Kohlrabisud bis zur weiteren Verwendung beiseite stellen.
2. ¾ der gekochten Kohlrabi mit Prise Pfeffer, Salz und Parmesan grob mixen und kalt stellen. Restliches ¼ der Kohlrabi für das Kohlrabipüree aufbewahren.
3. Mit Nudelmaschine oder Wellholz den Teig dünn ausrollen.
4. Die Kohlrabimasse auf der rechteckig ausgerollten Teigbahn (ca. 6 x 10 cm) mit Abstand verteilen. Mit verquirltem Ei rundum ausstreichen und eine weitere Teigbahn drüberlegen. Mit „Ravioli Ausstecher" Rand leicht andrücken und mit einer etwas größeren Form rund ausstechen oder rechteckig mit einem Rollschneider ausschneiden. Ravioli in sprudelndes Wasser geben und 3 Minuten kochen lassen.
5. Kohlrabisud aufkochen, die beiseite gestellten Kohlrabistücke zugeben und mit 1 - 2 EL Butter, Pfeffer, Salz, 1 EL Crème fraîche und Bockshornkleesamen aus der Mühle mixen.
6. Ravioli auf das Kohlrabipüree setzen. Grapefruitfilets, mit etwas Grapefruitsaft und Olivenöl beträufeln und zusammen mit den Basilikumblättern die Ravioli garnieren.

Was uns immer gut tut ist, wenn wir die Verdauungskraft stärken. Genau das macht der Kohlrabi. In Kombination mit der Grapefruit kommt zur Kraft auch noch Bewegung, so dass sich die Mitte von blockierender Nässe befreien kann. Mit der Gemüsbrühe aus den Grundrezepten werten Sie jedes Rezept auf und runden es ab.

Cannelloni

mit Ricotta-Tomaten-Mangoldfüllung

Mengen:	Zutaten:	Zubereitung:
		Cannelloni
	Nudelteig aus Kamut- und Dinkelmehl	Nudelteig nach Grundrezept Seite 237 zubereiten. 1. Salzwasser in einem breiten, großen Topf aufkochen. 2. Den Nudelteig mit Nudelmaschine oder auf einer bemehlten Arbeitsfläche dünn ausrollen und in Quadrate 15 x 15 cm schneiden. 3. Die Nudelquadrate zusammen ins kochende Wasser geben und 4 Minuten kochen lassen. Mit einem Schöpflöffel (10 cm breite flache Schaufel mit Gitter) herausnehmen und in kaltem Wasser abschrecken. Gut abtropfen lassen und mit einem Küchentuch trocknen. 4. Auf einem Tuch ausbreiten, mit der unten beschriebenen Ricotta-Mangoldfüllung bestreichen und zu Cannelloni aufrollen. 5. In eine gebutterte Form geben, mit Parmesan bestreuen und im vorgeheizten Backofen (mittlere Schiene) bei 180° C ca. 5 Minuten überbacken. 6. Cannelloni auf die Teller setzen und mit Parmesan bestreuen.

Vegetarisch

Wenn Sie gerne eine Tomatensauce dazu servieren möchten, finden Sie die Zubereitung auf Seite 259.

Ricotta-Mangoldfüllung

Mengen	Zutaten	Zubereitung
300 g	Ricotta	1. Mangold blanchieren und ausdrücken. Tomaten mit Kartoffelschäler schälen und würfelig klein schneiden. Knoblauch fein hacken.
1/2	Zitrone	2. Ricotta, etwas Abrieb einer Zitrone, Mangold, Knoblauch, Pfeffer, Salz und Parmesan verrühren.
300 g	Mangold	3. Tomatenwürfel dazu und mit Vollkornbröseln binden.
1	Knoblauchzehe	
	Pfeffer aus der Mühle	
	Meersalz	
100 g	Parmesan	
4	Tomaten	
50 g	Vollkornbrösel	

Tipp:
Muss es an einem Tag mal schnell gehen, lässt sich der Teig auch sehr gut vorbereiten und 1 - 2 Tage im Kühlschrank lagern.

Tomaten, Mangold und Ricotta sind kühle bis kalte Nahrungsmittel, die Yin und Blut nähren und stärken und Hitze kühlen. Knoblauch und Zitronenschalenabrieb geben dem Gericht die notwendige Wärme und Bewegung, damit unsere Mitte nicht zu sehr abkühlt. Eingrollt in den Nudelteig ist dies ein rundes Sommergericht.

Bruschetta

Ein schnelles Sommergericht

Mengen:	Zutaten:	Zubereitung:
4 - 5	eigene oder italienische Strauchtomaten	1. Tomaten schälen und würfeln. Mit einer Prise Fleur de Sel würzen und in einer Schüssel mit Zitronensaft, Basilikumblättern und Olivenöl vermischen.
	Fleur de sel	
1/2	Zitrone	2. Eine Stunde ziehen lassen, nicht kalt stellen.
	Basilikumblätter	
	Olivenöl	
1 Zweig	Rosmarin	3. Rosmarinzweig, Olivenöl, Butter und Knoblauch mit Schale in einer beschichteten Pfanne erwärmen und Baguettescheiben darin goldbraun braten. Anschließend mit den gewürfelten Tomaten belegen und sofort servieren.
	Olivenöl	
	Butter	
	Knoblauchzehen	
1	Vollkornbaguette	

Tipp:
In einer beschichteten Pfanne können Sie die Baguettescheiben auch ohne Fett knusprig braten.

Tipp:
Statt Zitronensaft können Sie auch einen Balsamico-Essig verwenden.

Vegetarisch

Genial einfach und super lecker.
Mit diesem Gericht laden Sie sich die Sonne Italiens nach Hause ein.

Erfrischend und doch nicht kalt.

Eingelegtes Gemüse mit Focaccia

Vegetarisch

Mengen:	Zutaten:
1	rote Paprika
1	gelbe Paprika
1	Zucchini
1	Babyaubergine
	Pfeffer aus der Mühle
	Piment d´Espelette
2	Knoblauchzehen
	Meersalz
1/2	Zitrone
1 Zweig	Thymian
1 Zweig	Rosmarin
	Olivenöl

Zubereitung:

Gemüse

1. Paprika schälen, halbieren und entkernen.
2. Zucchini und Aubergine waschen, in dünne Scheiben schneiden und zusammen mit der Paprika in einer Pfanne mit etwas Olivenöl auf beiden Seiten schön anbraten. Am Schluss Knoblauch, Thymian- und Rosmarinzweig dazu geben.
3. Gebratenes Gemüse (Zucchini, Aubergine, rote und gelbe Paprika) in eine Schüssel geben und mit einer Prise Pfeffer, Piment d'Espelette, Knoblauch, Meersalz, Spritzer Zitronensaft, Rosmarin, Thymian und frischem Olivenöl marinieren (einlegen).
4. Mit Klarsichtfolie abdecken. Das eingelegte Gemüse lässt sich gut in einem Weckglas im Kühlschrank aufbewahren.

Focaccia

5. Focaccia nach Grundrezept Seite 239 herstellen und dazu genießen.

Tipp:
Nudelblätter kochen (Seite 237) Rinderlende braten (Seie 88) und in feine Streifen schneiden. Eingelegtes Gemüse (leicht erwärmen), gekochte Nudelblätter und in dünne Scheiben geschnittene Lende abwechselnd übereinander schichten und mit etwas Tomatensauce und Kalbsjus im tiefen Teller servieren. Das Ganze nennt sich Lasagne von eingelegtem Gemüse und Lendenfiletscheiben.

Schon haben Sie aus verschiedenen Modulen in unserem Buch wieder ein eigenes Gericht kreiert.

Wärmenede und kühlende Gemüse, zusammen mit dynamischen Gewürzen, rufen nach einer nährenden Beilage. Diese lässt sich nicht lange bitten und gesellt sich in Form des Focaccia hinzu.

Rote Paprikaschoten mit Paprika-Hirsefüllung

Vegetarisch

Mengen:	Zutaten:
100 g	Hirse
250 ml	Wasser oder Brühe
	Olivenöl
1	Zwiebel
1	Knoblauchzehe
	Pfeffer aus der Mühle
	Meersalz
2	rote Paprikaschoten
2	gelbe Paprikaschoten
	Olivenöl
1 TL	Rohrzucker
125 ml	Wasser oder Brühe
1/2	Zitrone
1 Zweig	Rosmarin
2 EL	Petersilie
2	rote Paprikaschoten
50 g	Parmesanscheiben
	Olivenöl

Zubereitung:

1. Hirse mit heißem Wasser sehr gut abspülen und in ungesalzenem Wasser oder Brühe bei kleiner Hitze ca. 25 - 30 Minuten quellen lassen.
2. Zwiebel und Knoblauch in etwas Olivenöl andünsten. Fertig gekochte Hirse dazu und mit Pfeffer und Salz abschmecken.
3. Paprika mit einem Kartoffelschäler schälen, Kerne entfernen, würfelig schneiden und in Olivenöl scharf anbraten.
4. Rohrzucker, Pfeffer, Salz, Wasser oder Brühe, Spritzer Zitronensaft und einen Rosmarinzweig dazugeben. 10 Minuten im Topf bei geschlossenem Deckel schmoren lassen. Rosmarinzweig entfernen.
5. Mit Stabmixer die Hälfte der Paprika pürieren. Die andere Hälfte für die Füllung aufbewahren. Eventuell noch ein bisschen Wasser oder Gemüsebrühe in die pürierten Paprika geben und ohne Deckel sirupartig bei mäßiger Hitze einreduzieren lassen.
6. Paprikamasse durch ein Sieb streichen und zur gekochten Hirse geben. Etwas Paprikapüree zur Seite stellen. Die gewürfelten Paprika und 2 EL gehackte Petersilie unter die Masse heben.
7. Paprikaschoten waschen, schälen, halbieren und entkernen. Backofen auf 200° C (Umluft 180° C) vorheizen.
8. Feuerfeste Form mit etwas Olivenöl einstreichen. Paprika mit Paprika-Hirsemasse füllen und ca. 10 Minuten backen. Parmesanscheiben darüber legen und noch einmal 4 - 5 Minuten weiterbacken, bis der Käse schön goldgelb ist.
9. Gefüllte Paprikahälften auf die Teller geben und mit Paprikasauce beträufeln.

Ein leichtes Sommergericht, das der Mitte alles gibt, was sie in dieser Jahreszeit braucht.

RINDERFILET MIT ERBSENSTAMPF

Mengen:	Zutaten:	Zubereitung:
		Rinderfilet
600 g	Rinderfilet (150 g pro Person)	1. Rinderfilet mit Pfeffer und Meersalz bestreuen und in Olivenöl von beiden Seiten 2 Minuten scharf anbraten, anschließend das Filet bei 100° C ca. 10 Minuten im Ofen nachziehen lassen.
	Olivenöl	2. In dicke Scheiben schneiden, Olivenöl und Salz auf die Schnittflächen geben und mit dem Erbsenstampf servieren.
	Pfeffer aus der Mühle	
	Meersalz	
		Erbsenstampf
600 g	gekochte Erbsen	Alle Zutaten in den Mixer geben und grob mixen.
8 EL	Limonenöl	
8 EL	Gemüsebrühe	
	Pfeffer aus der Mühle	
1/2 EL	eingeweckte Salzzitronen	

Tipps rund um die Fleischzubereitung finden Sie auf Seite 274.

Tipp:
Sollten Sie noch keine eingeweckten Salzzitronen haben, können Sie bei der Zubereitung des Erbsenstampfs, anstelle von einem 1/2 EL eingeweckte Salzzitronen auch Salz, den Saft einer halben Zitrone und den Abrieb einer Zitrone verwenden.

Die Zubereitung von eingeweckten Salzzitronen finden Sie auf Seite 266.

Fleisch

Während das Fleisch uns kräftigt, wirken die Erbsen harmonisierend auf die Mitte und haben die Fähigkeit, Feuchtigkeit auszuleiten. Die eingeweckten Salzzitronen verleihen dem Gericht ein wunderbar erfrischend-fruchtiges Aroma und bringen Kühle und Ruhe, ohne zu Stagnation zu führen. Bittere Zitrusschalen sind auch in medizinischen Rezepturen enthalten, um schwer verdauliche Kräuter verträglich zu machen.

Fleischküchle

Mengen:	Zutaten:
90 g	Weißbrot oder 2 Semmeln
120 ml	Milch
1 Zweig	Rosmarin
1 EL	Butter
1	Zwiebel
1	gehackte Knoblauchzehe
1/2 TL	geriebener Ingwer
1 TL	frischer Majoran
	Meersalz
2	Eier
2 EL	scharfer Senf
1/2 TL	Piment d´Espelette
2 EL	Petersilie
1/2	Zitrone
500 g	Kalbshackfleisch
	Pfeffer aus der Mühle
	Butterschmalz
1 Zweig	Thymian

Zubereitung:

1. Weißbrot oder Semmeln entrinden und in kleine Würfel schneiden. Milch mit Rosmarinzweig ganz kurz aufkochen. Die inzwischen lauwarme Milch über das Weißbrot gießen und 10 - 15 Minuten stehen lassen. Rosmarinzweig herausnehmen.
2. Zwiebel schälen, würfeln und in Butter glasig dünsten. Knoblauch und Ingwer kurz mitdünsten. Majoran und Prise Salz dazugeben. Pfanne gut durchschwenken.
3. Eier mit Schneebesen verquirlen. Mit Senf, Prise Piment d´Espelette, Salz, Petersilie und Zitronenschale würzen.
4. Hackfleisch in eine Schüssel geben. Pfeffern und salzen. Mit der Brot-Milchmischung, den gedünsteten Zwiebeln und den Eiern gut vermischen.
5. Mit nassen Händen kleine Bällchen daraus formen und leicht flach drücken. Ein Probe-Fleischküchle braten und kosten, ob es gut gewürzt ist.
6. Butterschmalz erhitzen, Thymianzweig in die Pfanne legen und die Fleischküchle kurz vorher in Semmelbrösel wenden und auf beiden Seiten braten.

Die Fleischküchle können gut im Ofen bei 160° C fertig gegart werden, bei 100° C warm gehalten oder am nächsten Tag kalt gegessen werden.

Tipp

Zum Feinhacken des Knoblauchs etwas grobes Meersalz über den grob gehackten Knoblauch geben und mit schräg stehendem Messer fein hacken.

Fleisch

Wochenend und Sonnenschein ...
ein Picknick mit Freunden am See und im Picknickkorb
Fleischküchle, Kartoffelsalat und eine gute Flasche Wein!
Vegetarische Erweiterungen in Form von Hirsetopfen-Medaillons (S. 31), Polentaturm (S. 41) und Gemüseschnitzel (S. 133) überraschen Familie und Freunde.

Kalbfleisch wirkt auf den Funktionskreis Milz und stärkt das Qi. In dieser bekömmlichen Form, mit vielen verdauungsfördernden Gewürzen, kann der Körper es gut verwerten. Zur Stärkung der Mitte bietet sich ein Getreidegericht oder eine stärkehaltige Knolle, wie Kartoffel, Süßkartoffel und Topinambur an.

Rinderlende
auf mediterranem Gemüse

Mengen:	Zutaten:
4	Rinderlenden mit ca. 2 cm Höhe
	Rapsöl
	Pfeffer aus der Mühle
1	Ingwerscheibe
	Meersalz
1 Zweig	Rosmarin
1 Zweig	Thymian
	Olivenöl
	Piment d´Espelette
	Fleur de Sel
1/2	Zitrone

Zubereitung:

1. Rinderlenden mit einer Küchenrolle trocken tupfen. Unmittelbar vor dem Anbraten mit etwas Pfeffer und Salz auf der anzubratenden Seite würzen.
2. Mit einem Pinsel etwas Rapsöl in der heißen beschichteten Grillpfanne verstreichen.
3. Rinderlende bei maximaler Hitzezufuhr für eine knappe Minute kräftig auf beiden Seiten anbraten. Hitze auf die Hälfte reduzieren. Zweig Rosmarin, Zweig Thymian, Zitronenschale und Ingwerscheibe in die Pfanne legen und ca. zwei Minuten auf beiden Seiten weiterbraten.
4. Bei 80° C in den vorgeheizten Backofen auf das Gitter der mittleren Schiene legen, bis das Bratenthermometer 55° C (hellrosa bis blutig) bis 60° C (leicht rosa) anzeigt. Dauer ca. 5 - 7 Minuten je nach Fleischdicke.
5. Mit Olivenöl, Piment d´Espelette, Fleur de Sel und einem Spritzer Zitronensaft beträufeln.
6. Mediterranes Gemüse nach Grundrezept Seite 251 zubereiten und mit der Rinderlende servieren.

Unspektakulär, ausgewogen und köstlich präsentiert sich diese kulinarische Köstlichkeit für Festtage.

Fleisch

Milchkalbshaxe

Fleisch

Mengen:	Zutaten:
2 - 2,5 kg	Milchkalbshaxe
200 g	Möhren
200 g	Sellerie
200 g	Zwiebeln
200 g	Lauch
3 Zehen	jungen Knoblauch (angedrückt)
	Fleur de Sel
200 g	Tomaten
1 Bund	Petersilie
4 Zweige	Thymian
Bund	Basilikum
100 ml	Olivenöl
	Olivenöl
	Weißer Pfeffer
	Fleur de Sel
1	Lorbeerblatt
1	Zitrone
1 Bund	Basilikum
1 Msp.	Safranfäden
1 EL	geriebener Ingwer
	Piment d'Espelette

Zubereitung:

1. Gemüse und Kräuter mit Olivenöl klein cuttern (Küchenmixer). Die Kalbshaxe mit der Gemüse-Kräutermischung einreiben und 5 Tage, im Vakuumbeutel oder Frischhaltefolie eingewickelt, in den Kühlschrank stellen.

2. Nach 5 Tagen Fleisch mit einem Pinsel von Gemüse und Kräutern befreien und mit Olivenöl, weißem Pfeffer und Salz einstreichen. Mit einem frischen Lorbeerblatt und der Schale einer halben Zitrone im Vakuumbeutel bei 72° C ca. 22 Stunden im Backofen mit statischer Hitze, ohne Umluft, garen. Wenn Sie keinen Vakuumbeutel haben, können Sie die Kalbshaxe auch im Ofen bei 80° C ca. 10 - 12 Stunden garen.

3. Herausnehmen, vom Knochen lösen, Knorpel, Weichteile und Fett wegschneiden. Die Weichteile, den Fond (Beutel) und 1 Glas Wasser ca. 40 Minuten in einem Topf köcheln lassen. Zur Bindung eine kleine, rohe Kartoffel hineinreiben.

4. Alles zusammen durch ein Sieb gießen und den Fond mit einer Schöpfkelle oder Küchenpapier entfetten. Mit einer Messerspitze Safranfäden, frisch geriebenem Ingwer, Prise Piment d'Espelette, Schale einer halben Zitrone und halbierten Basilikumblättern würzen und noch etwas köcheln lassen. Abschmecken und eventuell nachsalzen.

5. Fleisch portionieren, Fond dazugießen und etwas fruchtiges Olivenöl darüber träufeln.

Tipp:
Sollten Sie keinen Vakuumbeutel haben, können Sie das Fleisch mehrmals in Frischhaltefolie einschlagen und fest mit Küchengarn verschließen.

Kalbfleisch wirkt auf den Funktionskreis Milz und stärkt das Qi. In dieser bekömmlichen Form mit vielen verdauungsfördernden Gewürzen, kann der Körper es gut verwerten.

Gerolltes Rumpsteak

Mengen:	Zutaten:
400 g	Rumpsteak
	Pfeffer aus der Mühle
	Meersalz
1 - 2 EL	scharfer Senf
1	rote Zwiebel
100 g	Parmesan
1/2 Bund	Blattpetersilie
1/2 Bund	Rucola
	Olivenöl

Fleisch

Zubereitung:

1. Rumpsteak à 100 g zwischen einer Klarsichtsfolie ganz dünn (10 x 15 cm) klopfen.

2. Mit Pfeffer und Prise Meersalz würzen. Mit etwas Senf bestreichen und mit Zwiebelringen, etwas gehobeltem Parmesan, Petersilienblättern und Rucola belegen.

3. Einrollen, in eine beschichtete Pfanne, mit der Nahtstelle nach unten, einlegen und ganz kurz auf allen Seiten braten. Pfanne vom Herd ziehen und noch 1 - 2 Minuten in der heißen Pfanne nachziehen lassen.
Sollte es noch zu rosa sein, durchschneiden und im Backofen ca. 5 Minuten bei 100° C durchziehen lassen.

Tipp:
Mit buntem Sommersalat (Seite 107) servieren und noch etwas gehobelten Parmesan darüberstreuen.

Dieses gerollte Rumpsteak eignet sich auch hervorragend als Fingerfood bei einer Party.
Das Fleisch dritteln und mit Zahnstocher servieren. Oder das gerollte Rumpsteak bei Zimmertemperatur servieren und roh essen,wie Carpaccio und Battuta Piemontese.

Rind hat einen starken Bezug zur Mitte: es stärkt Magen, Milz, Qi und Blut. Dadurch wird ihm eine kräftigende Wirkung auf Sehnen, Knochen und Muskeln zuteil. Menschen, die zu Hitze neigen oder unter roten Hautausschlägen leiden, sollten mit Rindfleisch vorsichtig sein. Dies gilt auch für alle anderen, thermisch warmen Fleischsorten, wie Lamm oder Hirsch. Wenn zu viel Wärme zu entstehen droht, kann sanfter Ausgleich über gedünstetes Gemüse geschaffen werden. Wem nach noch etwas mehr Kühlung ist, der entscheidet sich besser für eine ordentliche Portion Salat.

Jakobsmuscheln

auf Zucchini-Pfifferling-Risotto

Zucchini-Pfifferling-Risotto

Mengen:	Zutaten:
2	kleine Zucchini
100 g	Pfifferlinge
2 - 4	Schalotten
3 Tassen	Risottoreis
	Pfeffer aus der Mühle
	Meersalz
1/3 Tasse	Weißwein
6-8 Tassen	Gemüse- oder Hühnerbrühe
1 Zweig	Rosmarin
1 EL	Butter
	Olivenöl
3 - 5 EL	Parmigiano Reggiano

Zubereitung:

1. Zucchini und Pfifferlinge in grobe Späne hobeln. Schalotten schälen und fein hacken.
2. In einem breiten Topf Schalotten in Butter anschwitzen.
3. Reis kurz mitdünsten, pfeffern, salzen und mit Weißwein ablöschen. Weißwein verdampfen lassen.
4. Brühe erhitzen und Rosmarinzweig für 10 Minuten in die Brühe legen. Rosmarinzweig wieder herausnehmen, da die Brühe sonst bitter wird.
5. Unter ständigem Rühren nach und nach heiße Brühe zum Risotto geben. „all' onda" ist das Risotto, wenn Sie den Topf schwenken, der Reis gegen den Topfrand stößt und wie eine Welle zurückkommt. Nun hat es die perfekte Konsistenz und braucht keine Flüssigkeit mehr.
6. Olivenöl, Butter und Parmigiano Reggiano einrühren.
7. Zucchini und Pfifferlinge zugeben und ungefähr 2 Minuten ziehen lassen, damit das Gemüse angart.

Fisch

Jakobsmuscheln

Mengen:	Zutaten:
8	Jakobsmuscheln
1 EL	Olivenöl
1 EL	Butter
1 Scheibe	Ingwer
1/2	Zitrone
1 Zweig	Thymian

1. Jakobsmuscheln vom Fischhändler aus der Schale lösen lassen.
2. Pfanne erhitzen, Olivenöl-Buttermischung, Ingwerscheibe, Zitronenschale, Thymianzweig dazu und Jakobsmuschel ganz kurz auf beiden Seiten farbgebend anbraten.
3. Pfanne auf die Seite ziehen, die Jakobsmuschel zieht durch die Restwärme der Pfanne sehr schnell durch.
4. Mit Thymianöl beträufeln und gleich servieren, denn die Muscheln müssen innen noch schön glasig sein.

Thymianöl

Mengen:	Zutaten:
50 g	Petersilie
5 Zweige	Thymian
220 ml	Olivenöl
	Pfeffer aus der Mühle
	Fleur de Sel

1. Petersilie blanchieren und mit kaltem Wasser abschrecken, abtrocknen und gut ausdrücken.
2. Thymianblätter von den Stängeln zupfen und mit Petersilienblättern und Olivenöl mixen. Durch ein feines Sieb passieren und mit Pfeffer und Salz abschmecken. Öl lässt sich gut im Kühlschrank aufbewahren.

Die Jakobsmuscheln tonisieren das Yang der Nieren, das heißt sie führen zu einer sehr tief gehenden Stärkung der warmen und dynamischen Energien im Körper. In Kombination mit den anderen Zutaten ergibt sich ein stärkendes Gericht, das für geschwächte und gestresste Menschen gleichermaßen geeignet ist.

Ein edles Sommergericht, das den Tag aus dem Alltag hebt. Die Jakobsmuscheln sind sicherlich nichts für jeden Tag. Schon die Verfügbarkeit guter Qualität und der Preis machen etwas Besonderes daraus. Mit oder ohne Jakobsmuscheln ist das Gericht auch für kühlere Tage zu anderen Zeiten des Jahres geeignet.

Thunfisch

Mengen:	Zutaten:
4	Scheiben Thunfisch (1/2 cm breit, Sushiqualität, vom Fischhändler schon portionieren lassen)
2 EL	Olivenöl
1	Zwiebel
	Piment d'Espelette
1	Zitrone
8 Blätter	Minze
8 Spalten	Ofentomaten
	Fleur de Sel

Zubereitung:

1. Zwiebel schälen, in feine Juliennestreifen schneiden und in Olivenöl glasig dünsten.
2. Etwas von der Zwiebel auf dem Thunfisch verteilen. Mit einer Prise Piment, einem Spritzer Zitronensaft und etwas Zitronenschalenabrieb würzen. 2 Minzeblätter oben drauf legen und ein Viertel der Ofentomaten auf die Minzeblätter legen.
3. Thunfisch einrollen und mit Klarsichtfolie gut umwickeln. Im Backofen bei 80°C statischer Hitze ca. 10 Minuten glasig ziehen lassen.
4. Aus der Frischhaltefolie auswickeln, einmal in der Mitte durchschneiden und wie eine Sushirolle auf den Teller setzen. Mit etwas Fleur de Sel bestreuen.

Tipp:
Beim Durchschneiden erkennen Sie sofort, ob der Thunfisch für Sie richtig gegart ist. Ideal wäre, wenn Fisch von außen nach innen schön glasig und saftig ist.
Beim Grillen können Sie den Thunfisch nur kurz auf beiden Seiten (Grillpfanne) grillen und müssen diesen in der Mitte roh lassen. Auf keinen Fall den Thunfisch durchgaren, er wird sonst zäh.
Ist Ihnen der Thunfisch noch zu roh, einfach ein wenig im Ofen ziehen lassen.
Wichtig: erst zum Schluss mit Fleur de Sel bestreuen.

Es passt jedes Püree, Gemüse oder Salat dazu.

Fisch

Thunfisch ist von seinem Geschmack süß und salzig und hat einen Bezug zu den Funktionskreisen Mitte und Niere. Er tonisiert Qi und Blut. Das bedeutet, dass Thunfisch ein sehr stark kräftigendes und sehr wertvolles Lebensmittel ist. Thunfisch ist durch sein neutrales Temperaturverhalten auch für kältere Tage gut geeignet, zumal er noch einige wärmende Verbündete zur Seite gestellt bekommt. Hier ist es allerdings besonders wichtig auf Bio-Qualität zu achten, da diese für nachhaltigen Fang bürgt.

ZANDERFILET MIT KRÄUTERKRUSTE

Mengen:	Zutaten:
4	Zanderfilet (à 150 - 200 g)
	Pfeffer aus der Mühle
	Meersalz
1/2	Zitrone
2 Scheiben	Toastbrot
2 EL	gehackte Kräuter:
	Petersilie
	Basilikum
	Rosmarin
	Thymian
1 EL	Butter
4 EL	Olivenöl

Zubereitung:

1. Entrindete Toastbrotscheiben mit Kräutern und 1 EL Butter fein mixen.
2. Die Zanderfilets mit Pfeffer und Salz würzen und mit etwas Zitronensaft und Olivenöl auf der Hautseite bestreichen.
3. Mit der Hautseite in die Kräuter-Weißbrot-Butter-Bröselmischung drücken. Diese haftet gut durch das Olivenöl.
4. 2 EL Olivenöl in eine beschichtete, erhitzte Pfanne geben. Den Fisch auf der Hautseite in der Pfanne langsam, mit nicht zu viel Hitze braten. Wenn die Fischränder auf der Seite von unten nach oben weiß werden, können Sie den Fisch umdrehen. Jetzt gleich die Pfanne vom Herd nehmen, denn die Resthitze sorgt dafür, dass der Fisch noch ein wenig nachzieht, bis er innen schön glasig ist. Eventuell mit Oberhitze im Backofen die Kruste noch weiter gratinieren.

Hierzu passen wunderbar Basmati Reis (Seite 238), mediterranes Gemüse (Seite 251), Kartoffeln, Polenta und Ofentomaten (Seite 249).

Mediterranes Gemüse und Fond auf einem tiefen Teller mit dem Reis in die Mitte (Ring verwenden) anrichten.
Den Zander darauf geben und mit Ofentomaten und Basilikum servieren.

Fisch

Tipp:
Fisch sollte nie ganz durchgebraten, sondern immer etwas glasig sein. Bei hochwertigem, frischem Fisch besteht im Vergleich zu blutig gebratenem Fleisch (medium-rare) kein Risiko. Nicht umsonst kommt roher Fisch (Sushi) auch bei uns immer mehr in Mode.

Wahrscheinlich erwarten Sie schon gar nichts anderes mehr: auch der Zander stärkt die Mitte. Mit den Frischkräutern Basilikum, Rosmarin und Thymian kommen wunderbare Kräuteraromen ins Spiel, die den Zander geschmacklich garnieren. Der bittere Geschmack dieser Kräuter wirkt dem nach oben steigenden „Grossen Yang" des Sommers entgegen.

LANGOSTINOS
AUF MEDITERRANEM GEMÜSE

Mengen:	Zutaten:	Zubereitung:
4	Langostinos (Kaisergranat)	1. Schale der Langostinos entfernen. Mit einem Messer auf der Rückseite aufschlitzen, den Darm entfernen und mit Olivenöl einpinseln.
	Olivenöl	2. Langostinos in die Pfanne legen und bei mittlerer Hitze für 11/2 Minuten auf beiden Seiten braten.
	Hibiskussalz	3. Pfanne vom Herd ziehen und Langostinos 2 Minuten ziehen lassen.
		4. Mit Hibiskussalz bestreuen und auf mediterranem Gemüse (Grundrezept Seite 251) servieren.

Fisch

Auch wenn Langostinos nicht zu den Lebensmitteln gehören, die unseren Speiseplan häufig bereichern können, sind sie durch ihre kräftigende Wirkung ohne Beispiel. Sie stärken das Qi und das Yang der Nieren und sorgen so dafür, dass uns die Lebensenergie nicht knapp wird. Ein 5-Elemente-Gericht wird daraus, wenn Sie ein Risotto oder leichtes mediterranes Gemüse dazu servieren.

Fischsuppe

Mengen:	Zutaten:
4 EL	Olivenöl
2	rote Paprika
2	gelbe Paprika
1	Zucchini
1	Aubergine
500 ml	Gemüsebrühe
4	Tomaten
1 TL	frisch geriebener Ingwer
3	Schalotten
1	Knoblauchzehe
1 Zweig	Thymian
1 Zweig	Rosmarin
	Cayennepfeffer
	Pfeffer aus der Mühle
	Fleur de Sel
1/2 EL	Tomatenmark
	Paprika edelsüß
100 ml	trockenen Weißwein
500 ml	Fischfond oder Gemüsebrühe
600 g	Fischfilets

Zubereitung:

1. Paprika schälen und Gemüse klein würfelig schneiden. In Olivenöl 2 - 3 Minuten anbraten und aus der Pfanne nehmen.

2. Tomaten in Scheiben schneiden und mit frisch geriebenem Ingwer zur Gemüsebrühe geben. 30 Minuten köcheln lassen. Dies verleiht der Brühe ein feines Tomaten-Ingwer-Aroma. Gemüsebrühe durch ein Sieb gießen und bis zur weiteren Verwendung zur Seite stellen.

3. Großen breiten, nicht zu hohen Topf nehmen und darin Schalotten und Knoblauchzehe in etwas Olivenöl anschwitzen. Thymian- und Rosmarinzweig kurz mitrösten. Cayennepfeffer, Pfeffer, Prise Salz, Tomatenmark und eine Messerspitze Paprika dazu, mit Weißwein ablöschen und etwas einkochen lassen.

4. Mit Gemüsebrühe oder Fischfond aufgießen und 10 Minuten köcheln lassen. Kleinwürfelig geschnittenes Gemüse (Punkt 1.) wieder dazugeben.

5. Fischstücke in den Topf geben und bei ganz wenig Temperatur (max. 80 ° C) ziehen lassen. Die Garzeit hängt von der Dicke der Fischstücke ab.

Meerwasserfische:
Knurrhahn, Seeteufel, Loup de Mer, Dorade oder Drachenkopf.

Süßwasserfische:
Zander, Flusskrebse, Aal oder Waller.

Suppe

Tipp:
Meerwasser- und Süßwasserfische nicht in einer Suppe vermischen.

Darf's im Sommer auch mal was leicht wärmendes sein? Ja, diese Fischsuppe ist der Beweis dafür. Leckere mediterrane Gemüse – teils wärmend, teils kühlend – gepaart mit köstlichen Kräutern und Gewürzen und abgerundet mit kühlendem Weißwein, lassen eine Mitte-stärkende, Qi und Blut tonisierende Gaumenfreude entstehen. So kann eine starke und gesunde Mitte für Kühlung auch an heißen Tagen sorgen. Denn: etwas Warmes braucht der Mensch.

Sojasüppchen

mit Tofu, Hühnerbruststreifen und Gemüse

Mengen:	Zutaten:
200 g	Hühnerbrüstchen
750 ml	Hühnerbrühe (ungesalzen)
100 ml	Sojasauce
4	Keffir Limettenblätter (im Asialaden)
1/2	Karotte
1/2	Zucchini
1	rote Paprika
1/2	kleine Sellerieknolle
50 g	Austernpilze oder Champignons
1	Frühlingszwiebel
1 TL	geriebener Galgant oder Ingwer
1/2	Thai Chili
1	Knoblauchzehe
	Koriander aus der Mühle
2 EL	Nam Pla (Thai-Fischsauce)
3	Limetten
100 g	Sojasprossen
	Bockshornkleesamen
100 g	Tofu in Würfel (1 cm Stücke)
1 EL	Sesamöl
4 EL	frischer Koriander

Zubereitung:

1. Hühnerbrüstchen in feine Streifen schneiden, ganz kurz in Wasser oder ungesalzener Brühe blanchieren (1 Minute), kalt abspülen und bis zur weiteren Verwendung auf die Seite stellen.
2. Hühnerbrühe, Sojasauce und Keffir Limettenblätter vermischen und aufkochen. Keffirblätter wieder entfernen, nicht mitessen!
3. Karotte, Zucchini, Paprika und Sellerie schälen, in feine Streifen schneiden und in der Suppe, leicht köchelnd, bissfest kochen.
4. Pilze, in Ringe geschnittene Frühlingszwiebel, Galgant oder Ingwer, entkernte und in Streifen geschnittene Chili, geschälte und fein gehackte Knoblauchzehe, Prise Koriander, Fischsauce, Limettensaft, Sojasprossen und Prise Bockhornkleesamen dazu geben und einmal ganz kurz aufkochen. Bei Bedarf noch mit etwas Sojasauce würzen.
5. Die Suppe sofort mit dem Gemüse in Suppentassen füllen, blanchierte Hühnerstreifen und Tofuwürfel (diese vorher ganz kurz in etwas Sesamöl anbraten) dazugeben und mit frischen Korianderblättern garnieren.

Tipp:
Diese Suppe ist auch für Vegetarier ein köstliches Gericht. Lassen Sie einfach das Hühnerfleisch weg und verdoppeln Sie den Tofuanteil. Sie können diese Suppe auch als Crèmesuppe zubereiten. Einfach mit einer Dose Kokosmilch (250 ml) ergänzen.

Huhn mal ganz anders. Exotische Aromen bilden hier einen sehr kräftigenden Rahmen für das Huhn.

Typisch für asiatische Gerichte ist die Vielfalt an Gewürzen, die die Speisen begleiten. Das führt zu großer geschmacklicher Vielfalt, verbessert aber auch die Bekömmlichkeit. Durch das Huhn wird die Suppe sehr kräftigend und kann immer dann vermehrt genossen werden, wenn wir geschwächt sind. Ein gutes Beispiel hierfür ist das Wochenbett, wenn die Mutter von der Entbindung, möglichem Blutverlust und Stillen geschwächt ist. Auch dem Bauch des kleinen Säuglings wird dieses Gericht über die Muttermilch gut tun. Vor dem kühlen Charakter des Tofu, muss bei so vielen warmen Gewürzen niemand Angst haben.

Mangoldsuppe

mit Limonenöl

Mengen:	Zutaten:
100 g	Mangoldblätter
2	kleine Kartoffeln
1 EL	Olivenöl
1/2	Zwiebel
1/2	Knoblauchzehe
800 ml	Gemüsebrühe
	Pfeffer aus der Mühle
	Maldonsalz
	Crème fraîche
	Bockshornkleesamen
2 EL	Limonenöl

Zubereitung:

1. Mangold waschen und putzen. Eventuell Fasern von den Stielen abziehen. In heißem Wasser blanchieren und in eiskaltem Wasser abschrecken. Geschälte und ganz klein gewürfelte Kartoffeln in kaltes Wasser geben. Das nimmt ihnen ein bisschen Stärke und sie werden nicht braun.
2. Zwiebel klein hacken und in Olivenöl glasig dünsten, Knoblauch dazugeben und kurz mitdünsten. Mit Brühe aufgießen und aufkochen.
3. Kartoffeln dazugeben und ca. 15 Minuten weich dünsten.
4. Sobald die Kartoffeln weich sind, Mangold dazugeben und noch einmal eine Minute aufkochen lassen. Die Kartoffel-Mangold Mischung mit dem Mixer pürieren. Mit Pfeffer und Salz würzen und in tiefe Suppenteller geben.
5. Vor dem Servieren 1 EL Crème fraîche und eine Prise Bockshornkleesamen auf die Suppe geben und mit Limonenöl beträufeln.

Tipp:
Spinatsuppe können Sie genauso zubereiten. Würzen mit Pfeffer aus der Mühle, etwas Muskat und Salz. Zur Spinatsuppe passen Parmesancrisps.

Parmesancrisps: Eine beschichtete Pfanne heiß werden lassen. Mit einem Teelöffel kleine Häufchen Parmesan hineingeben und bei mittlerer Hitze ca. ½ Minute knusprig backen.
Die Parmesancrisps auf einem Küchenpapier abkühlen lassen und die Suppe damit garnieren.

Während die Kartoffeln die Mitte harmonisieren und das Qi stärken, nährt der Mangold das Blut und regeneriert die kühlenden Säfte. Püriert in einer stärkenden Gemüsebrühe ergibt dies eine ideale Sommersuppe.

Weisse Tomatensuppe mit Griessnocken

Mengen:	Zutaten:
10 - 12	Tomaten
1 EL	Olivenöl
1	Zwiebel
1	Knoblauchzehe
	Meersalz
3 EL	Weißwein
7 Blätter	Basilikum
	Suppe
7 Blätter	Basilikum

Zubereitung:

1. Tomaten im Mixer ganz kurz mixen. Topf herrichten und ein, mit einer Windel oder Etamin ausgelegtes Sieb darüberlegen.
   Tomaten in den Einsatz (Sieb-Stoffwindel) gießen und alles zusammen über Nacht in den Kühlschrank stellen.

2. Am nächsten Tag Zwiebel würflig schneiden und Knoblauch glasig dünsten.

3. Salzen und mit Weißwein ablöschen. Basilikum zugeben und einreduzieren lassen.

4. Klaren Tomatensaft dazugießen und 10 Minuten köcheln lassen.
   Anschließend durch ein Sieb passieren.

5. Grießnocken nach Grundrezept Seite 243 herstellen, in die heiße Brühe geben und mit Basilikumblättern garnieren.

Kaum ein anderes Gemüse ist so auf eine Jahreszeit festgelegt wie die Tomate.

Die Gesamtheit ihrer Eigenschaften setzt den perfekten Kontrapunkt zur Hitze des Hoch- und Spätsommers.

Karotten-Orangeade

Suppe

Mengen:	Zutaten:
8	Karotten
2 EL	Olivenöl
1	Zwiebel
1 EL	Rohrzucker
1	Knoblauchzehe
500 ml	Gemüsebrühe
1 Bund	frischer Koriander
1 EL	geriebener Ingwer
	Pfeffer aus der Mühle
	Meersalz
1/2	Zitrone
200 ml	Orangensaft
2 EL	Limonenöl
	Piment d´Espelette

Zubereitung:

1. Karotten und Zwiebel schälen, klein schneiden und beides zusammen in Olivenöl glasig dünsten, bis die Zwiebel etwas Farbe annimmt.
2. Gehackten Knoblauch dazugeben und den Rohrzucker kurz mitdünsten. Mit Brühe nach und nach aufgießen und die Karotten weich kochen lassen.
3. Koriander, Ingwer, Pfeffer, Prise Meersalz, Spritzer Zitronensaft, Orangensaft und Abrieb einer halben Zitrone dazugeben und noch ganz kurz aufkochen lassen.
4. Hitze reduzieren und mit Stabmixer mixen. Ein paar Tropfen Limonenöl drüber träufeln, mit frischem Koriander und einer Prise Piment d´Espelette garnieren.

Tipp:
Auf die gleiche Art und Weise können Sie anstelle der Karotten, mit 8 - 10 Tomaten, eine Tomaten-Orangeade herstellen.
Wenn Sie keinen Orangensaft mögen, diesen durch Brühe oder Wasser ersetzen.

Während Karotten und Gemüsebrühe die Mitte nähren und stützen, sorgt der Saft der Orangen für Kühlung und bringt Säfte hervor.

Eine wunderbare Suppe im Sommer.

Lauwarmer Gurkensalat

Zutaten:

2 Gurken, Rohrzucker, 2 Knoblauchzehen, 4 EL gehackter Dill, Pfeffer aus der Mühle, Meersalz, 1 Zitrone, 100 ml Sauerrahm, 100 ml Joghurt, Paprika edelsüß

Zubereitung:

1. Gurken schälen und fein hobeln. Mit Prise Zucker, klein gehacktem Knoblauch, gehacktem Dill, Prise Pfeffer, Salz und Zitronensaft marinieren und eine 1/2 Stunde stehen lassen.

2. Rahm und Joghurt cremig rühren, Prise Paprika zugeben und unter die Gurken heben.

3. Gurkensalat in der Pfanne leicht erwärmen. Dies erhöht seine Bekömmlichkeit.

Salat

Unzubereitet oder in rohem Zustand ist die Gurke eines der ganz kühlen und erfrischenden Sommergemüse. Sie hat einen derart niedrigen Kohlehydratgehalt und so viel Wasser, dass sie Diabetiker nicht einmal in den Diätplan einberechnen müssen. Sie ist der ideale Sommererfrischer und eigentlich schon fast ein Getränk.

Gurken sind dann unschlagbar, wenn sie auch frisch geerntet im Garten oder auf dem Markt zu haben sind. Joghurt und Sauerrahm sind zwei Begleiter, die in die gleiche Kerbe schlagen. Wärmender Dill und heißer Pfeffer sorgen dafür, dass die Mitte nicht in Nässe ertrinkt und vom kalten Temperaturverhalten der Hauptzutaten gelähmt wird.

Bunter Sommersalat

Mengen: Zutaten: Zubereitung:

Mengen	Zutaten	Zubereitung
	Salat	
	gemischter grüner Salat der Saison Rucola gemischte Sprossen Radieschen rote und gelbe Tomaten	1. Salat und Gemüse putzen, fein schneiden und vorsichtig miteinander vermischen.
	Marinade	
3 EL	Olivenöl Pfeffer aus der Mühle Meersalz	2. Marinade unterheben und servieren.
1 EL	Balsamico-Essig	Tipp: Die Sojasprossen in kochendem Wasser 10 Sekunden überbrühen.

Salat

Vor allem Blattsalate, wie beispielsweise Endivien, Batavia, Lollo Rosso, Eichblatt, Radicchio, Kopf- oder Eisbergsalat sind, durch ihren bitteren Geschmack und ihr kühles Temperaturverhalten, ideale Begleiter nährender Gerichte im Sommer.

Ein bunter Sommersalat ist schnell zubereitet und herrlich erfrischend an einem heißen Sommertag. Viele wärmende Sommergerichte erhalten durch Salate eine erfrischende und abkühlende Komponente zur Seite gestellt.

Tomaten-Erdbeer-Brotsalat

Mengen:	Zutaten:
200 g	Kirschtomaten
200 g	Erdbeeren
125 g	Rucola
4 Zweige	Basilikum
1	Knoblauchzehe
	Meersalz
1	kleines Baguette
1 Zweig	Thymian
1 Zweig	Rosmarin
125 ml	Olivenöl
	Pfeffer aus der Mühle
3 TL	Aceto Balsamico di Modena
100 g	Büffelmozzarella oder
100 g	Parmesan gehobelt

Zubereitung:

1. Kirschtomaten waschen halbieren, Erdbeeren waschen, Strunk entfernen und halbieren. Rucola waschen und gut abtropfen lassen. Basilikum waschen, trocken schütteln und Blättchen abzupfen.
   Alles in einer Schüssel gut vermischen.
2. Olivenöl erhitzen. Knoblauch, Prise Salz, Thymian und Rosmarin dazu legen und die sehr dünn geschnittenen Baguettescheiben darin knusprig braten.
   Herausnehmen und auf einem Küchenpapier trocken tupfen.
3. Das Dressing aus Olivenöl, Pfeffer, Salz und Aceto Balsamico gut verrühren und mit Kirschtomaten-Erdbeer-Rucola-Basilikumsalat vermischen.
4. Salat auf Tellern verteilen und mit Büffelmozzarella oder gehobelten Parmesanspänen und knusprigen Baguettescheiben anrichten.

Salat

Zu diesem Sommersalat passt ausgezeichnet Prosciutto oder Finocchiata (Fenchelsalami).

Erdbeeren und Tomaten sind kühlend und befeuchtend. Die Gewürze und der Essig bilden das wärmende Gegengewicht. Rucola als kühler und scharf-bitterer Salat hilft ein bisschen auf beiden Seiten mit. Ein herrlich erfrischender Sommersalat mit ungewohnter, aber harmonischer Geschmackskombination und großer Dynamik.

Lauwarmer Gemüsesalat mit Rucola

Mengen:	Zutaten:
1	Aubergine
3	rote Paprika
3	gelbe Paprika
2	mittelgroße Zucchini
2	Knoblauchzehen
	Pfeffer aus der Mühle
	Meersalz
2	Tomaten
1 Zweig	Rosmarin
1 Zweig	Thymian
5 EL	Olivenöl
1/2 EL	Rohrzucker
1/2	Zitrone
200 g	Rucola
	geröstete Pinienkerne
	Parmesanspäne

Zubereitung:

1. Aubergine in Scheiben schneiden, salzen und 10 Minuten stehen lassen. Das Salz zieht die Bitterstoffe aus der Aubergine. Mit einem Tuch trocken tupfen. Tomaten schälen und entkernen. Gemüse in Würfel schneiden.

2. Paprikawürfel in wenig Olivenöl in einer beschichteten Pfanne kräftig anbraten.

3. Zucchini- und Auberginenwürfel, fein geschnittener Knoblauch, Pfeffer, Salz, Tomatenwürfel, Rosmarinzweig und Thymianzweig weich dünsten.

4. Mit Olivenöl, etwas Rohrzucker und 2 EL Zitronensaft abschmecken und über den Rucolasalat geben.

5. Mit gerösteten Pinienkernen und Parmesanspänen bestreuen.

Zu diesem Salat passen auch Lammrückenscheiben, Kalbsfiletscheiben, Rinderlende in Scheiben oder Hühnerbruststreifen.

Salat

Salate aus kurz gedünstetem, erfrischendem Gemüse nähren und kühlen den Körper im Sommer auf sehr bekömmliche Art und Weise.

MARILLENKNÖDEL

Mengen:	Zutaten:
50 g	Butter
1	Ei
1	Eigelb
	Koriander aus der Mühle
	Salz
400 g	Topfen mit 10 % Fettgehalt (vorher in einem Tuch das Wasser ausdrücken)
200 g	griffiges Weizenmehl
1	Zitrone
18 Stck.	reife Marillen/Aprikosen
18 Stck.	unraffinierter Würfelrohrzucker
150 g	Butter
130 g	Semmelbrösel
	Puderzucker zum Bestreuen

Zubereitung:

1. Handwarme Butter schaumig rühren. Ei und Eigelb untermengen. Koriander, Prise Salz und Topfen zusammen schön glatt rühren. Sollte der Teig noch zu feucht und klebrig sein, noch ein bisschen Mehl dazugeben. Es hängt immer vom Topfen ab, wie viel Mehl benötigt wird.
   Mehl und Abrieb einer Zitrone dazugeben und zu einem glatten Teig verarbeiten.
2. Teig mindestens 3 Stunden im Kühlschrank ruhen lassen.
3. Marillen waschen, abtrocknen, den Kern mit einem Kochlöffelstil herausdrücken. Würfelzucker anstelle des Kernes in die Frucht füllen.
4. Auf einem bemehlten Brett aus dem Teig eine ca. 5 cm dicke Rolle formen. Fingerdicke Scheiben herunterschneiden und die Teigstücke flach drücken. Diese sollten flach und rund sein. Je eine Marille mit Teig umhüllen. Die Enden, die nicht bei der Fruchtöffnung sein sollten, mit den Fingerspitzen zusammendrücken. Mit der Innenhand Knödel formen.
5. Knödel in siedendes Wasser einlegen. Nach ca. 12 - 15 Minuten zart anstoßen, damit sich die Knödel wenden. Knödel aus dem Wasser heben, abtropfen lassen, in Butterbrösel wälzen und mit Puderzucker bestreuen.

Butterbrösel: Butter schmelzen und Brösel darin goldbraun rösten.

Tipp:
Diese Topfenknödelmasse können Sie prima variieren:
Mit einer Mozartkugel gefüllt zaubern Sie einen Schokoladenknödel.
Für einen Zwetschgenknödel entkernen Sie eine Zwetschge, geben an die freie Stelle ein Stück Würfelzucker und geben dies in den Knödel.

Es gibt Familien bei denen regelrechte Wettessen stattfinden, wenn Marillenknödel auf den Tisch kommen.

Wer schafft am Ende die meisten?

Beteiligt man sich daran nicht und isst nur einen, höchstens zwei Marillenknödel, fühlt man sich - auch als Verlierer - einfach rundum zufrieden.

Dessert

Die wärmenden Aprikosen und der kühle Topfen gleichen sich vom Temperaturverhalten aus. Gemeinsam ist ihnen die befeuchtende und Yin-stärkende Wirkung. Ohne den Koriander und die Zitronenschale wäre das Gericht schwer verdaulich. Sie bewegen Qi im Bauch, lösen Verdauungsblockaden und senken ab.

SMOOTHIE ALS VITAL-GETRÄNK

Mengen:	Zutaten:
8 - 10	Orangen
2	geriebene Äpfel
1	kleine Banane
1 TL	frisch geriebener Ingwer
1 Bund	frische Minze
3	Korianderkörner
	Kardamom
	Meersalz
10	Erdbeeren
10	Himbeeren
10	Brombeeren
20	Blaubeeren

Zubereitung:

1. Orangen rollen, halbieren und Saft auspressen. Abrieb einer Orangenschale zugeben und Saft in ein großes Gefäß (2 L - Krug aus Kunststoff) füllen.

2. Äpfel schälen und zum Saft reiben. Kleingeschnittene Banane, geriebener Ingwer, frische Minze, Korianderkörner, Prise Kardamom und Salz hinzufügen.

3. Beeren zugeben und alles zusammen mit dem Stabmixer mixen.

Dessert

Tipp:
Sie können auch, wenn Sie Bananen nicht mögen, diese weglassen und ein paar Ananasscheiben, Kiwis oder etwas geriebene Birne hinzufügen.
Basis ist Orangensaft oder frisch gepresster Apfelsaft. So können Sie Ihren eigenen Smoothie herstellen. Er schmeckt besser und ist viel billiger als der gekaufte.

In diesem Smoothie steckt der Sommer persönlich.

Damit die Mitte mit soviel Frische umgehen kann, werden Koriander, Kardamom und frischer Ingwer zugegeben.

Mango-Maracuja-Lassi

Mengen:	Zutaten:
200 g	reife Mango
150 g	Maracuja
250 g	Joghurt
1/2	Zitrone
2 EL	Akazien-Honig oder Ahornsirup
	frisch geriebener Ingwer
1 Msp.	Kardamom aus der Mühle
	Meersalz
	Minzblätter

Zubereitung:

1. Mango schälen und würfeln, Maracuja halbieren, Fruchtfleisch mit einem Löffel herausheben und durch ein Sieb (Kerne) drücken.
2. Joghurt, Maracuja- und Zitronensaft, etwas Abrieb der Zitrone, Mangowürfel, Honig, Ingwer, Kardamom und Prise Salz mixen.
   Kalt stellen. Saft kalt servieren und mit frischer Minze garnieren.

Tipp: Wenn Sie den Saft etwas dicker möchten, etwas Joghurt dazugeben. Oder lieber dünnflüssiger, dann etwas mehr Maracujasaft verwenden.

Dessert

Lassi ist ein kühlendes, süß oder herzhaft zubereitetes Getränk aus Milch und Joghurt, das in Variationen von Indien bis zur Türkei getrunken wird.

Beim Lassi handelt es sich um ein ideales Erfrischungsgetränk für richtig heiße Tage. Lassi eignet sich aber auch als Begleiter zu besonders scharfen Speisen oder Gegrilltem, weil er mit seinen kühlenden und befeuchtenden Eigenschaften besänftigenden und ausgleichenden Einfluss auf Hitze, Trockenheit und Schärfe hat. Mango und Maracuja geben dem Getränk ein Aroma, das süchtig machen kann. Ingwer und Kardamom sorgen für wärmenden und bewegenden Ausgleich.

PFIRSICHKALTSCHALE
MIT MINZE UND GRIESSNOCKEN

Mengen:	Zutaten:
800 g	Pfirsiche
1 Msp.	frisch geriebener Ingwer
	Meersalz
100 ml	frisch gepresster O-Saft
1	Zitrone
1/2	Orange
1 EL	Honig
6 Blatt	frische Minze
4 EL	Blaubeeren

Zubereitung:

1. Pfirsiche blanchieren, mit Eiswasser abschrecken und häuten. Den Pfirsichkern entfernen.

2. Pfirsiche mit frischem Ingwer, Prise Salz, Orangensaft und Zitronensaft zu einem Püree mixen.

3. Pfirsichpüree aufkochen. Mit dem Abrieb der halben Zitronen- und Orangenschale und Honig abschmecken und am besten über Nacht in den Kühlschrank stellen.

4. Vor dem Servieren einen Teil der Minze in die Pfirsichkaltschale mixen.

5. Grießnocken laut Grundrezept Seite 243 herstellen.

5. In einen tiefen Teller gießen, Grießnocken einlegen und mit frischer Minze und Blaubeeren dekorieren.

Tipp:
Dieses Dessert können Sie mit ein paar Tropfen Mandarinenöl dekorieren.

Dessert

Das Besondere an diesem Rezept ist die Kombination von erfrischenden bis kühlenden und wärmenden Zutaten. Dies stärkt den Flüssigkeitshaushalt und bringt Dynamik in dieses Dessert. Bemerkenswert ist, dass viele Sommerfrüchte nicht kalt oder kühlend, sondern wärmend sind: Pfirsich, Aprikose und Kirsche sind drei typische Vertreter. Zur Ergänzung der Säfte und Stärkung des Blutes tut das der Mitte offensichtlich gut.

Rote Grütze

Dessert

Mengen:	Zutaten:
500 g	gemischte Beeren
500 ml	Sauerkirschsaft
1/2	Zitrone
4 EL	Apfel-Birnendicksaft
1 Stange	Zimt
2	Gewürznelken
	Meersalz
1	Zitrone
1/2 TL	Biobin (Johannisbrotkernmehl)

Zubereitung:

Obst

1. Beeren kurz abbrausen und abtropfen lassen. Erdbeeren vierteln, restliche Beeren ganz lassen.
2. In einem Topf Kirschsaft mit etwas Zitronenschale, Apfel-Birnendicksaft, Zimtstange, Nelken und einer Prise Salz aufkochen. 5 Minuten kochen lassen.
3. Biobin mit 4 EL Zitronensaft verrühren und in den Kirschsaft geben. Weitere 5 Minuten kochen lassen, bis der Saft gebunden ist.
4. Nelke, Zimtstange und Zitronenschale entfernen.
5. Fruchtmasse beiseite stellen, die Beeren hineingeben und vorsichtig umrühren.
6. Die Grütze etwas abkühlen lassen und 2 - 3 Stunden in den Kühlschrank stellen.

Mengen:	Zutaten:
500 ml	Kirschsaft
1/2	Zitrone
1	Vanilleschote
1 EL	Apfel-Birnendicksaft
4 EL	Sahne

Sauce

1. Kirschsaft mit Abrieb einer ½ Zitrone, Apfel-Birnendicksaft, Mark einer Vanilleschote und Schote aufkochen. 10 Minuten einköcheln lassen.
2. Vanilleschote rausnehmen. Sauce abkühlen lassen und kurz vor dem Servieren 4 EL geschlagene Sahne drunter ziehen.

Tipp:
Statt Apfel-Birnendicksaft können Sie auch Honig, Ahornsirup oder Frutilose (Süßungsmittel aus Birnen und Äpfeln) verwenden.

Tipp:
Beerenkaltschalen lassen sich auch wunderbar mit Tabiokaperlen binden.

Beeren sind die ursprünglichste Form von Sommerfrüchten. In jedem Wald lassen sie sich auch heute noch finden.

Durch ihren zusammenziehenden, bewahrenden, blut- und körperflüssigkeitenbildenden Charakter erfrischen sie uns wirkungsvoll an heißen Sommertagen.

Pflaumenkuchen

Mengen:	Zutaten:
250 ml	Milch
40 g	Hefe
80 g	Butter
4	Eigelb
2	Eier
	Vanillezucker
	Koriander
	Meersalz
700 g	glattes Mehl
1/2	Zitrone
1 1/2 - 2 kg	Zwetschgen (Pflaumen)
1 EL	Zimt
1 EL	Rohrzucker zum Bestreuen.
40 g	Staubzucker/Puderzucker

Dessert

Seit Generationen ist der Pflaumenkuchen als Nachtisch oder zum Sonntagskaffee eine kleine Sünde wert.

Zubereitung:

Teig

1. Hefe in der Hälfte der warmen Milch auflösen und mit 100 g Mehl glatt rühren. Bei Zimmertemperatur abgedeckt gehen lassen.

„Dampfl"

2. Geschmolzene Butter, halbe Milch, Eigelb, Eier, Vanillezucker, Prise Koriander und Salz dazugeben.
3. Alles in der Rührmaschine (Knethaken) mit dem restlichen Mehl und 1 EL Zitronenschalen zu einem glatten Teig verarbeiten und zugedeckt an einem warmen Ort eine halbe Stunde rasten lassen, damit der Teig schön aufgeht.
4. Teig rechteckig ausrollen, auf ein gebuttertes Blech legen und mit Früchten belegen.

Belag

Zwetschgen waschen, halbieren, entkernen und die Hälfte noch einmal einschneiden (vierteln). Zwetschgen mit der Schale nach unten auf den Teig legen, nochmals 10 Minuten rasten lassen, mit Zimtzucker bestreuen und bei 165 ° C Umluft / Ofen 180 ° ca. 35 Minuten backen.

Tipp.
Teig vor dem Ausrollen immer mit etwas Mehl bestäuben, damit dieser beim Ausrollen nicht so klebt.

Das typischste Spätsommer- und Frühherbstobst in unseren Breiten, ist wahrscheinlich die Pflaume. Dadurch, dass sie sich mit allen wärmenden Gewürzen vom Ingwer, über Sternanis und Nelke bis hin zu Vanille und Zimt kombinieren lässt, ist sie in verschiedenen Zubereitungen bis weit in den Winter genießbar.

Der Herbst

Wenn sich die Blätter an den Bäumen bunt färben, die Abende kühler werden, in Senken sich die ersten Nebel bilden, die Herbstastern zu blühen beginnen und die Kinder eifrig Kastanien, Bucheckern, Hagebutten und Eicheln sammeln, dann hält der Herbst Einzug.

Reife Früchte in Hülle und Fülle.

Der Herbst hält eine wahre Schatzkammer an frischen Lebensmitteln für uns bereit.

Bei der Wahl der Herbstnahrungsmittel können wir vor allem bis Mitte Oktober aus dem Vollen schöpfen. Gemüse- und Obsternte bringen ein reichhaltiges Angebot hervor, entsprechend können wir hochwertig und doch preisgünstig einkaufen. Die Ernte von Kartoffeln, Rüben aller Arten (Karotte, Pastinake, Kohlrübe, Rote Rüben) und Getreiden ist eingebracht. Es gibt fast nichts, was es zu dieser Zeit nicht gibt: Auberginen, Blumenkohl, Brokkoli, Buschbohnen, Chinakohl, Fenchel, Grünkohl, Kohlrabi, Lauch, Mangold, Paprika, Rettich (rot, weiß, schwarz), Rotkohl, Schwarzwurzel, Stangenbohnen, Tomaten, Weißkohl, Wirsing, Zucchini. Lagerfähige Lebensmittel wie Reis, Hirse, Polenta, Trockenbohnen und Linsen runden das Angebot perfekt ab.

Im Bereich des Obstes bietet der Markt Äpfel, Birnen, Pflaumen, Preiselbeere, Quitte, Weintrauben und Zwetschgen. Sanddorn, Vogelbeeren (roh ungenießbar, gekocht in Marmeladen und Gelées köstlich) und Holunder können wild gesammelt werden, da sich hierfür in der Regel allenfalls die Vögel interessieren.
Ab Mitte Oktober kommt die Zeit von Rosenkohl und Feldsalat. Dafür laufen Blumenkohl, Bohnen, Brokkoli, Gurken, Mangold, Paprika, Radieschen, Spinat, Tomaten und Zucchini aus.

Jetzt gilt es, sich mit dieser reichen Auswahl richtig auf die bevorstehende kalte Jahreshälfte vorzubereiten.

Im Herbst, der Jahreszeit des kleinen Yin, ändern sich die Vorzeichen: war bisher alles auf Wachstum und Fruchtbildung nach außen gerichtet, beginnt jetzt die Zeit von Rückzug und Sammlung.

Die Stärkung von Mitte und Lunge – und hier insbesondere des Yin der Lunge – steht im Vordergrund.

Im Herbst ist das die wichtigste Aufgabe von Ernährung im Speziellen und Lebenswandel im Allgemeinen: Das Haus muss für den Winter gerichtet werden, das Dach muss dicht sein und Stürmen trotzen. In der Chinesischen Medizin wird der Funktionskreis Lunge mit einem Baldachin verglichen; dieser steht über allem, als Schutz vor schädigenden äußeren Einflüssen, wie Wind und Kälte.

Die Vorbeugung gegen Grippe beginnt im Herbst!

Während wir im September noch sehr warme Tage haben können, sind im November häufig schon winterliche Verhältnisse mit Wind, Nebel, Regen oder gar Schnee. Entsprechend kann die Ernährung noch Erinnerungen an den Sommer wach halten oder muss schon der Vorahnung des bevorstehenden Winters angepasst werden. Dieser Spannungsbogen macht die Herbstküche so abwechslungsreich und interessant.

Flammkuchen

mit Pancetta und roter Zwiebel

Mengen:	Zutaten:	Zubereitung:
		Flammkuchen
120 ml	Milch	1. Lauwarme Milch, Hefe, Öl, Prise Zucker, Pfeffer, Salz und Wasser miteinander vermischen.
25 g	Hefe	
2 EL	Olivenöl	2. Flüssigkeit in eine Rührschüssel (elektrische Küchenmaschine) geben, bei laufendem Knetarm nach und nach Mehl dazugeben und zu einem kompakten, glatten Teig kneten. Zugedeckt an einem warmen Ort gehen lassen, bis sich der Teig verdoppelt hat. In zwei Kugeln formen und Teig noch einmal 10 Minuten aufgehen lassen.Die 2 Kugeln rechteckig (mittlere Blechgröße) ausrollen.
	Rohrzucker	
	Pfeffer aus der Mühle	
	Meersalz	
120 ml	Wasser	
400 g	Weizenmehl	
		Belag
500 g	Crème fraîche	Crème fraîche mit Rosmarin, Eigelb, klein geschnittenem Gemüse, Kümmel, Pfeffer und Salz verrühren. Diesen Belag auf dem Teig verstreichen und mit Pancetta belegen.
1/2 TL	Rosmarin	
2	Eigelb	
2	rote Zwiebeln	
1 Stange	Lauch	
1/2 TL	Kümmel	
	Pfeffer aus der Mühle	Ofen auf 250° C vorheizen, Backstein (Schamottstein) hineinlegen und schön heiß werden lassen. Den Flammkuchen 5-6 Minuten auf dem heißen Stein backen. So wird der Boden richtig knusprig. Mit einer Pizzaschaufel können die Stücke vom Backstein geholt werden.
	Meersalz	
200 g	Pancetta (toskanischer Speck)	

Frühstück

Alternative:
Flammkuchen auf´s Blech legen und bei maximaler Hitze ca. 8 - 10 Minuten backen und nach Bräune eine Verlängerung entscheiden.

Trotz Betonung des Yin durch Milch und Crème fraîche, kommt das Yang in dieser leckeren Elsässer Spezialität nicht zu kurz.

Pfeffer, Rosmarin, Lauch und Kümmel verhindern, dass die Mitte mit Trübem überfordert wird und so ihrer Klärungsfunktion nachkommen kann.

Hirse-Birnen-Quark

mit gerösteten Mandeln

Mengen:	Zutaten:
100 g	Hirse
2 EL	Honig
500 ml	Reismilch
4	Birnen
125 ml	Birnensaft
1	Zimtstange
1 Scheibe	frischer Ingwer
1	Nelke
125 ml	Wasser
125 ml	Reismilch
	Meersalz
500 g	Quark
4 EL	geraspelte Bitterschokolade (mind. 70% Kakaoanteil)
4 EL	geröstete Mandeln

Zubereitung:

1. Hirse sehr gut waschen, bis das Wasser klar ist.
2. Hirse und Honig in Reismilch aufkochen und 35 Minuten köcheln lassen.
   Von der heißen Herdplatte ziehen und weitere 10 - 15 Minuten nachquellen lassen.
3. Birnen waschen, schälen, entkernen und in kleine Würfel schneiden.
4. Birnen und Birnensaft mit Zimtstange, Ingwerscheibe und Nelke in einem Topf mit Wasser aufkochen und 5 Minuten weich dünsten.
5. Zimtstange, Ingwer und Nelke entfernen. Hirse zu den Birnen dazugeben.
6. Reismilch, Prise Salz und Quark glatt rühren.
7. Birnen-Hirse-Mischung und Quark abwechselnd in ein Glas schichten.
   Mit Schokoraspeln und gerösteten Mandeln bestreuen und mit Birnensaft beträufeln.

Tipp:
Gewürze in eine Gewürzkugel oder einen Teefilter geben, dann lassen sie sich wieder leichter entfernen.

Frühstück

Auf der Spielwiese der Mitte-stärkenden Zutaten Hirse und Reismilch, findet eine Versammlung aus befeuchtenden und Yin-betonten Zutaten wie Birnensaft, Birne, Quark und Mandeln statt. Zimtstange, Ingwer, Nelke und Kakao aus der Bitterschokolade machen aus der trägen, potentiell die Mitte belastenden Angelegenheit einen bunten und schmackhaften kulinarischen Herbsttanz.

POLENTA MIT BIRNEN

Mengen:	Zutaten:
30 g	Butter
3	Birnen
	Rohrzucker
1/2 TL	Zimt
1/2	Vanilleschote
2 - 3 EL	Birnendicksaft
400 ml	Milch
	Kardamom
	Meersalz
1/2	Orange
150 g	Polenta
2 EL	Rosinen

Zubereitung:

1. Butter in einem Topf bei mittlerer Hitze zergehen lassen.

2. Birnen schälen, würfeln und darin dünsten. Mit etwas Rohrzucker karamellisieren.

3. Zimt und Vanillemark dazu und ganz kurz mitrösten, bis der Zimt duftet.

3. Mit Birnendicksaft und Milch aufgießen. Mit Kardamom, Prise Salz, Orangensaft und Abrieb einer halben Orangenschale abrunden und aufkochen.

4. Polenta hineinrieseln lassen und dabei mehrmals umrühren. 10 Minuten leicht köcheln lassen. Immer wieder umrühren. Bei geschlossenem Topfdeckel weitere 10 Minuten nachziehen lassen.
Falls die Polenta zu stark eindickt, etwas Milch dazugießen.

5. Birnen-Polenta auf Tellern verteilen und Rosinen obendrauf geben.

Frühstücke

Die Birne ist im Herbst ein besonders wertvoller Begleiter, da sie Mitte und Lunge – und hier insbesondere das Yin der Lunge – stützt. Das ist die beste Vorbeugung gegen Grippe schon im Herbst. Die Polenta haben wir bei diesem Frühstück mit ins Boot geholt, da sie die Eigenschaften der Birne ideal unterstützt und die Mitte stärkt. Dadurch wird die Lunge gut genährt und in ihrer Funktion gestützt.

Milchreis

mit Aprikosenmus

Mengen:	Zutaten:
1 L	Reismilch
100 g	Rohrzucker
1	Vanilleschote
250 g	Milchreis
	Meersalz
1	Orange
2 EL	Sahne

Zubereitung:

1. Milch zusammen mit Rohrzucker und längs halbierter Vanilleschote aufkochen.

2. Orange heiß abspülen und Schale mit dem Schäler dünn abschälen.

3. Reis in die kochende Milch geben, Meersalz, Spritzer Orangensaft und Orangenschale dazugeben. Alles gut umrühren und einmal aufkochen lassen. Hitze reduzieren und den Milchreis etwa 30 Minuten ziehen lassen.

4. Orangenschale und Vanilleschote entfernen. Das Vanillemark aus der Schote kratzen und wieder in den Reis einrühren.

5. Anschließend mit 2 EL halbsteif geschlagener Sahne vermischen.

6. Aprikosenmus nach Grundrezept Seite 269 herstellen und mit dem Milchreis servieren.

Tipp:
Dieser Milchreis läßt sich natürlich auch mit Kuhmilch zubereiten.

Mit **Crème patissier** zaubern Sie aus dem Milchreis ein köstliches Dessert.

125 ml	Milch
1/2	Vanilleschote
4	Eigelb
50 g	Rohrzucker
1 EL	Kartoffelstärke

1. Milch und Vanilleschote aufkochen.
2. Eigelb und Rohrzucker crèmig rühren, Kartoffelstärke einrühren und die heiße Milch unterrühren.
3. Die Crème in einen Topf gießen und unter ständigem Rühren aufkochen, bis die Masse Blasen wirft. Die Temperatur reduzieren und Crème köcheln lassen bis sie dick ist.

Reismilch ist eine gute Alternative, wenn Kuhmilch nicht vertragen wird oder nicht gewünscht ist. Reis wirkt stärkend auf die Funktionskreise Milz, Magen und Lunge. Reis wird auch „Getreide der Lunge" genannt, deshalb ist er im Herbst besonders wertvoll.

Aprikosen sind von ihrem Temperaturverhalten leicht warm, bringen Körperflüssigkeiten hervor und befeuchten die Lunge. Zusammen mit Milchreis, stellt das Rezept eine ideale Herbstkombination dar.

Gemüseomelette

Mengen:	Zutaten:
1 EL	Olivenöl
1	rote Zwiebel
1	Zucchini
3	Champignons
	Schnittlauch
8	Eier
	Pfeffer aus der Mühle
	Meersalz
2	Tomaten
2 EL	Kerbel
2 EL	Petersilie
	Rucola

Zubereitung:

1. Zwiebel in einer beschichteten Pfanne mit Olivenöl glasig dünsten.

2. Zucchini, Champignons und Schnittlauch zugeben und mitdünsten.

3. Mit den verquirlten Eiern aufgießen. Pfeffern und salzen. Mit dem Kochlöffel rühren, dass sich die Eier am Boden der Pfanne absetzen. Sobald das Omelette zu stocken beginnt, kommen Tomaten, Petersilie, Kerbel und Rucola dazu.

4. Wenn die Eier auch in der Mitte gestockt sind, Teller drüber legen und umdrehen. Vom Teller wieder in die Pfanne gleiten lassen und auch auf der zweiten Seite kurz braten.

5. Noch in der Pfanne in 4 Teile zerteilen und servieren.

Frühstück

Dieses nährende Frühstück eignet sich besonders für Tage, an denen Sie sich geistig oder körperlich anstrengen müssen.

Das Hühnerei harmonisiert die Mitte und stärkt Qi, Blut und Yin. Besonders wertvoll im Herbst, ist seine befeuchtende Wirkung auf den Funktionskreis Lunge. Während kühlende Zucchini und Tomate die ruhenden, kühlen und substanzielleren Yin-Aspekte im Körper unterstützen, bringen die wärmenden Kräuter und Gewürze wie Schnittlauch, Petersilie und Pfeffer die Verdauung in Schwung und stärken das wärmende Yang.

Steinpilzsoufflé

Vegetarisch

Mengen:	Zutaten:
150 g	Steinpilze
1 EL	Butter
	Pfeffer aus der Mühle
	Meersalz
2 EL	Liebstöckel
2 EL	Petersilie
	Paprika edelsüß
1 TL	Speisestärke
75 ml	Milch
75 ml	Sahne
3	Eier
	Muskat
2 EL	geriebener Parmesan
	Butter
5 EL	Vollkornbrösel

Zubereitung:

1. Pilze putzen, feucht abreiben, abtrocknen und grob hacken. Butter aufschäumen und die Pilze darin anschwitzen. Mit Pfeffer und Salz würzen. Kräuter und Prise Paprika dazugeben.

2. Pilze auf einem Sieb abtropfen lassen. Stärkemehl dazugeben.

3. Eier in Eiklar und Eigelb trennen. Eiweiss aufschlagen.

4. Milch, Sahne und Eigelb verquirlen, Pilze und Parmesan dazugeben und mit jeweils einer Prise Pfeffer, Muskat und Salz würzen. Eiweiss unterheben und 3 EL Brösel zugeben.

5. Förmchen ausbuttern und mit den restlichen Bröseln ausstreuen. Masse einfüllen, ins Wasserbad stellen und im Backofen bei 180° C ca. 25 Minuten backen. Dann aus den Förmchen stürzen.

Tipp:
Gelingt auch mit Pfifferlingen oder anderen Pilzen.

Tipp:
Pilze ganz einfach säubern. Seite 260.

Die befeuchtende, Yin-stützende Wirkung von Pilzen ist genau zu der Zeit für unseren Organismus am wichtigsten, wenn „Schwammerlzeit" ist. Man muss die Früchte essen, wie sie fallen oder ausgegraben werden: ähnlich dem Spargel im Frühjahr – genießen Sie Steinpilze als saisonale Köstlichkeit, solange sie in Massen frisch gesammelt oder zu günstigen Preisen verfügbar sind.

WOKGEMÜSE

MIT BASMATI-WILDREIS

Mengen:	Zutaten:
150 g	Basmatireis
50 g	Wildreis
2 EL	Olivenöl
800 g	Gemüse:
	Chinakohl
	Paprika
	Pak Choi
	Zucchini
	Karotten
	Lauch
1 EL	geriebener Ingwer
1 TL	gehackter Knoblauch
1	Chilischote
4 EL	Chilisauce
	Pfeffer aus der Mühle
	Meersalz
4 EL	Sojasauce
	Sojasprossen
1/2	Limette
	Paprika edelsüß
1 TL	Ahornsirup
125 ml	Hühnerbrühe
	Korianderblätter

Vegetarisch

Zubereitung:

1. Reis in einem Sieb unter fließendem Wasser mehrmals gut ausschwemmen, bis keine Stärke mehr im Wasser sichtbar ist. Reis im Wasser im Verhältnis 1:2 aufkochen. Topfdeckel drauf und den Topf mit Reis im Backofen bei 180° C auf der mittleren Schiene ca. 25 - 30 Minuten garen lassen. Topfdeckel während des Garvorganges nicht abheben.
2. Gemüse putzen und waschen. Chinakohl, Paprika, Pak Choi grob schneiden, Zucchini, Karotten und Lauch in feine Streifen (Julienne) schneiden. Chilischote entkernen und in Streifen schneiden.
3. Öl im Wok erhitzen, Gemüse dazugeben und 1 Minute braten.
4. Mit Ingwer, Knoblauch, Chili, Chilisauce, Pfeffer, Salz, Sojasauce, Sojasprossen, Limettensaft, Prise Paprika und Ahornsirup würzen. Gut durchschwenken und mit Hühnerbrühe aufgießen. Ganz kurz aufkochen und gleich auf Tellern anrichten. Reis dazugeben und mit gehacktem Koriander bestreuen.

Tipp:
Reis in Topf geben. Mit Wasser bedecken, so dass die Handfläche, die auf dem Reis aufliegt, gerade mit Wasser bedeckt ist. So sparen Sie sich mühsames Ausmessen.

Es vereinen sich kühlende Gemüse wie Chinakohl, Pak Choi und Zucchini mit warmen Gemüsesorten wie Paprika und Lauch. Gemeinsam haben sie den Bezug vor allem zu den Funktionskreisen Mitte und oft auch Lunge. Durch ihr unterschiedliches Temperaturverhalten entsteht sehr viel Dynamik alleine schon im Gemüse.

Zwei weitere Aspekte spielen gerade im Herbst eine große Rolle für die Wirkung dieses Rezeptes: der eine sind Soja-Sauce und Soja-Sprossen mit kühlender, Säfte-stützender und bewegender Wirkung. Der zweite Aspekt ist der Reis: Nähren von Mitte und Lunge kommen dadurch nicht zu kurz.

Ofenkartoffel mit Hüttenkäse

Mengen:	Zutaten:
2 EL	Olivenöl
8	Kartoffeln mit Schale
2	Knoblauchzehen
	Meersalz
1 Zweig	Rosmarin
1/2	Knoblauchzehe
	Pfeffer aus der Mühle
3 EL	Schnittlauch
3 EL	frischer Majoran
1 TL	süßer Senf
1 - 2 TL	grobes Meersalz (je nach Geschmack)
1 Becher	Hüttenkäse
2 - 3 EL	Sauerrahm
3 EL	Kerbel
3 EL	Petersilie
	Paprika edelsüß

Zubereitung:

1. Backblech mit Olivenöl einpinseln und etwas Meersalz bestreuen. Gewaschene Kartoffeln halbieren und mit der Schnittfläche nach oben aufs Blech legen. Etwas Meersalz über die Kartoffeln streuen und bei 180 °C im Ofen, je nach Größe 35 - 40 Minuten backen. Sollten die Kartoffeln auf der Schnittseite zu viel Farbe annehmen, mit Alufolie abdecken.

2. 10 Minuten vor Ende der Garzeit etwas gehackten Rosmarin und geschälten und gehackten Knoblauch über die Kartoffeln streuen. Knoblauch sollte etwas Farbe annehmen, aber nicht verbrennen.

3. Knoblauch mit Pfeffer, Schnittlauch, Majoran, Senf und Meersalz vermengen. Hüttenkäse und Sauerrahm dazugeben und mit Kerbel, Petersilie und einer Prise Paprika würzen.

Tipp:
Ofenkartoffeln lassen sich auch gut in Alufolie wickeln und backen, wenn Sie kein Salz verwenden möchten.

Vegetarisch

Tipp:
Auch Rote Beete oder Zwiebeln lassen sich gut auf Meersalz backen.

Kartoffeln sind ein tolles Gemüse: sie stärken nicht nur, sondern sie bewegen auch sanft das Qi, sodass Nahrungsstagnation mit Verdauungsbeschwerden vorgebeugt werden kann. Unterstützung erhalten sie durch die frischen Gartenkräuter im Quark. Sauerrahm und Quark sind – wie wir das im Herbst erwarten – Yin-stützend und Säfte-hervorbringend.

Gemüseschnitzel mit Dinkel

Mengen:	Zutaten:
125 ml	Gemüsebrühe
30 g	Butter
	Pfeffer aus der Mühle
	Meersalz
70 g	Dinkelmehl
	Bockshornkleesamen aus der Mühle
1	Ei
1	Eigelb
1	kleine Karotte
1/2	Kohlrabi
300 g	gelbe und rote Paprika
1/2	Zwiebel
1	Knoblauchzehe
	Meersalz
	Petersilie
1	Zitrone
8 EL	kleinblättrige Haferflocken
4 EL	Dinkelbrösel
2 - 3 EL	Butterschmalz oder Rapsöl

Vegetarisch

Zubereitung:

1. Gemüsefond mit Butter, Pfeffer und Salz aufkochen.
2. Dinkelmehl und eine Prise Bockshornkleesamen dazugeben. Solange rösten, bis sich der Teig vom Topfboden löst. Auf die Seite stellen und ca. 5 Minuten auf mindestens Handwärme abkühlen lassen.
3. Ei und Eigelb langsam einrühren.
4. Paprikaschoten, Karotte und Kohlrabi mit einem Apfelschäler schälen und in kleine Würfel schneiden. Knoblauch und Zwiebel klein hacken.
5. Gemüse, Zwiebel und Knoblauch in etwas Olivenöl glasig dünsten.
6. Prise Salz, Petersilie und Abrieb von Zitronenschale zugeben.
7. Gemüse und Brandteig vermengen und im Kühlschrank 1 Stunde kaltstellen.
8. Laibchen formen und in einer Mischung aus Haferflocken und Dinkelbrösel wenden. In einer beschichteten Pfanne in Butterschmalz auf beiden Seiten knusprig braten.

Sie können die geformten Laibchen auch auf ein mit Butter bestrichenes Blech legen und bei 150° C ca. 15 - 20 Minuten backen.

Dazu passt prima ein bunter Blattsalat mit Sprossen wie auf Seite 107.

Das Gemüseschnitzel ist ein kleines Chamäleon. Es lässt sich mit Gemüse der Saison an jede Jahreszeit perfekt anpassen und sein Einsatz kann zu jeder Mahlzeit erfolgen. Lassen Sie sich vom Marktangebot oder vom Inhalt Ihres Kühlschrankes inspirieren.

1+1 = das perfekte 5-Elemente-Gemüseschnitzel: schon der Brandteig enthält alle Elemente. Dazu wird Gemüse gegeben, das ebenfalls in sich harmonisch ist.

Polenta
mit Pfifferlingen und Parmesan

Mengen:	Zutaten:	Zubereitung:
1 Zweig	Rosmarin	1. Rosmarinzweig in Gemüsebrühe und Milch aufkochen und 5 Minuten bei kleiner Flamme köcheln lassen. Rosmarinzweig wieder herausnehmen.
250 ml	Gemüsebrühe	2. Maisgrieß einrühren, bei geringer Hitze, unter ständigem Rühren, 10 Minuten köcheln lassen. Auf der ausgeschalteten Herdplatte noch ein paar Minuten nachquellen lassen.
250 ml	Milch	3. Pfeffer, Salz, Parmesan und Prise Paprika einrühren.
100 g	Maisgrieß	4. Bei Bedarf etwas Gemüsebrühe zugießen und Olivenöl unterrühren.
	Pfeffer aus der Mühle	
	Meersalz	
80 g	Parmesan	
	Paprika edelsüß	
2 - 3 EL	Olivenöl	
200 g	Pfifferlinge	5. Pfifferlinge säubern und in schäumender Butter braten.
2 EL	Butter	6. Gehackte Zwiebel mitrösten. Sobald die Zwiebel etwas Farbe annimmt, pfeffern und etwas salzen. Gehackte Petersilie und eine Prise Paprika zu den Pilzen geben. Gut durchschwenken.
1	Zwiebel	7. Polenta auf den Tellern anrichten. Pfifferlinge und gehobelte Parmesanspäne oben darauf setzen.
	Pfeffer aus der Mühle	
	Meersalz	
2 EL	Petersilie	
	Paprika edelsüß	
4 EL	Parmesanspäne	

Vegetarisch

Maisgrieß ist ein köstliches Nahrungsmittel, das über die mediterrane Küche wieder zu uns gefunden hat. Die Zubereitungsmöglichkeiten sind vielfältig, denn er lässt sich mit seinem süßen und ausgewogenen Eigengeschmack zu einer Vielzahl von Partnern kombinieren. Rund um die Mitte bewirkt er wahre Wunder mit seiner regulierenden, Qi stärkenden, Blut nährenden, Feuchtigkeit ausleitenden und Magen öffnenden Wirkung. Pfifferlinge kühlen Hitze im Körper und stärken die Mitte.

Zusammen mit den regulierenden und wärmenden Gewürzen, können Sie ein ausgeglichenes und schmackhaftes Gericht zu sich nehmen.

MIT COUSCOUS GEFÜLLTE AUBERGINE AUF TOMATEN-ZIMT-SAUCE

Mengen:	Zutaten:
2	Auberginen
2 EL	Olivenöl
	Pfeffer aus der Mühle
	Meersalz
1 EL	Olivenöl
1	Zwiebel
1	Knoblauchzehe
	Curry
1 TL	Raz el Hanout (Gewürzmischung)
150 g	Couscous
1 Zweig	Rosmarin
2 EL	Rosinen
350 ml	Gemüsebrühe
1 EL	Petersilie
1 EL	Kerbel

Vegetarisch

Zubereitung:

1. Backofen auf 180° C vorheizen.
   Die Auberginen waschen, putzen und der Länge nach halbieren. Ergibt 4 Hälften. Fruchtfleisch längs und quer (rautenförmig) einschneiden. Olivenöl darüber geben und etwas pfeffern und salzen. 20 Minuten im Backofen garen.

2. In der Zwischenzeit können Sie die Tomaten-Zimt-Sauce laut Grundrezept auf Seite 260 zubereiten.

3. Auberginenfleisch mit einem Löffel aus der Schale lösen. Schale zum Füllen beiseite stellen.

4. Zwiebel und Knoblauch schälen, fein schneiden und in etwas Olivenöl andünsten.

5. Prise Curry und Raz el Hanout ganz kurz mitrösten. So entfaltet sich das Aroma.

6. Auberginenfleisch, Pfeffer, Salz, Couscous, Rosmarinzweig und Rosinen dazu und mit Brühe ablöschen.
   Ca. 10 Minuten köcheln, bis der Couscous gar ist. Rosmarinzweig entfernen.
   Wenn der Couscous gar ist, noch einen Schuß Brühe dazugeben.

7. Couscous in die Auberginenschalen füllen und im Ofen warm stellen.

Auberginen mit Tomaten-Zimt-Sauce auf den Tellern anrichten und mit etwas Kerbel und Petersilie bestreuen.

Tipp:
2 - 3 EL von der Tomatensauce vor dem Füllen und Warmstellen zum Couscous dazugeben.

Ein temperamentvolles Gericht des Orients, das mit Feuer nicht spart. Wer es etwas weniger heiß mag, kann Auberginen und Couscous aus dem ersten Teil des Rezeptes mit einer kühleren Tomatensauce aus den Grundrezepten machen. Wer aber den „Ritt nach Agadir" wagen will, muss sich schon auf das ganze Rezept einlassen. Sie erfahren ein echtes Abenteuer aus 1000 und einer Nacht.

HIRSCH mit Rotkraut und Selleriepüree

Mengen:	Zutaten:
1 kg	Hirschrücken (ohne Knochen, vom Metzger bereits zugeputzt)
	Rapsöl
1/2	Karotte
1/2	Sellerie
1/2	Zwiebel
3 Scheiben	Ingwer (3 mm dick)
	Fleur de Sel
1	Tomate oder
1 Msp.	Tomatenmark
1 Zweig	Rosmarin
je 1/2	Zitrone und Orange
3	Wacholderbeeren
125 ml	Rotwein
125 ml	Portwein
125 ml	Fleischbrühe oder Gemüsebrühe

Zubereitung:

1. Hirschrücken kurz unter kaltem Wasser waschen und mit einer Küchenrolle trocken tupfen. Unmittelbar vor dem Anbraten mit etwas Pfeffer und Salz würzen. Mit einem Pinsel etwas Rapsöl in der heißen Pfanne verstreichen.
2. Hirschrücken für eine Minute kräftig einseitig anbraten. Hitze auf die Hälfte reduzieren und 3 - 4 Minuten weiter braten. Hitze wieder erhöhen, das Fleisch wenden und eine Minuten bei höchster Hitze kräftig anbraten.
3. Bei halbierter Hitzezufuhr das gewürfelte Gemüse, Zwiebelwürfel, Ingwerscheiben, Prise Salz, in Scheiben geschnittene Tomate oder Tomatenmark, Rosmarin, Zitronenschale, Orangenschale und leicht angedrückte Wacholderbeeren dazugeben und 3 - 4 Minuten mit dem Fleisch weiter braten.
4. Fleisch aus der Pfanne nehmen und im vorgeheizten Backofen bei 140° C aufs Gitter der mittleren Schiene legen. Fleisch mit eingestecktem Bratenthermometer garen, bis das Thermometer 57° - 60° C anzeigt. Backofen ausschalten und Fleisch noch weitere 5 Minuten, bei halb offener Backofentüre, rasten lassen.
5. Gemüse und Kräuter noch ein wenig in der Pfanne weiterrösten, bis diese etwas Farbe annehmen. Rotwein und Portwein zugeben und auf 1/3 einkochen lassen. Brühe dazugießen und die Sauce weiter auf die gewünschte Konsistenz einköcheln lassen. Bei Bedarf noch etwas salzen und durch ein Sieb gießen.

Fleisch

Tipp:
Sie können nach dem Aufgießen des Gemüses mit Wein und Brühe noch eine halbe rohe Kartoffel hineinreiben und 20 Minuten mitköcheln lassen. Dies gibt der Sauce eine leichte Bindung.

Rotkraut und Selleriepüree nach Grundrezepten auf Seiten 253 und 250 herstellen.

Zusammen mit Rotkraut und Selleriepüree aus den Grundrezepten ist es ein echter Klassiker und wahrer Festtagsschmaus.

Hirsch kann den ganzen Herbst und im Winter genossen werden, denn er stärkt das Yang der Nieren, wirkt bis ins „Yin in Yin", stützt die warme Energie Qi und stärkt und reguliert das Blut im Sinne der Chinesischen Medizin. Menschen mit innerer Hitze, starken Kopfschmerzen und hohem Blutdruck, sollten im Zweifel einen in Chinesischer Medizin erfahrenen Therapeuten zu Rate ziehen.

Tranchen von der Entenbrust auf Orangen-Kardamomsauce

Mengen:	Zutaten:
4	Entenbrüstchen
2 EL	Olivenöl
1/2 EL	geriebener Ingwer
	Koriander aus der Mühle
	Pfeffer aus der Mühle
	Fleur de Sel
200 ml	Geflügelbrühe
4	Wacholderbeeren
1 Zweig	Thymian
1 Zweig	Rosmarin

Zubereitung:

1. Haut der Entenbrüstchen mit scharfem Messer rautenförmig einritzen. Pfeffern und salzen.

2. In wenig Olivenöl auf der Hautseite in einer beschichteten Pfanne knusprig, goldbraun anbraten. Wenden und ganz kurz auf der Fleischseite scharf anbraten.

3. Enten aus der Pfanne nehmen. Im Backofen bei 140° C auf einem Gitter der mittleren Schiene ca. 15 - 20 Minuten fertig braten. Fett aus der Bratenpfanne gießen.

4. Olivenöl erhitzen. Ingwer, frisch gemahlener Koriander, Pfeffer und Salz kurz anrösten. Mit Geflügelbrühe aufgießen. Wacholderbeeren etwas andrücken und Thymian- und Rosmarinzweig dazugeben. In der Zeit, in der die Entenbrüste im Backofen braten, diese Sauce einreduzieren lassen und anschließend durch ein Sieb passieren.

5. Entenbrüstchen aus dem Ofen nehmen und 5 Minuten ruhen lassen, dann in Scheiben schneiden und mit Sauce begießen.

Tipp:
Orangen-Kardamomsauce laut Grundrezept Seite 265 herstellen und das Gericht damit zusätzlich verfeinern.

Zur Ente schmecken sehr gut Rotkraut (Seite 253) oder Pfifferlinge (Seite 247).

Fleisch

Wenn die Tage kürzer werden und die Wälder sich bunt zu färben beginnen, dann ist die Zeit von Entenjagd und Pfifferlingen gekommen.

Der Ente werden ideale Herbstkräfte nachgesagt: Yin-regierend, die Mitte stützend, Entwässerung fördernd, Blut stützend und Hitze kühlend soll sie sein. Von süßem und salzigem Geschmack, hat sie außerdem Bezug zu den Funktionskreisen Mitte, Lunge und Niere. Damit ist sie wie gemacht für den frühen Herbst, wenn wir uns vom heißen Sommer erholen und uns auf den Winter vorbereiten. Durch die Kombination mit wärmenden Beilagen, lässt sich Ente auch noch an kühlen Herbsttagen mit gutem Gewissen genießen.

Taube
mit Pfifferlingen

Mengen:	Zutaten:	Zubereitung:
4	Taubenbrüstchen	1. Taubenbrüstchen in Olivenöl wenden und mit Purple Curry marinieren. Pfifferlinge waschen und abtropfen lassen.
2 EL	Olivenöl	
2 TL	Purple Curry	
160 g	Pfifferlinge	2. Butter bei mittlerer Temperatur in der Pfanne zerlassen. Knoblauchzehe andrücken und mit anbraten. So werden die ätherischen Öle des Knoblauchs frei gesetzt.
2 EL	Butter	
2	Knoblauchzehe	
1	Schalotte	3. Taube mit der Hautseite zuerst in die Pfanne geben, Fleur de Sel darüber geben und 3 - 4 Minuten pro Seite anbraten. Nach dem Wenden Pfifferlinge, Schalotte, Balsamico Essig und Rosmarin zugeben.
	Fleur de Sel	
	Schalotte	
2 TL	Balsamico-Essig	
2 Zweige	Rosmarin	4. Taubenbrüstchen der Länge nach einschneiden, halbieren und auf Pfifferlingen mit Petersilie servieren.
	frische Petersilie	

Purple Curry ist ein besonders mildes Curry. Zutaten wie Hibiskusblüten, Bockshornklee, Koriander, Kreuzkümmel, Zimtblüte, Macis, Gewürznelke, Fenchel, Kardamom und Anis sorgen für die Entfaltung eines Straußes verschiedenster Aromen, ohne dass Schärfe den Gaumen ausschaltet.

Fleisch

Taube besitzt sehr tiefgreifende Wirkungen: indem sie mit ihrem salzigen Geschmack die Funktionskreise Niere und Leber stärkt, stützt Sie „Mutter" und "Kind". Sie stärkt die wärmende Energie Qi und das Blut und sorgt so für eine gute Vorbereitung auf die kalte Jahreszeit. Dadurch, dass Taube – im Gegensatz zur Ente – von neutralem und nicht kühlem Temperaturverhalten ist, kann sie den ganzen Herbst genossen werden.

Wienerschnitzel

Mengen:	Zutaten:
4	Kalbschnitzel á 120 g aus der Oberschale oder der Lende
500 g	Butterschmalz
	Pfeffer aus der Mühle
	Salz
100 g	Mehl
100 g	Semmelbrösel
3	Eier
2 - 3 EL	Sahne
1	Zitrone
Msp.	frisch geriebener Ingwer

Zubereitung:

1. Schnitzel zwischen zwei Lagen Frischhaltefolie flach klopfen (ca. 1/2 cm)

2. Auf beiden Seiten pfeffern, salzen und in Mehl wenden. Anschließend Eier, Sahne, etwas Zitronenabrieb und frisch, geriebenen Ingwer vermischen und das Schnitzel durch die Mischung ziehen.

3. Mit den Semmelbröseln panieren und Brösel nur leicht andrücken, damit das Schnitzel dann auch leicht soufflieren / aufgehen kann.

4. In einer Pfanne Butterschmalz (ca. 1 cm hoch) zergehen lassen und das Schnitzel darin unter ständigem Schwenken zuerst auf einer Seite goldgelb und dann auf der anderen Seite goldgelb braten. Die Panade sollte sich dabei gut wölben. Vor dem Servieren eine Zitronenscheibe oder ein paar Spritzer Zitronensaft über das Schnitzel geben.

Tipp:
Wenn Sie im Schwenken nicht so geübt sind, giessen Sie immer wieder etwas heisses Butterschmalz aus der Pfanne mit dem Löffel über das Schitzel.

Tipp:
Petersilienkartoffeln passen sehr gut zum Schnitzel.

Fleisch

Wienerschnitzel und 5-Elemente: auf diese Idee kommt nicht gleich jeder. Das milde, neutrale Kalbfleisch stellt eine ideale Grundlage zur Stützung der „Mitte" dar. In Verbindung mit den bewegenden, zumeist wärmenden Gewürzen und des Ausbackens in Butterschmalz, entsteht eine stärkende und erwärmende Mahlzeit für kalte Herbst- und Wintertage. Kartoffelsalat (S. 61), Kürbissalat (S. 165) oder winterliches Wurzelgemüse, wie die gegrillte Rote Bete auf Rahmwirsing (S. 185) runden das Gericht ausgezeichnet ab.

Seeteufel auf Ingwer-Cremolata

Mengen: Zutaten:

Mengen	Zutaten
600 g	Seeteufelfilets (150 g Seeteufel pro Person)
	Piment d´Espelette
	Meersalz
1/2 EL	Butter
1/2 EL	Olivenöl
3 Zweige	Estragon

Mengen	Zutaten
25 - 30	Pistazien
30 g	frischer Ingwer
1/4	Knoblauchzehe
4 EL	frischer Koriander
Prise	Meersalz
25 Blatt	Petersilie
30 Blatt	Basilikum
	Abrieb einer Zitronenschale
5 EL	Olivenöl

Zubereitung:

Seeteufel

1. Seeteufelfilets mit Piment d´Espelette und Salz bestreuen.

2. Olivenöl und Butter in einer Pfanne erwärmen. Fischfilet mit den Estragonzweigen bei mittlerer Hitze von beiden Seiten sanft braten und im Backofen bei 100° C noch etwas ziehen lassen.
Bei 48° C Kerntemperatur ist der Fisch gar.

3. Seeteufel auf der Ingwer-Cremolata servieren.

Tipp:
Sollten Sie kein Thermometer haben, nehmen Sie eine dünne Nadel und stechen damit in den Seeteufel. Ziehen Sie die Nadel wieder heraus und halten Sie sie an den Unterrand Ihrer Unterlippe. Die Nadel sollte warm, wie der Fisch, aber nicht heiß sein.

Ingwer-Cremolata

Alles - bis auf das Öl - in den Mixer geben und mixen.
Zum Schluss das Olivenöl nur ganz kurz mitmixen.

Fisch

Auch wenn er keinen Schönheitswettbewerb gewinnt, ist der Seeteufel ein köstlicher und wertvoller Fisch.

Durch neutrales Temperaturverhalten, süßen Geschmack und Bezug zur Mitte, stärkt er diese. Wie viele Meeresfische, hat auch er eine Wirkung auf das Yin von Nieren und Leber. Dadurch stärkt er sehr tiefgreifend. Die Ingwer-Cremolata ist insgesamt erwärmend. So ist dieses Gericht wunderbar für kalte, windige Herbsttage geeignet.

HUCHEN MIT VORGESALZENEN MEERESALGEN

Mengen:	Zutaten:
600 g	Huchen (150 g pro Person)
1 EL	Butter
1 EL	Olivenöl
2 Zweige	Estragon
4	Knoblauchzehen mit Schale
	Piment d'Espelette
	Fleur de Sel mit Zitronen
200 g	Algen
1 TL	geröstetes Sesamöl
4 EL	Olivenöl
	Piment d´Espelette
1 EL	Sojasauce (Tamari)
1	Zitrone

Zubereitung:

1. Butter aufschäumen und Olivenöl dazu geben.
   Knoblauch andrücken und mit Estragonzweigen in die Pfanne legen.

2. Huchen mit Piment d'Espelette und Zitronen Fleur de Sel würzen
   und 3 - 4 Minuten auf der Hautseite braten.

3. Umdrehen und Pfanne auf die Seite ziehen.
   Mit der Resthitze der Pfanne 3 - 4 Minuten ziehen lassen.

4. Algen 5 Minuten in kochendem Wasser blanchieren und durch ein Sieb abgießen.
   Warm mit Sesamöl, Olivenöl, Prise Piment d´Espelette, Sojasauce,
   etwas Zitronensaft und Abrieb der Zitrone marinieren und zum Fisch servieren.

Fleur de Sel mit Zitronen
Geriebene Zitronenschale (nur das Gelbe) mit Fleur de Sel cuttern und über den Fisch streuen.

Fisch

Algen
Algen gibt es beim guten Fischhändler.

Fast wäre der Huchen nicht nur vergessen, sondern ausgestorben gewesen. Der Mensch hat seinen Lebensraum durch Flussbewirtschaftung so stark eingeschränkt, dass der Bestand dieses großen, ausschließlich im Süßwasser lebenden Lachsfisches gefährdet ist. Dank erfolgreicher Huchenzucht, konnte der Fisch so etwas wie ein Trendfisch werden.

Das Gericht weist einen starken Yin-Charakter auf. Wasserbezug im Sinne der 5-Elemente haben der Fisch, das Fleur de Sel, die Algen und die Sojasauce. Wie alle Fische, hat auch der Huchen einen Bezug zur Mitte. Der warme Fisch, das feurige Piment d'Espelette und der Knoblauch, lassen das Temperaturverhalten aber ins Warme gehen, sodass wir ein außergewöhnliches Herbstgericht erhalten.

Maki-Sushi

Fisch

Mengen:	Zutaten:
300 g	Japanischer Rundkornreis (Sushireis)
360 ml	Wasser
1 TL	Meersalz
2 EL	Reis-Essig
	Rosenpaprika
1,5 TL	Rohrzucker
	Fisch-Maki
1	Noriblatt
50 g	Thunfisch Sushi Qualität ergibt 2 Streifen à 25 g ca.1 cm breit und ca.18 cm lang (genau so lang wie das Noriblatt breit ist)
je 1	Avocado-, Gurken- oder Karottenstift in der gleichen Größe und Länge wie oben.
	Vegetarier-Maki
je 1	Ca.1 cm breite und ca. 17 cm lange Stifte aus Tofu, Gurke, Avocado oder einer gekochten Karotte statt der Gurke schneiden.
	Dipp
1 TL	Wasabipaste
Etwas	eingelegten Ingwer
	Sojasauce
	Zitronensaft
	Bockshornkleesamen aus der Mühle

Zubereitung:

1. Reis unter einem Sieb mit fließendem Wasser waschen, bis das Wasser klar abläuft. Gut abtropfen lassen.
2. In einem Topf Reis und Wasser zum Kochen bringen, Hitze reduzieren, Deckel auflegen und den Reis bei geringer Hitze 15 Minuten garen. Vom Herd nehmen, Deckel runter und Küchentuch drüberlegen, Deckel wieder auflegen und noch weitere 10 Minuten ausdämpfen lassen.
3. Essig mit Salz, Prise Paprika und Zucker verrühren und in einem kleinen Topf erwärmen, bis sich der Zucker auflöst. Reis in eine breite Glasschüssel geben und die Essig-Salz-Paprika-Zuckermischung drüber gießen. Mit einem flachen Holzlöffel etwas hin und herschieben, dass sich die Flüssigkeit gut verteilt. Reis bis zur weiteren Verwendung mit einem feuchten Tuch abdecken.
4. Noriblatt, der Länge nach mit der glatte Seite nach unten, auf eine Bambusrollmatte legen, den Reis dünn (max. 1 cm hoch) mit feuchten Händen darauf verteilen und etwas andrücken. Oberen Teil ca. 5 - 6 cm frei lassen. Dieser Teil klebt die Rolle zusammen.
5. Thunfischstreifen, Gurken-, Karotten- oder Avocadostifte in die Mitte des Noriblattes legen. Alternativ schmecken Tofustreifen mit Gemüsestiften auch sehr gut.
6. Die Bambusmatte vorsichtig und gleichmäßig aufrollen und auf allen Seiten gut fest drücken. Oberen Rand des Noriblattes mit etwas Wasser bestreichen und an die Rolle drücken, um sie ganz zu verschließen.

Ein Noriblatt (Asialaden: ca. 22 cm hoch und ca. 18 cm breit) ergibt 9-Maki Rollen (ca. 2cm breit) je nachdem, wie dick Sie diese mit einem scharfen Messer schneiden. Frisch servieren und genießen.

Tipp:
Makirollen (Fisch oder Tofu) mit einem Dipp aus Wasabipaste, eingelegtem Ingwer, Sojasauce, einem Schuss Zitrone und einer Prise Bockshornklee genießen.

Wie viele andere Fische auch, ist der Thunfisch ein köstliches und außerordentlich gesundes Lebensmittel: von neutralem Temperaturverhalten und süßer Geschmacksrichtung, stärkt er die Mitte und stützt die wärmende Energie Qi und das Blut. Dieses Sushi ist nichts für Langweiler: durch den Dipp aus superscharfer, thermisch heißer Wasabipaste und salzig-kalter Sojasauce kommt gewaltig Schwung ins Essen. Die vegetarische Variante ist durch den Tofu, eher für den Sommer geeignet.

LACHSFILET
MIT KRENKRUSTE UND LAUCH-KARTOFFELGEMÜSE

Mengen:	Zutaten:	Zubereitung:
		Lachsfilet
600 g	Lachsfilets à 150 g (ohne Haut) Olivenöl Hibiskussalz	1. Lachs mit etwas Olivenöl bestreichen und auf einen großen, flachen Teller legen. Mit Klarsichtfolie überspannen und ca. 20 Minuten bei 80° C statischer Hitze im Backofen ziehen lassen. In der Zwischenzeit die Krenkruste vorbereiten. Der Lachs wird bei dieser Methode sehr zart und es tritt kein Eiweiß auf der Seite aus.
		Krenkruste
1 EL 1/2 2 - 3 EL 50 g 1 Zweig	Butter Knoblauchzehe frisch geriebener Kren (Meerrettich) Piment d´Espelette Meersalz Toastbrot ohne Rinde Rosmarin	1. Für die Krenkruste Butter kurz in der Pfanne erwärmen, klein gehackten Knoblauch dazugeben und ganz kurz mitrösten. Pfanne wegziehen und geriebenen Kren dazugeben. 2. Mit Piment d´Espelette und Meersalz würzen. 3. Toastbrot im Cutter zu Bröseln verarbeiten, mit ein paar gehackten Rosmarinnadeln würzen und die Butter-Krenmischung dazugeben. Sehr kurz mixen. Wenn die Masse zu trocken ist, noch ein wenig geschmolzene Butter oder 1 EL Olivenöl dazugeben. 4. Fisch mit Hibiskussalz oben bestreuen und die Krenkruste auf den Fisch streichen. Das Fischfilet mit Oberhitze im Backofen gratinieren, bis die Kruste eine goldgelbe Farbe hat. Durch das Gratinieren bei Oberhitze, zieht der Fisch durch. 5. Lauch-Kartoffelgemüse nach dem Grundrezept Seite 252 herstellen und mit dem Lachsfilet servieren.

Fisch

Lachs ist durch seine süße und salzige Geschmacksrichtung und sein warmes Temperaturverhalten, ein ideales Lebensmittel durch die gesamte kalte Jahreszeit. Er nährt Qi und Blut. Eingehüllt in die wärmende Krenkruste wird das Yang im Körper angeregt und Wind-Kälte wird vertrieben. Ein nach Yin und Yang ausgeglichenes Gericht.

Rote Rübenschaumsuppe mit Apfel und Meerrettich

Mengen:	Zutaten:
5 - 6	rote Rüben
1 - 2 EL	Olivenöl
	Rohrzucker
1	Zwiebel
1	Knoblauchzehe
7	Korianderkörner
	Meersalz
1	Zitrone
1	Apfel
1 L	Gemüsebrühe oder Wasser
1 EL	geriebener Ingwer
	Pfeffer aus der Mühle
	Fleur de Sel
	frischer Meerrettich
	Limonenöl

Zubereitung:

1. Rote Rüben schälen und würfeln.

2. Zwiebel klein schneiden und mit geschnittenen Rüben in Olivenöl anschwitzen. Knoblauch dazugeben und mitdünsten.

3. Mit einer Prise Zucker, mit der Messerspitze angedrückte Korianderkörner, Salz und einem Spritzer Zitrone würzen.

4. Mit Brühe nach und nach aufgießen und ca. 40 Minuten auf kleiner Flamme köcheln lassen, bis die Rote Bete weich ist.

5. Apfel und Ingwer hinein reiben, mit Pfeffer und Salz abschmecken und kurz aufkochen lassen.

6. In Suppenteller gießen, frischen Meerrettich darüber reiben und mit Limonenöl beträufeln.

Tipp:
Ein Spritzer Balsamico-Essig passt gut dazu.

Tipp für Eilige:
Rote Rüben gibt es in Bio-Qualität schon vorgekocht.
Meist werden diese regional vermarktet.

Suppe

Der Bogen spannt sich zwischen der erdigen Roten Beete, deren Mitte-regulierende Wirkung ihr Hauptmerkmal ist und dem Meerrettich. Dieser verleiht dem Rezept Schwung. Meerrettich dynamisiert mit Wärme und Schärfe.

Ein ideales Gericht zum Aufwärmen, wenn man an einem windig-kalten Herbsttag nach Hause kommt.

Topinambursuppe

Mengen:	Zutaten:
500 g	Topinambur
1 EL	Butter
1 EL	Olivenöl
4	kleine Schalotten
	Pfeffer aus der Mühle
	Fleur de Sel
125 ml	Weißwein
1 Liter	Gemüsebrühe
1/2	Zitrone
	Bockshornklee aus der Mühle

Suppen

Zubereitung:

1. Topinambur waschen, schälen und in kleine Würfel schneiden. Eine bisschen Topinambur für die Garnitur aufheben und zum Frittieren ganz dünn schneiden.

2. Butter und Olivenöl im Topf zergehen lassen. Klein geschnittene Schalotten und Topinamburwürfel darin, mit nicht zu viel Hitze, schön andünsten, bis das Gemüse goldgelbe Farbe bekommt. Prise Pfeffer und Salz zugeben.

3. Mit Weißwein aufgießen, einreduzieren lassen und Brühe nach und nach zugeben. Auf kleiner Flamme köcheln lassen. Mit Prise Pfeffer, Salz, etwas Zitronensaft und Prise Bockshornklee würzen und mit dem Mixstab pürieren.

4. Die dünnen Scheiben Topinambur in etwas Olivenöl frittieren und die Suppe damit garnieren.

Tipp:
Vor dem Servieren können Sie noch etwas Nussbutter oder Crème fraîche in die Suppe einrühren.

Topinambur ist eine süßliche Knolle, die das Qi der Mitte stärkt. Sie ist in ihrer Wirkung der Kartoffel sehr ähnlich.

Ähnlich der Kartoffel, fand Topinambur aus der Neuen in die Alte Welt. Von französischen Siedlern in die alte Heimat geschickt, fand sie über Frankreich rasche Verbreitung in ganz Europa, wo sie sich in einigen Ländern einige Zeit recht großer Beliebtheit erfreute. Heute erlebt sie langsam eine Renaissance. Vorsicht: Sollten Sie Topinambur selber anbauen wollen und dabei nicht aufpassen, kann sie Ihnen den ganzen Garten überwuchern.

KARTOFFEL SCHAUM SUPPE

MIT SALBEI, MAJORAN, GEBRATENEN STEINPILZEN UND FRITTIERTEN KARTOFFELWÜRFELN

Mengen:	Zutaten:
400 g	Kartoffeln
1 EL	Butter
1 EL	Olivenöl
2	kleine Schalotten
2	Frühlingszwiebeln
	Pfeffer aus der Mühle
	Meersalz
1	Zitrone
2	Salbeiblätter
800 ml	Gemüsebrühe
125 ml	Sahne oder Milch
100 - 150 g	Steinpilze
1/2 EL	Butter
1/2 EL	Olivenöl
	Pfeffer aus der Mühle
	Meersalz
1	Kartoffel
2	Majoranblätter

Zubereitung:

1. Kartoffeln waschen, schälen, in kleine Würfel schneiden und bis zur weiteren Verwendung in kaltem Wasser aufbewahren.
2. Butter und Olivenöl im Topf zergehen lassen. Die gut abgetrockneten Kartoffeln mit den klein geschnittenen Schalotten und Frühlingszwiebeln, bei nicht zu viel Hitze darin andünsten, bis das Gemüse etwas Farbe bekommt.
3. Pfeffern und salzen.
4. Zitronensaft und Salbeiblätter dazugeben und mit Brühe aufgießen. 30 Minuten auf kleiner Flamme köcheln lassen.
5. Salbeiblätter wieder heraus nehmen und Sahne oder Milch dazugeben. Dosieren Sie die Menge je nach Konsistenz und persönlichem Geschmack. Etwas einkochen lassen.
6. Bei Bedarf nochmals mit Pfeffer und Salz würzen und mit dem Mixstab ganz kurz pürieren. Bei zu langem Pürieren wird die Suppe kleistrig.
7. Steinpilze putzen, in Scheiben schneiden und in Butter und Öl kross braten. Mit etwas Pfeffer und Salz würzen.
8. Kartoffelwürfel (1 cm) 2 - 3 Minuten in heißem Wasser blanchieren, in kaltem Wasser abkühlen, abtrocknen und in Olivenöl schwimmend knusprig frittieren.
9. Suppe mit Steinpilzen, ein paar frittierten Kartoffelwürfeln und gehacktem Majoran garnieren.

Tipp:
Wenn Sie die Kartoffeln nicht würfeln möchten, können Sie diese auch in der Schale im Ganzen kochen und anschließend durch eine Kartoffelpresse drücken und zur gemixten Suppe geben.

Endlich nicht mehr nur Kulturpilze.
Jetzt ist die Zeit der Waldpilze gekommen.

Der Steinpilz ist der vornehmste unter ihnen.

Der Steinpilz stützt mit seinem süßen Geschmack die Mitte und wirkt befeuchtend auf Magen und Lunge. Auch Sahne und Milch befeuchten und nähren das Yin. Damit die Mitte damit nicht überfordert ist, werden die bitteren Verdauungshelfer Majoran und Salbei zugegeben. Sie sehen auch hier wieder: Gewürze sind wunderbar für den Geschmack, ihre tiefere Bedeutung liegt aber in der Dynamisierung der Verdauung.

Süsskartoffelsuppe

mit Chips

Mengen:	Zutaten:
4 Knollen	Süßkartoffeln
1 EL	Butter
1 EL	Olivenöl
4	kleine Schalotten
1 EL	Ingwer
1	Knoblauchzehe
	Pfeffer aus der Mühle
	Meersalz
125 ml	Weißwein
	Bockshornkleesamen aus der Mühle
800 ml	Gemüsebrühe
	Muskatnuss
1/2	Zitrone

Zubereitung:

1. Süßkartoffeln schälen und in kleine Würfel schneiden.
   Eine ¼ Süßkartoffel zum Frittieren aufheben und ganz dünn schneiden (Kartoffelchips).

2. Butter und Olivenöl im Topf zergehen lassen.

3. Süßkartoffeln, fein geschnittene Schalotten, klein gehackter Ingwer und Knoblauch, mit nicht zu viel Hitze darin andünsten, bis das Gemüse etwas goldgelbe Farbe bekommt.

4. Pfeffern und salzen.

5. Weißwein aufgießen und einreduzieren lassen. Mit einer Prise Bockshornkleesamen würzen.

6. Mit Brühe nach und nach aufgießen auf kleiner Flamme köcheln lassen.

7. Mit Muskatnuss, Salz und etwas Zitronensaft würzen und mit dem Mixstab pürieren.

8. Die dünnen Scheiben Süßkartoffeln in etwas Olivenöl frittieren und die Suppe damit garnieren.

Suppe

Tipp:
Vor dem Servieren können Sie 1 - 2 EL Crème fraîche unterziehen.

In unseren Breiten noch relativ unbekannt, ist die Süßkartoffel eine Abwechslung zur Kartoffel.
Ein nährendes und angenehm warmes Herbstgericht.

Scharfe Kürbissuppe

Mengen:	Zutaten:
400 g	Kürbis
1 EL	Butter
1 EL	Olivenöl
1	kleine Zwiebel
	Rohrzucker
1 TL	roter Curry
2	Knoblauchzehen
1	kleine Chilischote
	Meersalz
800 ml	Hühnerbrühe
	Rosenpaprika
	Piment d'Espelette
1 EL	fein geriebener Ingwer
1	Zitrone

Zubereitung:

1. Butter und Öl im heißen Topf zergehen lassen.

2. Fein geraspelten Kürbis und Zwiebel dazugeben und bei nicht zu starker Hitze glasig dünsten.

3. Prise Rohrzucker, Curry, Knoblauch, entkernte und klein geschnittene Chilischote und Prise Salz dazugeben und ganz kurz mitrösten.

4. Mit Brühe nach und nach aufgießen. Prise Rosenpaprika zugeben und auf kleiner Flamme weichköcheln lassen.

5. Prise Piment d'Espelette, Ingwer, gegebenenfalls noch etwas Salz und Zitronensaft dazugeben, eine Minute aufkochen, durchrühren und servieren.

Suppe

Tipp:
Mögen Sie die Suppe von der Konsistenz feiner, mixen Sie sie am Ende mit einem Pürierstab durch.

Asiatische Variante:
Sie reduzieren die Menge der Hühnerbrühe um 200 ml, die Sie als Kokosmilch wieder zufügen. Suppe mit 4 - 5 Tropfen Chiliöl und Korianderblättern garnieren.

Jetzt ist die Zeit, in der uns Kälte von außen gewaltig zusetzen kann. Da kommt so ein wärmendes Gericht gerade recht.

Nach vielen Sommer- und Herbstgerichten, deren Betonung auf Kühlung und Stärkung des Yin lag, müssen wir jetzt schauen, dass das Feuer nicht zu klein wird.

Rettichsalat

Mengen:	Zutaten:
1	Kopfsalat
10	Kirschtomaten
1	Rettichwurzel
1 EL	Butter
	Vanillesalz
	Dressing
6 EL	Olivenöl
Prise	Rohrzucker
1	Schalotte
	Pfeffer aus der Mühle
	Meersalz
1/2	Zitrone (Saft)
2 - 3 EL	weißer Balsamico-Essig
Prise	Paprika edelsüß
	Brunnenkresse

Salat

Zubereitung:

1. Kopfsalat waschen, putzen, Blätter zupfen und in einer Schüssel mit halbierten Kirschtomaten vermengen.

2. Den Rettich putzen, waschen, vierteln und in dünne Scheiben schneiden.

3. Rettich in kochendem Wasser 1 Minute blanchieren und in eiskaltem Wasser abschrecken.

4. Butter in einer Pfanne erhitzen und die Rettichscheiben kurz darin andünsten. Mit Vanillesalz bestreuen.

5. Rettich in die Schüssel zum Salat geben, Zutaten des Dressings miteinader vermischen und zum Salat geben. Brunnenkresse oben drauf geben und gleich servieren.

Tipp :
Werfen Sie Vanilleschoten, bei denen das Mark ausgekratzt wurde nicht weg. Trocknen Sie die Schoten ca. 1 Woche lang. Mit Meersalz in ein Einwegglas geben. Dies ergibt Vanillesalz.
Bourbon-Vanillesalz gibt es auch fertig zu kaufen.

Rettich, Salat und Tomaten bringen nochmals Kühlung in spätsommerlich anmutende Herbsttage. Dabei ist der Rettich als Namensgeber des Rezeptes mit seinem Bezug zu Milz und Lunge herauszuheben: Er räumt auf mit Hitze und das sehr gründlich. Denn er kann bis in tiefe Schichten hinein kühlen. Außerdem bringt er die Milz mit seiner Schärfe auf Trab, sodass Schleim und blockierende Feuchtigkeit aufgelöst werden. Durch den kurzen Garprozeß wird dem Rettich Wärme zugeführt. So wird er tauglicher für kühle Herbsttage. Schließlich ist Rettich in Europa und in China ein Hausmittel gegen Husten.

Glasnudelsalat

Mengen:	Zutaten:
1 Pkt.	Glasnudeln, mittlere Größe
200 g	Garnelen, mittlerer Größe
	Pflanzenöl
	Pfeffer aus der Mühle
	Meersalz
1/2	Zitrone
	Olivenöl
1	rote Paprikaschote
1/2	Zucchini
1	Mango
50 g	kleine Champignons
1	Zwiebel
1	Knoblauchzehe
1 Bund	frischer Koriander

Marinade

1 TL	Kartoffelstärke
1 TL	Wasser
3 EL	Sojasauce
200 ml	Hühnerbrühe
3 EL	Weißwein-Essig
1/2	Limette (Saft)
	Bockshornklee aus der Mühle
1 EL	Honig oder Rohrzucker
2 EL	Mango, in Würfel geschnitten
1	Chili, entkernt und gewürfelt
1 Msp.	frisch geriebener Ingwer

Zubereitung:

1. Glasnudeln 2 Minuten in kochendes Wasser geben, anschließend mit kaltem Wasser abspülen.
2. Garnelen aus der Schale nehmen mit Pfeffer, Salz und Zitronensaft würzen. Pflanzenöl im Wok oder Pfanne erhitzen. Garnelen darin kurz anbraten, so dass die Garnelen innen noch schön glasig sind. Pfanne auf die Seite stellen.
3. Etwas Olivenöl in einer Pfanne erhitzen. In Würfel geschnittene Paprikaschote, Zucchini und Mangofruchtfleisch, blättrig geschnittene Champignons, fein gehackte Zwiebel und Knoblauch kurz darin anbraten.
4. Kartoffelstärke und Wasser vermischen. Darin alle Zutaten der Marinade verrühren, diese zum Gemüse in den Wok oder die Pfanne dazugeben und ein bis zwei Minuten aufkochen lassen, damit die Sauce ein wenig eindickt.
5. Garnelen und Glasnudeln drunter mischen, Pfanne wieder vom Herd nehmen. Teller bereitstellen, anrichten und mit frischem Koriander garnieren.

Tipp:
Über den Salat ein paar Topfen sehr gutes Sesamöl träufeln.

Bei der Marinade können Sie auch selber etwas experimentieren, indem Sie die Mengen bei Hühnerbrühe, Sojasauce, Essig, Honig oder Limettensaft einfach nach Ihrem Geschmacksempfinden erhöhen oder etwas weniger dazugeben. Ausprobieren und viel Spaß beim Experimentieren.

Das ist eines unserer wenigen Asia-Rezepte. Durch die Kombination kühlend-erfrischender und wärmender bis heißer Zutaten, entsteht geschmacklich ein echtes Feuerwerk, das nicht von übertriebener Schärfe übertönt wird. An dieser Stelle wollen wir nochmals daran erinnern, dass Geschmacksvielfalt im Mund zu Dynamik in der Verdauung führt. Bei Blähungen kann dies an zuviel Gewürz liegen: Reduzieren Sie die dynamischen Gewürzen Bockshornklee, Pfeffer, Koriander und Chili etwas.

Kürbissalat mit Marinade und Vinaigrette

Salat

Mengen:	Zutaten:
300 g	Kürbis
150 g	Feldsalat
	Sonnenblumenöl
3 EL	gewürfelte Kartoffel
2 EL	geröstete Kürbiskerne

Zubereitung:

1. Kürbis schälen, hobeln und kurz in Salzwasser blanchieren.
2. Marinade nach Grundrezept auf Seite 264 herstellen und Kürbis für 24 Stunden darin einlegen.
3. Feldsalat waschen und trocken schleudern.
4. Sonnenblumenöl erhitzen und Kartoffelwürfel darin schwimmend, goldgelb ausbacken.
5. Kürbis aus der Marinade nehmen und unter den Feldsalat heben. Vinaigrette darübergeben und mit Kartoffelwürfeln und gerösteten Kürbiskernen garnieren.

Vinaigrette

Mengen	Zutaten
6 EL	Olivenöl oder Kürbiskernöl
	Pfeffer aus der Mühle
	Meersalz
3 EL	Lambrusco-Essig

Die Kürbisarten weisen kühles oder neutrales Temperaturverhalten auf und haben durch ihren süßen Geschmack einen starken Bezug zur Mitte. Kürbis befeuchtet und kühlt Hitzeprozesse. Dadurch eignet er sich auch als Kombinationspartner für thermisch sehr warme Lebensmittel.

Hühnerbrüstchen

auf Feldsalat mit mediterranem Dressing

Zubereitung:

Marinade

Mengen:	Zutaten:
60 ml	Olivenöl
2 EL	geröstete Pinienkerne
1 Msp.	Knoblauch
	Pfeffer aus der Mühle
1 EL	ganz grobes Meersalz
60 ml	Geflügelbrühe
2	gewürfelte Ofentomaten
4 EL	gehackte Petersilie
1	Zitrone (Saft)
6 EL	weißer Balsamico-Essig
1/2	Zitrone (Abrieb)
Prise	Rohrzucker

Alles zusammen in einem kleinen Topf vermischen. Die Marinade im Backofen oder auf der Herdplatte handwarm erwärmen.

Salat

Salat

Mengen:	Zutaten:
150 g	Feldsalat
12	Kirschtomaten
4	Hühnerbrüstchen
	Pfeffer aus der Mühle
	Meersalz
2 EL	Rapsöl
1/2	Orange
1/2	Zitrone
1 Zweig	Rosmarin
1 EL	Butter
1 Scheibe	Ingwer
1	Knoblauchzehe mit Schale
4 Scheiben	Speck
2 EL	Pinienkerne

1. Kirschtomaten halbieren und mit einer Prise Meersalz bestreuen. Salat waschen und putzen.
2. Hühnerbrüstchen waschen und trocken tupfen. Kurz vor dem Braten auf beiden Seiten pfeffern und salzen. Sofort in einer beschichteten Pfanne in Rapsöl auf beiden Seiten kräftig anbraten.
3. Auf mittlere Hitze reduzieren. Nun die Aromageber Orangen- und Zitronenschale, Rosmarinzweig, Butter, Ingwer und Knoblauchzehe dazugeben und kurz mitbraten. Die Hühnerbrüstchen mit dem Schaum der durch Kräuter und Gewürze aromatisierten Butter übergießen.
4. Pfanne vom Herd nehmen und im vorgeheizten Ofen (100° C) Hühnerbrüstchen ca. 5 Minuten gar ziehen lassen. Sie sollen schön durchgebraten, aber innen noch saftig sein.
5. Hühnerbrüstchen aus der Pfanne nehmen, mit Küchentuch trockentupfen und gegen die Faser (Messer leicht nach innen drehen) in 2 cm breite Streifen schneiden.
6. Kirschtomaten mit Feldsalat vermischen, mit Hühnerbruststreifen belegen und mit Marinade übergießen.
7. Speck in Würfel schneiden und ohne Fett in der Pfanne knusprig braten. Speck aus der Pfanne nehmen und Pinienkerne ohne Fett in der Pfanne rösten.
8. Salat mit gerösteten Pinienkernen und gerösteten Speckwürfeln garnieren.

Ein wärmender Salat für die Zeit, in der es schon merklich kühler wird, aber die Nächte noch frostfrei sind: Dann bekommen wir nämlich noch unsere eigenen Gartentomaten geschenkt.

Energetisch völlig bedenkenlos sind Tomaten in einem solchen Salat auch später im Jahr.

Sauerrahm Kaiserschmarren
mit glasierten Trauben

Mengen:	Zutaten:
1 - 2 EL	Butter
1 - 2 EL	Rohrzucker
400 g	weiße, fruchtige Trauben
1/2 TL	frischer Ingwer
125 g	Milch
2	Eier
	Ingwer
	Meersalz
125 g	Sauerrahm
125 g	Mehl
	echten Kakao
	Rohrzucker
	Vanillezucker
	Butter

Zubereitung:

Trauben

1. Butter in eine Pfanne geben. Rohrzucker dazugeben und etwas karamellisieren. Aufpassen, dass der Zucker nicht verbrennt. Entkernte und halbierte Trauben dazugeben und die Pfanne mehrmals gut durchschwenken.
2. Hitze reduzieren. Ingwer dazugeben und gut durchschwenken. Herd ausschalten, Pfanne zur Seite ziehen und in der Zwischenzeit den Kaiserschmarren zubereiten.

Kaiserschmarren

1. Milch und Eigelb glatt verrühren. Msp. Ingwer, Salz, Sauerrahm, Mehl, Prise Kakao, und Zucker zugeben und glattrühren.
2. Eiweiß zu Schnee aufschlagen und vorsichtig unter die Masse heben.
3. Butter in die Pfanne und die Masse 1 ½ cm hoch einfüllen und im Backofen bei 180° C ca. 10 Minuten backen.
4. Sauerrahmschmarren mit 2 Gabeln zerteilen und mit den karamellisierten Trauben servieren.

Dessert

Alternative:
Für die schnellere Zubereitung in der Pfanne benutzen Sie das Grundrezept von Seite 240.

Variante:
Sie können dieses geniale Gericht auch Kaiserschmarrn nennen, es schmeckt bestimmt genauso gut.

Auch wenn Süßspeisen grundsätzlich die Gefahr einer Übersättigung der Mitte in sich bergen, lässt sich durch Zubereitung nach den 5-Elementen und durch die Verwendung aller fünf Geschmäcker die Bekömmlichkeit deutlich verbessern.

Dieses Prinzip dürfen Sie selbstverständlich auch auf andere, Ihnen vertraute und von der Großmama erlernte Süßspeisen anwenden.

Vanillecréme

mit gerösteten Mandeln und Feigen

Dessert

Mengen:	Zutaten:	Zubereitung:
250 ml	Milch	1. Milch, Rohrzucker und das Mark der Vanilleschote zum Kochen bringen und vom Herd nehmen.
50 g	Rohrzucker	
1	Vanilleschote	
4	Eigelb	2. Eigelb mit Handmixer schaumig schlagen, die Milch (darf nicht mehr kochen) langsam zugießen und das Ganze zu einer cremigen Masse schlagen.
2 Blatt	Gelatine	
200 ml	Sahne	
4	Eiweiß	3. Gelatine in kaltem Wasser einweichen, gut ausdrücken und in die warme Masse einrühren und weiter abkühlen lassen. Die geschlagene Sahne und den Eischnee unterheben.
100 ml	Johannisbeersaft	4. Johannisbeer- und Orangensaft mit dem Abrieb der Zitrusfrüchte, Rohrzucker und den Gewürzen aufkochen und fast ganz einreduzieren lassen.
50 ml	Orangensaft	
1/2	Orange	
1/2	Zitrone	5. Die geschälten und gehackten Feigen mit der Reduktion übergießen und einziehen lassen.
	Rohrzucker	
1	Zimtstange	
2	Gewürznelken	
	Kardamom	
	Meersalz	
200 g	Feigen	
2 EL	Rohrzucker	6. Zucker in die Pfanne geben und karamellisieren. Kleingehackte, geröstete Mandeln dazu und die Pfanne gut durchschwenken. Die Feigen dazugeben, noch einmal durchschwenken und kalt stellen.
100 g	Mandeln	
	Minzblätter	
		7. Gläser zwei Drittel mit Vanillecréme füllen, in den Kühlschrank stellen und fest werden lassen. Geröstete Mandeln und Feigen oben daraufgeben und mit einem Tupfer Vanillecréme und Zitronenschalen dekorieren.

Das ist typisch für Süßspeisen: die Süße befeuchtet. Darin liegt aber auch die Gefahr, denn schnell kann Nässe daraus werden, die die Mitte blockiert.Orangensaft und Orangenschale, Zitronenschale, Nelke, Zimt und Kardamom wissen das einerseits wirksam zu verhindern und bringen andererseits herbstlich-bunte und winterlich warm anmutende Aromen in dieses gehaltvolle Dessert.

TOPFENSTRUDEL

Dessert

Mengen:	Zutaten:
1 EL	Öl
1	Ei
	Koriander
125 ml	warmes Wasser
	Meersalz
200 g	feines Weizenmehl
70 g	Butter
70 g	Puderzucker
4	Eier
80 g	Maisstärke (Maizena)
1/2 TL	Vanille (von der Schote)
Prise	Kardamom
Prise	frischer Ingwer
	Salz
500 g	Topfen / Quark
200 g	Sauerrahm
1/2	Zitrone
50 g	Rosinen
70 g	Rohrohrzucker

Zubereitung:

Strudelteig

1. Alle Zutaten zu einem Teig kneten und mit Folie zugedeckt, bei Zimmertemperatur ziehen lassen.

Füllung

1. Butter und Puderzucker cremig rühren.
2. Eigelb, Maisstärke, Vanille, Kardamom, Prise Ingwer, Prise Salz, Topfen (passiert), Sauerrahm, Abrieb der Zitronenschale und Rosinen unterheben.
3. Eiklar mit einer Prise Salz langsam aufschlagen. Rohrohrzucker hineinrieseln lassen, während Sie das Tempo des Rührgeräts auf maximale Geschwindigkeit stellen. Eischnee unter die Topfenmasse heben.

4. Strudelteig mit flüssiger Butter bestreichen, mit der Masse füllen und mit der Schnittfläche nach unten aufs Blech legen. Mit Eigelb bestreichen und bei 155° C (Umluft) oder 180° C im Backofen 40 - 45 Minuten backen.

Tipp:
Bevor Sie den Topfenstrudel in den Ofen geben, schneiden Sie ihn auf der Oberseite mit einem scharfen Messer der Länge nach dünn ein. Somit kann das Eiweiß souffliern und Ihr Topfenstrudel wird flaumig und nicht so kompakt wie ein Käsekuchen.

Wie bei einem Gemälde der Rahmen die Wirkung des Bildes unterstützt, umgibt bei unserem Topfenstrudel ein leckerer Strudelteig die 5-Elemente-Füllung.

Ein Yin-spendendes Dessert für Herbst und Winter, das durch Sauerrahm und Quark geprägt wird. Der Topfenstrudel enthält aber auch Yang-spendende Komponenten in Form von Kardamom, Ingwer und Zitronenschale, die eine Blockierung der Mitte durch Nässe verhindern.

DER WINTER

Schneeflöckchen, die im Licht der Laterne tanzen, der Duft von Bratäpfeln und Glühweingewürz erfüllt die Luft und es erwacht in uns, eine alle Jahre wiederkehrende Sehnsucht nach Ruhe und Besinnlichkeit, nach Wärme und Geborgenheit.

In den lichtarmen Wintermonaten, mit spätem Morgengrauen und frühem Hereinbrechen der Nacht, zieht sich unser Körper aus der Oberfläche zurück. Er sammelt all seine aktiven und struktiven Energien im Inneren, ähnlich einem Baum, der seine Säfte in die Wurzel zurückzieht, um sich für ein neues Austreiben im nächsten Frühling zu stärken.

Indem wir unsere aktiven Energien nicht an die Umwelt verschwenden, schützen wir uns vor dem größten Lebensfeind, der Kälte. Diese hemmt alle vitalen Prozesse, verlangsamt den Fluss der Energien und kann sie sogar zum Stillstand bringen. Geschehen Rückzug und Sammlung der Energien ins Innere im Winter nicht, fehlen im Frühling die Kräfte, um neu „auszutreiben" und den Körper gesund zu erhalten. Es droht im windreichen Frühling eine vermehrte Anfälligkeit für Infekte.

Es ist die Zeit des Yin im Yin, in der es wichtig ist, unserem inneren Bedürfnis nach Ruhe nachzukommen und auf genügend Schlaf und eine wärmende, energiereiche Ernährung zu achten.

Eintöpfe und Kraftbrühen, Schmorgerichte, Aufläufe und Gratins machen uns einen wunderbar warmen Bauch. Der Winter ist eine fleischreiche Zeit, in der gerade die besonders warmen Fleischsorten wie Wild, Ziege und Schaf ihren Platz finden. Salate aus knackig gedünstetem Wurzelgemüse oder Obstkompotte können in der kalten Jahreszeit die Rohkost ablösen.

Nahrungsmittel, die das Yang der Nieren stützen und dynamisieren und gleichzeitig die Mitte mit genügend Wärme und Energie versorgen, werden in leckere Gerichte verwandelt. Dazu gehören Fenchel, Lauch, Maroni, alle Sorten von Kohl, Kichererbsen, Hülsenfrüchte, Getreide, Walnüsse, Sesam, Haselnüsse und Trockenfrüchte, Lamm- und Hühnerfleisch, Forellen, Garnelen und hocharomatische Gewürze wie Anis, Gewürznelken, Kardamom und Zimt.

Gelingt es uns, unseren Organismus durch regelmäßigen Lebenswandel, genügend Schlaf und wärmende und nährende Speisen zu kräftigen und gegen Wind und Kälte zu schützen, haben wir gute Chancen, ohne Grippe durch den Winter zu kommen oder uns wenigstens schnell wieder von ihren Folgen zu erholen.

Süsses RISOTTO mit Karamell und verschiedenen Nüssen

Mengen:	Zutaten:
300 ml	Milch oder Reismilch
200 g	Risottoreis
300 ml	Wasser
1/4	Vanilleschote
	Kardamom aus der Mühle
	Meersalz
80 g	Rohrzucker
200 ml	Sahne
2 EL	Walnüsse
2 EL	Haselnüsse
2 EL	Pistazien
1	Zitrone
1	Orange

Zubereitung:

1. Milch, Risottoreis, Wasser, Mark der Vanilleschote, Kardamom und Prise Salz aufkochen, bis das Risotto die richtige Konsistenz hat.

2. Während dessen Rohrzucker in einem Topf karamellisieren. Sahne dazugeben, verrühren und bei mittlerer Hitze kochen lassen.

3. Die Karamellsauce über die klein gehackten Nüsse geben und mit Spritzer Zitronensaft und 1 EL gehackten Zitronen- und Orangenschalen langsam zum Risotto geben.

4. Risotto in Schüsseln füllen, Kardamom aus der Mühle darüber reiben, etwas Karamellsauce oben darauf geben und servieren.

Wir nehmen bei diesem Risotto ½ Milch und ½ Wasser,
denn der Milchzucker hemmt den Garprozess des Risottoreises.
Wasser gleicht dies aus.
Bei der Alternative Reismilch brauchen Sie diesen Effekt gar nicht zu fürchten.

Frühstück

Das ist ein echtes Power-Frühstück für kalte Wintertage: Durch die Nüsse kommt richtig Energie ins Frühstück und keiner muss das 9:00 Uhr-Loch fürchten. Durch die Alternative Reismilch wird die Bekömmlichkeit deutlich verbessert. Kardamom, Zitronensaft und Zitrus-Abrieb sind weitere wichtige Helfer, die die Mitte vor Überlastung schützen.

HIRSEBREI MIT TROCKENFRÜCHTEN

Mengen:	Zutaten:
100 g	Trockenfrüchtemischung: Aprikosen, Pflaumen, Feigen und Rosinen
200 ml	warmes Wasser
100 g	Hirse
50 ml	Wasser
200 ml	Milch
2 EL	Honig
	Zimt
	Koriander aus der Mühle
	Meersalz
1/2	Zitrone
1/2	Orange
2	Äpfel
2 EL	Walnüsse
1 EL	Sesamsamen
2 EL	Haselnüsse
1 EL	Cashewkerne

Frühstück

Zubereitung:

1. Trockenfrüchte klein hacken und mit warmem Wasser übergießen. Über Nacht mit Klarsichtfolie abdecken und ziehen lassen.

2. Hirse 2 - 3 Minuten ganz gut mit heißem Wasser abspülen. Wasser aufkochen und Hirse dazugeben. 1 - 2 Minuten stark kochen lassen.

3. Milch mit Honig, Zimt, Koriander, Salz, Saft einer halben Zitrone und Abrieb von Orangen- und Zitronenschale würzen. Milch zur Hirse geben, Hitze reduzieren und die Hirse 35 - 40 Minuten weich kochen.

4. Fein geriebene Äpfel, klein gehackte, geröstete Nüsse und Trockenfrüchte dazugeben.

Diesen Hirsebrei können Sie ganzjährig mit saisonalem Obst oder Kompott essen.

Die Hirse hat zwei Seiten: Die eine ist, dass sie fast keinen Eigengeschmack hat und deshalb alleine langweilig schmecken kann. Dadurch ist sie aber ein idealer Kombinationspartner zu praktisch allen Obst- und Gemüsesorten. Die andere Seite ist, dass sie, wie kein anderes Getreide harmonisiert und stärkt, bis in ganz tiefe Schichten. Dadurch ist Hirse ein ideales Lebensmittel im Zeitalter der schwachen Mitte. Die Herausforderung besteht in der Zubereitung – Hirse sollte nicht zu körnig schmecken – und in der Wahl der geeigneten Partner. Schon allein die Kombination von nährender Hirse mit den süßen und Säfte-spendenden Trockenfrüchten lässt die Mitte aufblühen.

Apfelcrumble

Mengen:	Zutaten:
4	Äpfel
2 EL	Apfelsaft
1/2	Vanilleschote
2 EL	Rohrzucker
1 Scheibe	Ingwer
	Meersalz
2	Zitronen
100 g	Butter
30 g	Haferflocken
	Kardamom
	Meersalz
70 g	Dinkelmehl
	Echter Kakao
70 g	Mandelgrieß
70 g	Rohrzucker

Zubereitung:

1. Äpfel schälen, in Würfel schneiden und ca. 20 Minuten in Apfelsaft mit Vanillemark, Rohrzucker, Ingwerscheibe, Prise Salz, Zitronensaft und etwas Zitronenabrieb einlegen.

2. Butter schmelzen. Mit sehr fein gehackten Haferflocken, Prise Kardamom und Salz, Mehl, Prise Kakao, Rohrzucker und Mandeln vermischen. Mit der Hand zu Streuseln bröseln.

3. Den Backofen auf 200° C (Umluft 170° C) vorheizen. Äpfel in feuerfeste Gläser oder Form füllen, Streusel drauf verteilen und ca. 15 Minuten auf der mittleren Schiene backen, bis die Streusel goldbraun sind und die Äpfel in der Form zu köcheln beginnen.

Frühstück

Bei diesem Apfelcrumble haben wir ein stark nährendes und energiereiches Frühstück geschaffen, das vor allem im Winter zur Anwendung kommt. Grundsätzlich lässt es sich aber auch mit anderem Obst der Saison an kühlen Tagen zu anderen Jahreszeiten genießen.

Aprikosen-Nuss-Auflauf

Mengen:	Zutaten:
100 g	Walnüsse
100 g	Mandeln
50 g	Trockenfrüchte:
	Aprikosen
	Pflaumen
	Ananas
160 g	weiche Butter
50 g	Rohrzucker
1 EL	Milch
1 EL	Speisestärke
140 g	Biskuitbrösel (Löffelbiskuit)
	Kardamom aus der Mühle
1/2 TL	frischer Ingwer
	Meersalz
1/2	Zitrone
	Zimt
6	Eiklar
50 g	Rohrzucker oder Ahornsirup

Zubereitung:

1. Walnüsse, Mandeln und Trockenfrüchte klein hacken.
2. Zimmerwarme Butter und Rohrzucker schaumig schlagen.
3. Milch und Speisestärke klumpenfrei miteinander verrühren.
4. Mit einem Teigschaber Nüsse und Trockenfrüchte, Butter und Milch mit Kardamom, Ingwer, Salz, Spritzer Zitronensaft und Zitronenschalenabrieb, Zimt und Biskuitbrösel verrühren.
5. Eiklar und Zucker zusammen verrühren. Alternativ kann während des Rührprozesses statt Zucker Ahornsirup langsam zugegeben werden. Zucker stabilisiert den Eischnee. Der Eischnee ist fertig, wenn er beim Umdrehen des Rührgefäßes nicht mehr aus dem Topf läuft oder fällt.
6. Eischnee unter die Masse heben und die gesamte Masse in einer feuerfesten Auflaufform glatt streichen.
7. Bei 200° - 220° C oder 180° C Umluft im Backofen für 30 Minuten backen. Gegebenenfalls mit Alufolie in den letzten 10 Minuten abdecken.

Tipp:
Kombiniert mit dem Vanilleparfait aus den Grundrezepten Seite 273, verwandeln Sie dieses Frühstück in eine feine Süßspeise.

Auch wenn wir nicht zu medizinisch werden wollen, sollte an dieser Stelle auf die Bedeutung von Mandeln und Walnüssen gerade im Winter eingegangen werden: Mandeln befeuchten vor allem die Funktionskreise Lunge und Dickdarm. Sie senken das Qi ab und lindern dadurch Husten und Verstopfung. Walnüsse gelten als Stärkungsmittel für das Yang von Nieren und Lunge. Dadurch wärmen sie tiefgreifend. Sie haben aber auch, durch ihre befeuchtende Wirkung, eine Yin-Seite, sodass sie Yin und Yang gleichermaßen stärken.

Frühstück

Dieses Frühstück ist ein weiteres Beispiel für einen energiereichen Start in den Tag und eignet sich besonders für kalte Tage.

Haferflocken-Früchte-Riegel

Frühstück

Mengen:	Zutaten:
200 g	Haferflocken
1/2 TL	frischer Ingwer
	Kardamom
450 ml	Wasser
	Salz
1 EL	Zitronensaft
4 EL	Cranberries
1 EL	Leinsamen
3	süße Äpfel
4 EL	Honig
4 EL	Walnusskerne
4 EL	Haselnüsse
8 EL	gemischte Trockenfrüchte
4	Eiweiß
2 EL	Milch

Zubereitung:

1. Haferflocken abspülen. Mit Ingwer, Kardamom, Wasser und einer Prise Salz aufkochen.

2. Hitze reduzieren und 5 Minuten köcheln lassen. Zwischendurch umrühren, sonst brennt es an.

3. Zitronensaft, Cranberries, Leinsamen und geschälte und geriebene Äpfel dazugeben. Auf der ausgeschalteten Herdplatte 10 - 15 Minuten (mit Deckel) nachziehen lassen. Eventuell noch etwas heißes Wasser dazugeben.

4. Walnusskerne, Haselnüsse und Trockenfrüchte mit einem Messer klein hacken und mit Honig zusammen zur Müslimasse geben.

5. Eiweiß (leicht anschlagen, aber nicht zu Schnee) mit wenig Salz einfach unter die Masse rühren. Dann alles zusammen auf ein Backblech (Backmatte, Backpapier) ca. 1 cm hoch streichen und ca. 35 Minuten bei 160° C backen.

6. Auf ein neues Backblech stürzen, Backpapier abziehen und weitere 35 Minuten backen.

7. Abgekühlt in ca. 3 x 5 cm Riegel schneiden.

Auch wenn Zug, Bus und Straßenbahn keine idealen Essensplätze sind, muss mit diesem kleinen Kraftpaket die Mitte nicht darben.

Nährende Haferflocken, stärkende Nüsse, kräftigendes Eiweiss und befeuchtendes Obst sorgen für ein Power-Frühstück.

Kartoffel-Grünkohlküchle

auf Kirschsauce

Vegetarisch

Küchle

Mengen:	Zutaten:
400 g	Grünkohl
700 g	mehlige Kartoffeln
7	Eier
7 EL	Milch
7 EL	Sahne
	Pfeffer aus der Mühle
	Meersalz
7 EL	Dinkelmehl
	Paprika edelsüß
	Butterschmalz zum Ausbacken

Zubereitung:

1. Grünkohl waschen, die Rosetten von den Stielen lösen und im Wasserbad oder Dampfgarer 4 Minuten garen. Die Hälfte des Grünkohls in feine Streifen (2 - 3 cm Länge) schneiden. Die andere Hälfte des Grünkohls mit etwas Butter, Pfeffer und Meersalz in der Pfanne verrühren und zu den Kartoffel-Grünkohl-Küchle servieren.
2. Kartoffeln mit Schale backen, mit dem Löffel aus der Schale kratzen und mit einer Gabel fein zerdrücken.
3. Eier, Milch, Sahne, Prise Pfeffer, Salz, Mehl und eine Prise Paprika unterarbeiten. Die in Streifen geschnittene Hälfte des Grünkohls zu der Kartoffelmasse geben und bei Bedarf nochmals mit Pfeffer und Salz abschmecken.
4. Laibchen formen und in einer Pfanne mit Butterschmalz ausbacken.

Sauce

Mengen:	Zutaten:
1 EL	Butter
1	Frühlingszwiebel
1/2	Knoblauchzehe
	Meersalz
10	Kirschen aus dem Glas
3 EL	Kirschsaft
	Balsamcio-Essig (12 Jahre)
3 EL	Rotwein
3 EL	Portwein
250 ml	Gemüsebrühe
1 TL	Honig
	Pfeffer aus der Mühle
	Meersalz
1/2	Zitrone
1 Zweig	Rosmarin
1/2	ganz kleine Kartoffel

1. Frühlingszwiebel putzen, waschen, trocknen und in kleine Ringe schneiden. Mit gehacktem Knoblauch und einer Prise Salz in Butter glasig dünsten. Kirschen dazugeben und mit Kirschsaft, Balsamico Essig, Rotwein und Portwein ablöschen. Einreduzieren lassen und mit Gemüsebrühe aufgießen.
2. Würzen mit Honig, Pfeffer, Salz und Spritzer Zitronensaft. Rosmarinzweig und etwas ganz fein geriebene, rohe Kartoffel dazugeben und bei geringer Hitze 10 - 15 Minuten köcheln lassen.

Vor allem im Norden Deutschlands ist der Grünkohl in Form von Grünkohl und Pinkel – speziellen Getreide-Würsten, die es vor allem im Oldenburger Land gibt – oder Grünkohlsuppe, die in ganz Friesland geschätzt wird, zu Hause.

Grünkohl ist – wie alle Kohlsorten – zur stützenden Ernährung und Stärkung der Mitte geeignet. Er ist ein Regulierer des Bauches und es werden ihm entgiftende Eigenschaften nachgesagt. In China gilt Kohl als „Verlängerer des Lebens." Auch bei diesem Gericht finden Sie, neben dem an sich schon interessanten und nach den 5-Elementen ausgewogenen Kartoffel-Grünkohl-Küchle, eine Yang-betonte und geschmacklich außergewöhnliche Komponente in Form der Kirschsauce.

Gegrillte Rote Bete auf Rahmwirsing

Mengen:	Zutaten:
4	rote Bete
	Olivenöl
2	Knoblauchzehen
	Pfeffer aus der Mühle
	Meersalz
1	Zitrone
400 g	Wirsing
1 EL	Butter
1/2	Zitrone
2	Schalotten
1	Knoblauchzehe
	Muskat aus der Mühle
	Piment d'Espelette
	Fleur de Sel
2 EL	Crème fraîche
3 EL	frisch geriebener Meerrettich

Zubereitung:

1. Rote Bete kochen, schälen und in Scheiben schneiden.
2. Beschichtete Pfanne mit Grillmuster erhitzen und etwas Olivenöl auf die Grillmuster pinseln. Knoblauch mit Schale dazu legen. Rote Betescheiben schön auf beiden Seiten grillen. Mit Olivenöl beträufeln, mit Pfeffer und Meersalz würzen und noch etwas Zitronensaft dazugeben.
3. Wirsing waschen, putzen und in Streifen schneiden. In heißem Wasser kurz blanchieren und kalt abschrecken.
4. Butter im Töpfchen erwärmen. Schalen von drei Zitronenscheiben, klein gehackte Schalotten und Knoblauch darin anschwitzen. Wirsing und Crème Fraîche zugeben, mit Muskat, Piment d'Espelette und Fleur de Sel würzen und weichkochen. Zitronenschalen entfernen.
5. Wirsinggemüse in tiefe Teller geben, mit der roten Bete belegen und mit etwas Meerrettich bestreuen.

Tipp:
Muss es mal schnell gehen, nehmen Sie einfach vorgekochte Rote Bete.

Rote Bete hat mit ihrem, deutlich wahrnehmbaren süßen Geschmack, eine regulierende Wirkung auf die Mitte. Unterstützt wird sie dabei durch den Wirsing. Neben seiner Mitte-stützenden Fähigkeit – die charakteristisch für Kohlgemüse ist – stärkt dieser sanft in die Tiefe, bis auf das Niveau der Nieren. Die nötige Wärme bekommt dieses Gericht durch seine flankierenden Kräuter und Gewürze. Allen voran durch den tonangebenden Meerrettich. Dieser bringt das Yang in Schwung und vertreibt Wind und Kälte. Grillen als Yang-betonende Zubereitungsform, verstärkt die wärmenden Eigenschaften.

Vegetarisch

BUCHWEIZENLAIBCHEN

MIT PORREEGEMÜSE

Mengen:	Zutaten:	Zubereitung:
		Buchweizenlaibchen
220 g	Buchweizen	1. Salbeiblätter und Karotte in Streifen schneiden, Zwiebel und Knoblauch klein hacken und mit geriebenem Ingwer in etwas Olivenöl anbraten.
700 ml	Gemüsebrühe	2. Buchweizen in einer Pfanne anrösten, bis dieser duftet. Mit Gemüsebrühe aufgießen und einmal schön aufkochen lassen. Weitere 5 Minuten köcheln lassen. Das angeröstete Gemüse dazugeben und zugedeckt ca. 25 Minuten ausquellen lassen, bis die Flüssigkeit aufgenommen ist. Etwas auskühlen lassen.
4	Salbeiblätter	3. Masse mit Senf, Pfeffer und Fleur de Sel würzen und mit Vollkornsemmelbröseln einem Ei und zwei Eigelb binden.
1/2	Karotte	4. 10 kleine flache Laibchen formen und mindestens 1 Stunde in den Kühlschrank stellen.
1	Zwiebel	5. Pfanne erhitzen, Olivenöl dazu, Rosmarin und Knoblauch in die Pfanne legen und die Laibchen auf beiden Seiten je 2 Minuten knusprig braten. Mit Porreegemüse servieren.
1	Knoblauchzehe	
1 TL	geriebener Ingwer	
1 TL	scharfer Senf	
	Pfeffer	
	Fleur de Sel	
2 - 3 EL	Vollkornsemmelbrösel	
3	Eier	
	Olivenöl zum Braten	
1 Zweig	Rosmarin	
2	Knoblauchzehen in der Schale	
		Porreegemüse
1	mittelgroße Kartoffel	1. Kartoffel in kleine Würfel schneiden und während des Schneidens in kaltes Wasser legen, damit diese nicht braun werden. Kartoffelwürfel in kochendem Salzwasser 7 Minuten kochen und in ein Sieb abgießen.
1	Karotte	2. Karotte schälen und in Juliennestreifen schneiden. Lauch und Frühlingszwiebel in Ringe schneiden. Gemüse mit fein gehacktem Knoblauch in etwas Olivenöl andünsten. Mit Piment d'Espelette, Fleur de Sel, Spritzer Zitronensaft und Prise Paprika würzen. Gekochte Kartoffel dazugeben und mit Gemüsebrühe aufgießen.
1 Stange	großer Lauch / Porree	3. Lauch-Kartoffelgemüse bei wenig Hitze ca. 7 - 10 Minuten weich kochen. Gegen Schluss etwas Butter zum Gemüse geben und bei leichter Hitze noch etwas köcheln lassen, bis die Butter das Gemüse schön bindet.
1 - 2	Frühlingszwiebeln	
1	Knoblauchzehe	
1 EL	Olivenöl	
	Piment d'Espelette	
	Fleur de Sel	
1/2	Zitrone	
	Paprika edelsüß	
250 ml	Gemüsebrühe	
2 EL	Butter	

Vegetarisch

Da Buchweizenlaibchen und Porreegemüse als Einzelmodule in sich rund sind, eignen sie sich auch in anderen Jahreszeiten als Partner. So ist „Buchweizenlaibchen auf Sommersalat" auch ein leckeres und schnelles Gericht.

Schon die Buchweizenlaibchen sind alles andere als langweilig: Der Buchweizen stärkt die Mitte und löst Blockaden im Verdauungssystem. Besonders wertvoll ist er gerade in der Zeit von Weihnachtsgebäck und vieler Süßigkeiten wegen seiner Fähigkeit, sogenannte Feuchtigkeit und Hitze auszuleiten. Neben zuckerhaltigen Nahrungsmitteln werden Feuchtigkeit und Hitze auch noch durch Alkohol und Frittiertes verursacht. Wesentliche Unterstützung erfährt der Buchweizen durch die Brühe. Der Porree bringt das Yang ins Gericht.

Kartoffel ZWIEBEL Lauch Sauerkraut Küchle

Mengen:	Zutaten:
400 g	mehlige Kartoffeln
2	Eier
	Pfeffer aus der Mühle
	Muskat
	Meersalz
4 EL	gehackte Petersilie
100 g	Topfen / Quark
2 EL	Olivenöl
2 EL	Butter
6	Zwiebeln
2	Knoblauchzehen
4	Frühlingszwiebeln
1	Lauch
200 g	Sauerkraut
2	Wacholderbeeren
200 ml	Gemüsebrühe
	Piment d'Espelette
1	Lorbeerblatt
	Meersalz
100 g	würziger Bergkäse

Zubereitung:

1. Kartoffeln mit Schale in Salzwasser kochen, noch warm schälen und mit einer Gemüsereibe grob raspeln.
2. Zwiebeln schälen, halbieren und Julienne schneiden, Knoblauch klein hacken, Frühlingszwiebeln in Ringe schneiden, Lauch waschen, putzen, halbieren und in Ringe schneiden. Mit 1 EL Olivenöl und 1 EL Butter glasig dünsten.
3. Wacholderbeeren zum Sauerkraut geben und in etwas Butter andünsten. Mit Gemüsebrühe aufgießen und mit Lorbeerblatt, Piment und Salz würzen. Bei geringer Hitze ca. 25 Minuten köcheln lassen. Pfanne auf die Seite stellen. Sauerkraut sollte die Brühe vollkommen aufgenommen haben. Falls das Sauerkraut noch nicht gar ist, noch etwas Brühe hinzufügen und ein paar Minuten weiter köcheln lassen.
4. Kartoffelmasse mit Eiern, 1/3 der Schalotten-Frühlingszwiebel-Mischung, Prise Pfeffer, Muskat, Salz, Petersilie und Topfen unterheben und auf ein, mit Butter gefettetes Backblech, streichen. Bei 200° C (Umluft 160° C) in der Mitte des Ofens ca. 10 Minuten vorbacken.
5. Sauerkraut und die restlichen 2/3 der Schalotten-Frühlingszwiebel-Lauchmischung auf der Kartoffelmasse verteilen und mit geriebenem Käse bestreuen. Noch einmal mit Oberhitze 5 - 7 Minuten überbacken, bis der Käse oben schön goldbraun ist.
6. Den Kuchen in 4 Quadrate schneiden und warm genießen.

Tipp:
Sie können auch das Sauerkraut durch Lauch ersetzen. Wenn Sie es etwas deftiger lieben, geben Sie doch noch etwas knusprigen Speck (in der Pfanne ohne Fett gebraten) unter die Zwiebel-Lauchmischung. So erhalten Sie eine Quiche, ohne den deftigen Milch-Eierguss.

Vegetarisch

Kartoffeln sind zwar in unseren Breiten noch gar nicht so alt, sie haben aber den Hunger aus Deutschland vertrieben. Seit der zwangsweisen Einführung der Kartoffel durch den Alten Fritz, ist die Kartoffel aus unserer Ernährung nicht mehr wegzudenken und sie hat in ganz Europa einen festen Platz auf dem Speiseplan. Eine Vielzahl köstlicher Gerichte bedient sich der Kartoffel.

Sie harmonisiert die Mitte, tonisiert das Qi und bewegt es, sie leitet dadurch blockierende Feuchtigkeit aus und lindert Schmerzen. Das klingt nach Wundermittel, meint aber nur die Kartoffel. Ideale Ergänzung dazu bietet das Sauerkraut, das Hitze aus Magen und Darm ausleitet und Säfte bildet. Die Extraportion Kraft in Form von Gemüsebrühe und die harmonisierenden und bewegenden Kräuter helfen dabei, ein schmackhaftes und wintertaugliches Küchle aus den Zutaten zu bereiten.

Krautfleckerln

Mengen: Zutaten: Zubereitung:

Vegetarisch

Mengen:	Zutaten:
700 g	Krautkopf
300 g	Fleckerlnudeln (viereckige Nudeln)
2 EL	geklärte Butter
1	gehackte Zwiebel
2 EL	Rohrzucker
1	Knoblauchzehe
1/2 TL	fein gehackter Kümmel
	Piment d´Espelette
	Fleur de Sel
	Weißwein-Essig
	Paprika edelsüß

Zubereitung:

1. Vom Krautkopf den Strunk entfernen und in ca. 2 cm große Quadrate schneiden.

2. Topf erhitzen. Butterschmalz hineingeben, Zwiebel sanft darin rösten, mit Zucker bestreuen und karmelisieren.

3. Geschnittenes Kraut dazugeben und mindestens 25 Minuten, unter ständigem Rühren, ganz langsam goldbraun dünsten.

4. Fein gehackter Knoblauch, Kümmel, Piment d´Espelette, Prise Salz, einen guten Schuss Weißwein-Essig und Prise Paprika dazugeben.

5. Fleckerlnudeln können Sie kaufen oder nach Grundrezept Seite 237 herstellen und bissfest kochen.
Die Nudeln ziehen nämlich im Kraut noch nach.

6. Fleckerlnudeln in den Topf mit Kraut geben und 10 Minuten gut durchziehen lassen, damit die Nudeln den Geschmack des Krautes aufnehmen.
Bei Bedarf mit etwas Pfeffer und Salz nachwürzen.

Weißkohl – das Flaggschiff unter den Kohlsorten – hat mit seinem neutralen Temperaturverhalten und dem süßen Geschmack die Fähigkeit, Milz und Magen kräftig und nachhaltig zu stützen und zu regulieren. Ein uns bereits bekannter Verbündeter des Kohls ist in diesem Gericht der Kümmel, der vor allem den Bauch reguliert und harmonisiert. Der Kamut-Dinkel-Teig der Nudeln rundet die stark stützende Wirkung des Weißkohls nicht nur ab, sondern verstärkt sie. Dadurch entsteht ein echter Bauchverwöhner.

Kartoffelroulade

mit Lauch und Karotten

Mengen:	Zutaten:
600 g	mehlige Kartoffeln
2 EL	zerlassene Butter
2	Eier
	Pfeffer aus der Mühle
	Meersalz
100 g	Kamutmehl oder Weizenmehl (wenn Sie nicht 2 Sorten kaufen wollen)
100 g	Weizenmehl
Prise	Paprika edelsüß
2	Karotten
2 Stangen	Lauch
	Muskatnuss

Zubereitung:

1. Kartoffeln im Backofen auf Salzbeet bei 180° C garen, bis sie weich sind. Schälen, warm durch die Kartoffelpresse drücken und etwas abkühlen lassen.

2. Mit den restlichen Zutaten zu einem Teig verarbeiten und abkühlen lassen.

3. Kartoffelteig zu einem Rechteck (ca. 1 cm dick) ausrollen.

4. Karotten und Lauch in Scheiben schneiden, blanchieren und in kaltem Wasser abschrecken.

5. Mit etwas Muskatnuss und Salz würzen und auf dem ausgerollten Kartoffelteig verteilen. Zu einer festen Roulade aufrollen und in Klarsichtfolie und Alufolie einwickeln.

4. Roulade für 35 Minuten in siedendes Wasser (85° - 87° C) legen. Anschließend im Backofen bei 100° C warm halten.

5. In Scheiben schneiden und Roulade in Butter anbraten oder mit etwas Parmesan im Ofen bei Oberhitze gratinieren.
Die Kartoffelroulade können Sie gut im Kühlschrank aufbewahren und am nächsten Tag genießen.

Tipp:
Kleingehackte Pilze (Steinpilze oder Champignons) verwenden. Pilze mit etwas fein gehackter Zwiebel glasig dünsten und einen Schuss Kalbsjus oder Trüffeljus kurz einkochen. Mit Pfeffer, Salz, gehackter Petersilie und Prise Paprika abschmecken. Schon haben Sie eine neue Füllung.

Vegetarisch

Tipp:
Schmeckt sehr fein zu kurz gebratenen Pilzen oder als Beilage zu Fisch.

Ein durch und durch nährendes, wärmendes und bewegendes 5-Elemente-Wintergericht.

Kalbsgulasch

Mengen:	Zutaten:
500 g	Kalbfleisch (von der Wade)
2 EL	Butterschmalz
500 g	Zwiebeln
2	Knoblauchzehen
	Pfeffer aus der Mühle
	grobes Meersalz
2 - 3 EL	Weißwein-Essig
1 EL	Tomatenmark
500 g	geschälte Tomaten
2 EL	Paprika edelsüß
1 L	Rinderbrühe
1 EL	gehackter Kümmel
2	Lorbeerblätter
1/2 EL	getrockneter Majoran
	Piment d´Espelette
1/2	Zitrone

Zubereitung:

1. Kalbfleisch vom Metzger in Gulaschstücke (ohne Fett und Flachsen) schneiden lassen.

2. Feingeschnittene Zwiebeln in Butterschmalz goldgelb anschwitzen, Knoblauch hacken und kurz mitrösten.

3. Pfeffern, Prise Salz und Essig dazugeben und einkochen lassen. Tomatenmark und geschälte Tomaten (Tomatenpelati / San-Marzano-Eiertomaten) pürieren und einrühren. Paprika dazugeben und mit warmer Rinderbrühe aufgießen.

4. Hitze erhöhen, mit gehacktem Kümmel und Lorbeerblättern würzen. Getrockneten Majoran zwischen den Händen zerrreiben und zufügen. Dieses Reiben der trockenen Gewürze setzt Aromen frei. 20 Minuten köcheln lassen.

5. Kalbfleisch salzen und in die kochende Sauce geben. Hitze sofort unter 80° C reduzieren und Gulasch 2 ½ bis 3 Stunden - bei ganz wenig Hitze und ohne Deckel - leicht köcheln lassen, bis das Fleisch schön zart ist.

6. Mit Piment d´Espelette, eventuell noch mit etwas grobem Meersalz, Spritzer Zitronensaft und etwas Abrieb einer Zitronenschale abschmecken.

7. Vor dem Servieren mit Piment d'Espelette bestreuen.

Tipp:
Verwenden Sie im Sommer statt des Tomatenmarks stark einreduzierte Tomatensauce.

Tipp :
Gulasch auskühlen lassen und am nächsten Tag mit Brezenknödel
(Grundrezept auf Seite 240) genießen,
denn Gulasch schmeckt frisch aufgewärmt am nächsten Tag am besten.

Fleisch

Einfach nur harmonisch: in diesem Rezept sind keinerlei geschmackliche Experimente.
Es ist energetisch ohne extreme Ausschläge.
Es gleicht einem Wintertag mit Sonnenschein und schneeverhüllter Landschaft.

ZÜRICHER GESCHNEZELTES

Fleisch

Mengen:	Zutaten:
350 g	Geschnetzeltes aus der Kalbsschale (Kaiserteil)
2 EL	Rapsöl
	Butter
5	Champignons
1	Zwiebel
	Pfeffer aus der Mühle
	Meersalz
1/2	Zitrone
4 EL	Petersilie
	Paprika edelsüß
125 ml	dunklen Kalbsfond
125 ml	Sahne

Zubereitung:

1. Geschnetzeltes mit Pfeffer und Salz würzen.
2. Pfanne erhitzen, etwas Rapsöl hineingeben und Fleisch ganz kurz, ganz scharf anbraten. Pfanne gut durchschwenken.
   Geschnetzeltes wieder aus der Pfanne nehmen und auf einen Teller geben. Öl abgießen und Fleisch im Ofen bei 80° C warm stellen.
3. Etwas Butter in die Pfanne, in Scheiben geschnittene Champignons kurz anbraten, klein gehackte Zwiebel dazugeben und mitdünsten.
4. Mit Pfeffer, Salz, Spritzer Zitronensaft, Petersilie und einer Prise Paprika bestreuen.
5. Kalbsfond und Sahne aufgießen, aufkochen und 2 - 3 Minuten einreduzieren lassen.
6. Fleisch dazugeben, einmal in der Sauce gut durchschwenken und sofort mit Rösti (nach Grundrezept Seite 247 herstellen) und Feldsalat servieren.

Tipp:
Kurz gebratenes Fleisch nie in der Sauce kochen. Es wird sofort zäh.

Möglicherweise haben Sie sich schon gewundert, dass wir gar nicht auf die Grillsaison im Sommer eingegangen sind. Der Grund hierfür liegt darin, dass Fleisch energetisch eher warm ist. Durch Zubereitungsformen wie Grillen, Braten, Schmoren und lange Kochzeiten wird es zusätzlich energetisch aufgeladen. Unter diesem Blickwinkel ist Fleisch im Sommer nur bedingt geeignet. In diesem Sinne ist Züricher Geschnetzeltes ein gehaltvolles, kräftigendes, schmackhaftes und ein äußerst bekömmliches Gericht im Winter.

Kalbsleber
vom Tiroler Milchkalb

Mengen:	Zutaten:
600 g	Kalbsleber, ca. 1/2 cm dick (150 g pro Person)
	Pfeffer aus der Mühle
	Meersalz
1 - 2 EL	Rapsöl
1 Zweig	Thymian
1 TL	Butter
1	Knoblauchzehe
1/2 Bund	frischer Majoran
1 EL	Weißwein-Essig
100 ml	Kalbsfond

Zubereitung:

1. Leber mit Prise Pfeffer und Meersalz nur auf einer Seite bestreuen und auf der gewürzten Seite in Rapsöl anbraten. Butter, Thymianzweig und ungeschälte Knoblauchzehe dazugeben und Leber eine Minute braten.

2. Nach einer Minute - die Leber sollte schön goldbraun sein - wenden und eine weitere Minute schonend braten.
   Dabei immer wieder mit der Thymian-Knoblauchbutter übergießen.

3. Leber aus der Pfanne nehmen und im Ofen bei 100° C auf einem Teller warm stellen.

4. Fett aus der Pfanne gießen, Knoblauch und Thymianzweig herausnehmen und die Hälfte vom gehackten Majoran in die Pfanne geben. Bratensatz mit Weißwein-Essig ablöschen, mit Kochlöffel etwas umrühren und mit Kalbsfond aufgießen. Den restlichen, gehackten Majoran dazugeben.

5. Leberstücke auf den Tellern verteilen, mit einem Löffel etwas Majoransauce auf die Leber geben und mit Bratkartoffeln (Rezept Seite 129 allerdings ohne Speck) oder Basmatireis (Grundrezept Seite 238) servieren.

Fleisch

Tipp:
Leber nie zu dünn braten, sie wird sonst schnell zäh.
Lieber etwas dickere Stücke nehmen und langsam braten.
Leber können Sie auch kurz vor dem Braten in Mehl wenden und gut abklopfen.
Dies schützt das Fleisch beim Braten.

Egal welche Leber Sie wählen, die Eigenschaften sind sich sehr ähnlich: neutrales bis leicht wärmendes Temperaturverhalten, den Funktionskreis Leber stützend und das Blut nährend. Damit ist Leber ein ideales Lebensmittel für alle Frauen, die an Blutarmut leiden. Es tut aber auch gestressten Managern gut.

Die einen lieben sie, die anderen hassen sie. Es gibt nur wenige Nahrungsmittel, die die Menschen so stark polarisieren, wie die Leber. Auch wenn sie durch Belastung mit Schwermetallen und radioaktiven Substanzen zwischenzeitlich in Verruf gekommen war, gibt es nur wenige Nahrungsmittel, die so wertvoll sind. Vor allem bei Kalbsleber können sie bedenkenlos zugreifen.

LAMM

MIT TOMATENCOUSCOUS, „RAZ EL HANOUT“, TOMATENSAUCE UND OLIVENÖL

Mengen:	Zutaten:
800 g	Lammrücken (ausgelöst und vom Metzger geputzt, ohne Silberhaut)
1 EL	Olivenöl
1 Zweig	Thymian
1 Zweig	Rosmarin
1	rote Paprika
1	gelbe Paprika
1/2	Zucchini
1	Zwiebel
1	Knoblauchzehe
1 TL	Raz el Hanout
	Curry
	Pfeffer aus der Mühle
	grobes Meersalz
1 EL	Petersilie
1 EL	Kerbel
150 g	Couscous
	Bockshornkleesamen aus der Mühle
300 ml	Gemüsebrühe
3 - 4	Tomaten für die Sauce
2 EL	Olivenöl
1	Zwiebel
1 TL	Honig
	Zimt
1	Knoblauchzehe
1/2	Chilischote
1/2 TL	frischer Ingwer

Fleisch

Zubereitung:

1. Lamm mit Pfeffer würzen und in Olivenöl auf beiden Seiten kräftig anbraten. Thymian- und Rosmarinzweig dazulegen und bei 80° C im Backofen bis 60° C Kerntemperatur ziehen lassen.
2. Geschälte und fein geschnittene Paprika, Zucchini, Zwiebel und Knoblauch in etwas Olivenöl andünsten.
   Raz el Hanout, Prise Curry, Pfeffer, Salz, Kräuter, Couscous und eine Prise Bockhornklee nur sehr kurz mitrösten. So entfaltet sich das Aroma. Vorsicht, sonst verbrennen die Gewürze.
3. Mit Brühe ablöschen und ca. 10 Minuten köcheln lassen, bis der Couscous gar ist. Falls die Couscous-Masse zu trocken ist, noch etwas Brühe zugeben.
4. Tomaten überbrühen, schälen und klein schneiden.
5. Zwiebel in etwas Olivenöl andünsten. Honig, Prise Zimt, Knoblauch, halbierte und entkernte Chilischote, Ingwer, Prise Salz und die klein geschnittenen Tomaten dazu. Bei geringer Hitze 10 Minuten köcheln lassen. Chilischote entfernen. Sauce mit dem Stabmixer pürieren.
   Eventuell noch eine Prise Pfeffer und Salz hinzufügen.
6. Tomatensauce und Couscous auf den Tellern anrichten. Fleisch in Tranchen schneiden, mit grobem Meersalz bestreuen und auf den Couscous setzen. Ein paar Tropfen sehr gutes Olivenöl darüber träufeln.

„Raz El Hanout“ ist eine nordafrikanische Gewürzmischung und heißt übersetzt „Chef des Ladens“. Angeblich, weil außer diesem keiner wirklich weiß, welche Gewürze in der Mischung enthalten sind. Jeder Gewürzhändler hat so seine eigene, geheime Kombination. Wesentliche Bestandteile sind Pfeffer, Nelken, Kardamom, Koriander Muskat, Paprika, Zimt, Kurkuma und Kreuzkümmel.

Lamm besitzt unter den Haustierarten das energetisch wärmste Fleisch und ist deshalb ein perfektes Fleisch für die kalte Jahreszeit. Die nordafrikanische Variante, mit reichlich wärmenden und heißen Gewürzen, entfacht ein heißes Feuer in uns.

Die feinen Aromen dieses Gerichtes lassen uns von fernen Ländern träumen. Der Duft versetzt uns in die Märchenwelt von Tausend und einer Nacht.

KABELJAU AUF CHICORÉEGEMÜSE

Mengen:	Zutaten:
4	Chicorée
1 EL	Rohrzucker
1 EL	Butter
	Pfeffer aus der Mühle
	Meersalz
1	Zitrone
125 ml	Noilly Prat
125 ml	weißer Portwein
600 g	Kabeljau (pro Person ca. 150 g)
	Fleur de Sel
	Olivenöl
	Tasmanischer Pfeffer
	Hibiskussalz

Zubereitung:

1. Chicoréestrunk entfernen, halbieren und Blätter abzupfen.
2. Topf erhitzen, Rohrzucker zugeben und karamellisieren lassen.
3. Chicoréeblätter in den Topf geben und dünsten.
4. Butter zugeben und mit Pfeffer und Salz würzen. Bei mittlerer Hitze weiterdünsten.
5. Zitronensaft dazugeben und Pfanne schwenken. Saft verdampfen lassen.
6. Noilly Prat und Portwein zugießen und im Chicorréesud einreduzieren lassen, bis dieser schön sämig ist.
7. Kabeljau mit gutem Meersalz oder Fleur de Sel salzen. Bei mittlerer Hitze in Olivenöl von beiden Seiten anbraten. Immer wieder Öl auf den Kabeljau geben.
8. Mit einer Reibe Langpfeffer über den Fisch reiben und ihn mit Hibiskussalz bestreuen.
9. Kabeljau mit Chicoréegemüse servieren.

Der warme Kabeljau mit seinem salzigen Geschmack und der bittere Chicorée geben eine ungewöhnliche, aber sehr schmackhafte Kombination ab. Der vom Temperaturverhalten zum Warmen neigende Kabeljau hat eine besondere Wirkung: er bewegt das Qi – die wärmende Energie im Körper also – in gleich drei Funktionskreisen und löst damit Stagnationen. Außerdem stärkt er tief bis in den Funktionskreis Niere. Damit ist er ein hervorragender Fisch für den Winter. Der kalte Chicorée wird durch die Zubereitung abgemildert. Mit seinem bitteren Geschmack und seiner Fähigkeit Hitzeprozesse zu kühlen, stellt er auch in der kalten Jahreszeit eine willkommene Beilage dar. Denn wärmen ist gut, Hitzeprozesse führen über kurz oder lang zu Krankheitszeichen.

Fisch

Petersilienrisotto mit Safran und roten

Garnelen

Mengen:	Zutaten:
8	Garnelen
2	kleine Schalotten
2 EL	Olivenöl
2 Tassen	Risottoreis
	Meersalz
125 ml	guten trockenen Weißwein
4 - 5 Tassen	Geflügelfond
	Paprika edelsüß
15 - 20	Safranfäden
1 EL	kalte Butter
	Pfeffer aus der Mühle
2 EL	geriebener Parmesan
1 Bund	Petersilie

Zubereitung:

1. Schalotten fein schneiden und in Olivenöl farblos anschwitzen.

2. Risottoreis dazu und kurz mitrösten.

3. Salzen, mit Weißwein ablöschen und einreduzieren lassen.

4. Geflügelfond im Topf mit Prise Paprika und Safranfäden erwärmen und nach und nach zum Risottoreis gießen. Bei schwacher Hitze garen und zwischendurch rühren oder wie die „Profis" schwenken, bis der Risotto schön durch ist, aber noch Biss hat.

5. Garnelen halbieren, Darm entfernen, kalt abwaschen und mit Küchenpapier abtrocknen. Pfeffern und salzen und auf der Schale braten, bis die Schnittfläche glasig ist.

6. Kurz vor dem Servieren, kalte Butter, Pfeffer, Parmesan, gebratene Garnelen und gehackte Petersilienblätter unter das Risotto mischen.

Fisch

Variante:
Nehmen Sie anstelle des Geflügelfonds im Frühling Spargelfond und geben gekochten Spargel zum Risotto dazu.

Ein exotisches Rezept, das durch die wärmenden Zutaten Garnelen, Pfeffer, Geflügelfond und den kühlen Weißwein große Dynamik besitzt. Dadurch ist das Rezept – trotz fehlendem regionalen Bezug – sehr gut für den Winter geeignet. Wie viele andere Meeresbewohner, besitzen auch die Garnelen, durch ihren Bezug zum Funktionskreis der Niere, im Sinne der Chinesischen Medizin eine tiefgreifend kräftigende und wärmende Wirkung.

Zackenbarsch

Mengen:	Zutaten:
4	Zackenbarsch à 150 g vom Fischhändler
	Fleur de Sel
	Piment d'Espelette
1/2	Zitrone
1 EL	Weißwein-Essig
1 EL	gehackte Petersilie
	Kurkuma
125 ml	Gemüsebrühe
6 EL	Olivenöl
1 TL	mittelscharfer Senf
	gehackter Knoblauch
1 TL	Ingwer

Zubereitung:

1. Fischfilets mit etwas Olivenöl und Salz würzen und in einer beschichteten Pfanne von beiden Seiten ca. 2 Minuten braten.

2. Fisch mit Piment d'Espelette bestreuen.

3. Spritzer Zitronensaft und Spritzer Essig, gehackte Petersilie, Prise Kurkuma, Gemüsebrühe und Olivenöl, Messerspitze Senf, Messerspitze Knoblauch und Ingwer zu einer Vinaigrette aufschlagen.
   Den Fisch mit der Vinaigrette übergießen.

Tipp:
Durch den Senf erhält die Vinaigrette Bindung.

Fisch

Barsch gehört zu den tief stützenden Nahrungsmitteln: neben Magen und Milz, werden auch die Funktionskreise Niere und Leber gestärkt. Dadurch erfährt die Wurzel tiefe Kräftigung und unser Organismus wird im kommenden Frühling mit Kraft „austreiben" können.

Seeforelle

mit Fenchel Karotten und Kartoffeln

Mengen: | Zutaten: | Zubereitung:

Fisch

Mengen:	Zutaten:
200 ml	Fischfond
4	Forellenfilets
1/2	Zitrone
1 Zweig	Thymian
1 EL	Butter
1/2	Zitrone
	Paprika edelsüß
	Olivenöl
	Piment d'Espelette
	Hibiskussalz

1. Fischfond nach Grundrezept Seite 235 herstellen.
2. Backofen auf 80° C statischer Hitze aufheizen. Tiefe Schüssel mit Fischfond auffüllen, Zitronenschale hineingeben und warten, bis der Fischfond knapp 70° - 77° C Grad erreicht hat.
3. Thymianzweig und 1 EL Butter dazugeben.
4. Fischfilets in Fischfond einlegen und ca. 10 - 12 Minuten sanft pochieren.
5. Filets herausnehmen, mit einem Spritzer Zitronensaft, Prise Paprika, Olivenöl, Prise Piment d' Espelette und Hibiskussalz bestreuen.

Tipp:
Fond darf nur Schlieren ziehen, nicht köcheln. Immer knapp unter 80° C ziehen lassen. Thermometer verwenden.

Fisch

Gemüse

Mengen:	Zutaten:
2	Kartoffeln
2	Karotten
1	Fenchel
1 EL	Butterschmalz
1	Zwiebel
	Piment d'Espelette
1 EL	Meersalz
1/2	Zitrone
	Paprika edelsüß
250 ml	Gemüsebrühe
1 Zweig	Rosmarin
125 ml	Sahne
4	Safranfäden

1. Kartoffeln schälen, kleine Würfel schneiden und in kaltes Wasser legen.
2. Karotten schälen und in Stifte schneiden, Fenchel waschen und würfelig schneiden.
3. Zwiebel schälen, klein schneiden und in Butterschmalz mit den Karotten und Fenchel andünsten, bis die Zwiebel etwas Farbe annimmt.
4. Mit Prise Piment, Salz, Saft einer halben Zitrone und Prise Paprika würzen.
5. Kartoffeln dazugeben und mit Gemüsebrühe aufgießen.
6. Rosmarinzweig dazu und 15 Minuten, ohne Deckel köcheln lassen. Rosmarinzweig entfernen. Sahne dazugießen, Safranfäden zugeben und weiter köcheln lassen, bis das Gemüse weich ist.

Tipp:
Statt Sahne können Sie am Ende des Garprozesses 1 - 2 EL Sauerrahm, Crème fraîche oder Butter zum Gemüse geben. Oder einfach so genießen.

Obwohl sie im kalten Wasser lebt, hat die Forelle ein Fleisch mit wärmendem Charakter. Dadurch ist sie ein Fisch, der seine kulinarische Heimat vorallem in der kalten Jahreszeit hat. In diesem Rezept präsentieren wir einen Klassiker auf besonders bekömmliche und ausgewogene Weise.

KAROTTENSUPPE

MIT ROTEM CURRY UND LINSEN

Mengen:	Zutaten:
50 g	kleine schwarze Linsen (Belugalinsen)
	grobes Meersalz
1 EL	weißer Balsamico-Essig
400 g	Karotten
1 EL	Butter
1 EL	Olivenöl
1	kleine Zwiebel
2	Knoblauchzehen
1 EL	fein gehackter Ingwer
	Rohrzucker
	roter Curry
	Meersalz
800 ml	Hühnerbrühe
1/2 TL	Paprika edelsüß
125 ml	Sahne
	Piment d'Espelette
	Fleur de Sel
1	Zitrone
4 EL	gehackter Koriander

Zubereitung:

1. Linsen, ohne Salz, ca. 20 - 25 Minuten weich kochen und Wasser abschütten. Etwas grobes Meersalz und Essig dazugeben.

2. Butter und Olivenöl im heißen Topf zergehen lassen. Zwiebel und würfelig geschnittene Karotten, bei nicht zu starker Hitze, glasig dünsten.

3. Knoblauch und Ingwer dazugeben und kurz mitrösten. Jeweils eine Prise Rohrzucker, roten Curry und Salz ebenfalls ganz kurz mitrösten.

4. Mit Brühe nach und nach aufgießen. Paprika und 1/8 l Sahne dazu und auf kleiner Flamme weichköcheln lassen.

5. Prise Piment d'Espelette dazugeben. Bei Bedarf noch etwas Salz und Zitronensaft dazu und mixen.

6. Mit gehacktem Koriander und einigen Linsen garnieren.

Suppe

Tipp:
Am besten Hülsenfrüchte über Nacht in kaltem Wasser einweichen.

Nie geht es im Essen heißer zur Sache, als im Winter. Traditionell setzen wir der äußeren Kälte viel Warmes und Nährendes entgegen. So bleiben wir bei Kräften und können uns gegen äußere, krankmachende Faktoren wehren. Diese Suppe folgt dieser Tradition.

Maronisuppe

Kastaniensuppe

Mengen:	Zutaten:
1 kg	Esskastanien
3	Schalotten
2 EL	Olivenöl
1 EL	Rohrzucker
125ml	roter Portwein
800 ml	Gemüsebrühe
200 ml	Sahne
	Piment d'Espelette
	Pfeffer aus der Mühle
	Meersalz
1/2	Zitrone
1	Wacholderbeere
1 EL	Preiselbeeren

Zubereitung:

1. Maroni auf der gewölbten Seite mit einem Messer einschneiden und im Backofen bei 200° C ca. 20 Minuten braten. In ein feuchtes Tuch wickeln, noch einmal 5 Minuten nachziehen lassen und schälen.
   4 Maroni zum Hobeln aufheben und beiseite stellen.
2. Schalotten würfeln, andünsten und gehackte Maroni hinzufügen.
3. Mit Rohrzucker bestreuen und einige Minuten karamellisieren lassen.
   Mit Portwein ablöschen, einreduzieren, mit Gemüsebrühe aufgießen und weich kochen.
4. Sahne dazugeben, mit Piment d'Espelette, Pfeffer, Salz, Zitronensaft, einer angedrückten Wacholderbeere und Preiselbeeren abschmecken. Noch einmal ein paar Minuten köcheln lassen, mixen und mit gehobelten Maroni garnieren.

Tipp: Kastanien können Sie auch beim Gemüsehändler schon gekocht und vakumiert fertig kaufen.

Alternativ können Sie den Portwein auch durch roten Traubensaft ersetzen.

Wer kennt ihn nicht, den Duft von Glühwein und gerösteten Maroni auf dem Weihnachtsmarkt. Auch wenn Sie in Deutschland eher selten sind, sind auf der Alpensüdseite im Tessin, im Bergell oder in Südtirol ganze Berghänge oder Täler davon bewachsen. Wer es geschafft hat, sich erst durch die stachelige und dann noch durch die harte Schale zu schaffen, wird von einer köstlichen, etwas nussig anmutenden und ziemlich süßen und fetthaltigen Frucht belohnt. Gott sei Dank lassen uns Eichhörnchen und Siebenschläfer jedes Jahr einige der köstlichen Esskastanien übrig.

Zusammen mit der Mitte stärkenden Rinderbrühe, ergeben die als warm charakterisierten Maroni eine wärmende und Kraft spendende Herbst- und Wintersuppe. Esskastanien sind kraftvolle Herbstfrüchte, die uns bis an die Wurzel stärken. Damit sie die Mitte nicht mit ihrer Schwere überfordern, ist Dynamik in Form bewegender Gewürze unerlässlich: durch die Gewürzauswahl nach den Regeln der 5-Elemente, wird Ihnen die Maronisuppe besonders gut munden und sicher nicht schwer im Magen liegen.

KOHLSUPPE

MIT GERSTE, GEMÜSE UND GERÖSTETEM SCHWARZBROT

Mengen:	Zutaten:
100 g	Gerste
500 ml	Wasser
1 EL	Butter
1 EL	Olivenöl
1	Zwiebel
1 TL	Rohrzucker
40 g	Sellerie
40 g	Karotten
40 g	Lauch
2	Knoblauchzehen
1 TL	geriebener Ingwer
700 ml	Rinderbrühe
4	Kohlblätter
	Muskat
	Pfeffer aus der Mühle
	Meersalz
2 EL	Weißwein-Essig
1 Zweig	Rosmarin
2 EL	Sojasauce
2 - 3 EL	Balsamico-Essig
1 Scheibe	Sauerteigbrot
	Olivenöl zum Anrösten
4 EL	frisch geschnittener Schnittlauch

Zubereitung:

1. Gerste über Nacht einweichen. Einweichwasser wegschütten.
2. Gerste in einem Topf mit Wasser - Topfdeckel einen kleinen Spalt offen lassen - ca. 30 Minuten weich kochen. Übriges Wasser wegschütten. Gekochte Gerste noch auf der ausgeschalteten Herdplatte, bei geschlossenem Topfdeckel, ca. 30 Minuten ausdampfen lassen.
3. Butter und Olivenöl erhitzen. Gehackte Zwiebel etwas Farbe annehmen lassen.
4. Rohrzucker, gewürfeltes Gemüse, fein gehackter Knoblauch und Ingwer kurz mitrösten.
5. Mit Brühe nach und nach aufgießen. Kohlblätter in zwei Zentimeter große Quadrate schneiden und dazu geben.
6. Mit Muskat, Pfeffer, Prise Meersalz und Weißwein-Essig würzen. Einen Rosmarinzweig hineinlegen und 15 Minuten köcheln lassen, bis das Gemüse weich ist.
7. Gekochte Gerste dazu geben. Mit etwas Pfeffer, Sojasauce und Balsamico-Essig würzen und noch einmal 15 Minuten ziehen lassen. Rosmarinzweig wieder herausnehmen.
8. Das Brot würfeln und mit etwas Olivenöl in einer Pfanne anrösten.
9. Gerstensuppe in Tassen füllen. Mit Brotwürfel und Schnittlauch garnieren.

Die Bedeutung der Gerste hat in unserer Esskultur stark abgenommen. War vor 100 Jahren die Gerstengrütze noch ein beliebtes Frühstück der körperlich schwer arbeitenden Landbevölkerung, ist heute eigentlich nur noch die Bündner Gerstensuppe einigermaßen bekannt. Unsere Kohlsuppe mit Gerste zeigt auf leckere Weise, dass es doch noch Alternativen gibt und Gerstengerichte einen festen Platz auf unserem Speiseplan verdient haben.

Kohl und Getreide treffen aufeinander: das bedeutet immer tiefgreifende Kräftigung. Die Besonderheit der Gerste ist, dass sie vorzüglich Verdauungsblockaden löst. Daneben ist sie durch ihr kühlendes Temperaturverhalten in der Lage, Hitzeprozesse zu kühlen und auszuleiten. In unsere Alltagssprache übersetzt heißt das, dass sie entschlackende Wirkung besitzt.

Asiatische Geflügelsuppe

Mengen:	Zutaten:
1	Stubenküken
1 L	Hühnerbrühe
3 - 4 EL	Tamari-Sojasauce
	Paprika edelsüß
1 EL	Olivenöl
4 - 5	Karotten
3	mittelscharfe Chilischoten
4	Frühlingszwiebeln
3	Zitronengras
5 EL	Koriander
50 g	frischer Ingwer

Zubereitung:

1. Chillischoten halbieren und Kerne entfernen.
   Die holzigen Teile am Zitronengras wegschneiden, die Mitte schälen und den saftigen, inneren Teil verwenden.

2. Hühnerbrühe in einem Topf erwärmen. Sojasauce, in Stücke geschnittenes Geflügel und eine Prise Paprika zugeben.
   20 - 30 Minuten ziehen lassen.

3. Fleischstücke herausnehmen und bei 60° - 70° C im Backofen warm halten.

4. Öl, Gemüse und Gewürze in die Brühe geben und 5 Minuten köcheln lassen.

5. Bei Bedarf mit Pfeffer und Salz würzen und Geflügel wieder in die Brühe geben.

Suppe

Um das Stubenküken versammeln sich erfrischend bis kalte und warme bis heiße Zutaten und bieten so der Kälte des Winters Paroli. Hühnerbrühe bereichert nicht nur durch ihren Geschmack jedes Gericht, sie ist auch ein wahres Geschenk für den Körper.

Gemüse

Linseneintopf

Mengen:	Zutaten:
200 g	Linsen (ergibt eingeweicht 400 g)
	Meersalz
1 - 2 EL	Balsamico-Essig
3 EL	Olivenöl
2 EL	Butter
3	Karotten
1/2	Sellerie
1/2	Kohl
4	Frühlingszwiebeln
1	Lauch
1 kg	Kartoffeln
2	kleine Knoblauchzehen
	Pfeffer aus der Mühle
	Maldon-Salz
	Weißwein-Essig
1 Zweig	Basilikum
1,5 L	Gemüsebrühe
1 EL	geriebenen Ingwer
1 Bund	Petersilie

Zubereitung:

1. Linsen über Nacht einweichen. Wasser abgießen und in einem Topf mit frischem Wasser weich kochen. Abseihen, mit etwas Meersalz salzen und Balsamico-Essig dazugeben. Gut durchrühren und in eine Schüssel geben.

2. Olivenöl und Butter erhitzen. In Scheiben geschnittene Karotten, mit klein geschnittenem Sellerie, Kohl, Frühlingszwiebeln und Lauch anschwitzen.

3. Kartoffeln schälen, in kleine Würfel schneiden und zum Gemüse geben. Mit klein gehackten Knoblauchzehen, Pfeffer, Maldon-Salz und Spritzer Essig würzen. Einen Basilikumzweig zugeben.

4. Mit einem Teil der Gemüsebrühe aufgießen und köcheln lassen, bis die Kartoffeln weich sind. Nach und nach restliche Gemüsebrühe aufgießen.

5. Geriebener Ingwer und Linsen dazu geben. Noch etwa 5 Minuten ziehen lassen, damit die Linsen den Geschmack und die Würze der Suppe aufnehmen. Basilikumzweig wieder herausnehmen.

6. In Suppentellern mit gehackter Petersilie servieren.

Tipp:
Sehr fein schmecken dazu, in Scheiben geschnittene und kurz in etwas Butter und Thymian angebratene Putenknacker.

Suppe

Wärmend, nährend, kräftigend und lecker. Das sind die Prädikate, die dieser Eintopf verdient. Einfach gut im Winter.

Fire and ice: Linsen harmonisieren die Achse Wasser-Feuer und führen so zu einem Ausgleich zwischen Herz und Nieren. In den klassischen Schriften ist zu lesen, dass das Wasser der Nieren, das Feuer des Herzens kühlen soll. Umgekehrt muss das Feuer aber auch das Wasser wärmen. Linsen wirken auf diesen Prozess ein. Dadurch werden seelische Ausgeglichenheit und ruhiger Schlaf gefördert.

Rote Bete Salat

Mengen:	Zutaten:
150 g	Rote Bete
1 TL	Sesamöl
1 EL	Olivenöl
Prise	Rohrzucker
1/2 TL	Honig
2 EL	Schnittlauch
Prise	Fleur de Sel
1 EL	Balsamico-Essig
Spritzer	Zitronensaft

Zubereitung:

1. Rote Bete kochen, schälen und in dünne Scheiben schneiden.
2. Marinade vermischen und zur Roten Bete geben.

Salat

Eine ausgeglichene Salatvariante, die sich zwischen den kühlen Ölen, der kühlen Zitrone und den warmen Zutaten Essig und Schnittlauch entfaltet.

FELDSALAT MIT SPECKDRESSING

Mengen:	Zutaten:
125 ml	Gemüsebrühe
1/2 TL	scharfer Senf
	Pimet d´Espelette
	Pfeffer aus der Mühle
	Meersalz
3 - 4 EL	Weißwein-Essig
	Paprika edelsüß
	Rohrzucker
1	kleine Kartoffel
3 - 4 EL	Walnussöl
1	Zwiebel
100 g	gewürfelter Speck
4 EL	glatte Petersilie
1 Bund	Feldsalat

Zubereitung:

1. Brühe in einem Topf leicht erwärmen.
2. Senf, Piment d'Espelette, Prise Pfeffer und Salz, Essig, Prise Paprika, Prise Rohrzucker und gekochte Kartoffel dazugeben und alles zusammen mit einem Stabmixer pürieren.
3. Zum Schluss Walnussöl langsam dazugießen und durchmixen. Je nach Geschmack und Konsistenz etwas mehr oder weniger Öl verwenden.
4. Speck würfeln und in einer Pfanne, ohne Fett, kross braten. Zwiebel schälen, würfeln und in der Pfanne, in der Sie den Speck kross gebraten haben - ohne zusätzliches Fett - ein wenig andünsten.
5. Walnuss-Kartoffeldressing mit den Zwiebeln und 2/3 des Specks gut vermengen und 25 - 30 Minuten durchziehen lassen.
6. Feldsalat gut waschen, in eine Schüssel geben und mit dem Kartoffel-Speckdressing gut vermengen. Dann gleich auf einen Teller geben und mit den übrigen Speckwürfeln und etwas gehackter Petersilie garnieren.

Viele warme Zutaten und der bitter-süße, vom Temperaturverhalten neutrale Feldsalat helfen, einen deftigen und doch feinen Wintersalat zuzubereiten, der gut bekömmlich ist und eine leicht ableitende und „entschlackende" Wirkung hat.

Kichererbsensalat

Mengen:	Zutaten:
300 g	Kichererbsen
5 EL	Olivenöl
2	weiße Zwiebelhälften
1	Chilischote
4	Knoblauchzehen
1 EL	Meersalz
1,2 L	Wasser
	glatte Petersilie mit Stängel
100 g	Kartoffeln
3 EL	Olivenöl
	Piment d'Espelette
	Fleur de Sel
1/2	Zitrone
4 EL	Petersilie
1	Staudensellerie

Salate

Zubereitung:

1. Kichererbsen über Nacht einweichen.

2. Olivenöl, Zwiebelhälften, entkernte und halbierte Chilischote, angedrückte Knoblauchzehen, Meersalz und Kichererbsen in einen großen Topf geben und mit Wasser auffüllen. Petersilie zugeben und 1 - 2 Stunden köcheln lassen. Immer wieder mit einem Holzlöffel umrühren. Wenn die Kichererbsen gar sind, Kichererbsen in ein Sieb abgießen und dabei den Fond auffangen.

3. Kartoffeln in den Fond reiben und 15 - 20 Minuten köcheln lassen. Vom Herd nehmen und erkalten lassen.

4. Olivenöl, Piment d'Espelette, Fleur de Sel, Zitronensaft, Petersilie, Zitronenschale und kleingeschnittener Staudensellerie zum Fond geben und diesen mit den Kichererbsen vermengen.

Kühlende Kichererbsen, zusammen mit wärmenden und bewegenden Kräutern und Gewürzen versprechen viel Dynamik. Die Kichererbsen stärken das Qi sowohl von Milz, als auch von Nieren. Die Kartoffeln kräftigen die Mitte und bewegen das Qi der Mitte.

Gerichte wie diese sorgen dafür, dass die wärmende und dynamische Energie, das Qi, stark und in Bewegung bleibt und nicht von allzu schwerer und gehaltvoller Winterkost in die Knie gezwungen wird.

So bleibt das Feuer am Brennen, uns wird nicht kalt und wir befreien unsere Mitte von blockierender Nässe.

Apfelstrudel

Mengen:	Zutaten:
500 g	säuerliche Äpfel
2 - 3	Zitronen
70 g	Rohrzucker
1/2	Vanilleschote
1 EL	Rohrzucker
50 g	Rosinen
	Zimt
	Piment
1 TL	frisch geriebener Ingwer
	Meersalz
	Strudelteig
	Semmelbrösel
1	Ei zum Bestreichen
	Puderzucker zum Bestreuen

Dessert

Zubereitung:

1. Äpfel schälen, entkernen und in dünne Scheiben schneiden.

2. Mit Zitronensaft, Abrieb einer halben Zitrone und Rohrzucker marinieren.

3. Mark einer halben Vanilleschote und 1 EL Rohrzucker miteinander vermischen und mit Rosinen, Prise Zimt, Prise Piment, Ingwer und Prise Salz zu den marinierten Äpfeln geben, vermischen und kurz im Kühlschrank durchziehen lassen.

4. Strudelteig laut Grundrezept Seite 242 herstellen.

5. Auf dem Strudelteig ein paar Semmelbrösel verteilen, mit Äpfeln füllen und einrollen. Den Strudel sofort backen, da sich der Teig ansonsten mit dem Saft der Äpfel vollsaugt und zu nass wird.

6. Bei 200° C (Umluft 160° C) 45 - 50 Minuten im Backofen backen.

Tipp:
Wenn Sie den Strudelteig nur dünn ausrollen können und ihn nicht ziehen wollen, dann ist dieser etwas dicker, als wenn Sie diesen noch mit Handrücken und Fingerspitzen ausziehen.
Schlagen Sie den Teig nach dem Füllen nur einmal ein und bestreichen Sie ihn mit etwas Eigelb. Gut am unteren Ende festdrücken. So haben Sie nicht zu viel Teig.

Wichtig: bevor der Strudel ins Ofenrohr wandert, die Oberfläche der Länge nach mit dem Messer dünn ritzen. So kann der heiße Dampf (durch die Verdunstung der saftigen Äpfel) während des Backvorgangs nach oben entweichen. Der Strudel geht oben etwas auseinander und die Fülle wird so dekorativ und appetitlich sichtbar. Sonst besteht die Gefahr, dass der Strudel unten aufbricht. Statt im Strudel zu bleiben, landet die Füllung auf dem Blech. Mit etwas Puderzucker bestreuen.

Ein großes Problem aller Süßspeisen ist, dass der süße Geschmack das Qi zwar stärkt und harmonisiert, die Mitte aber auch schnell überfordern und so zu blockierender Nässe führen kann. Nicht so bei unserem Apfelstrudel: durch geschickte Kombination von klassischen Bestandteilen mit besonderen Aromen, wird diese Gefahr aufgehoben. Durch Einsatz verschiedener Apfelsorten kann immer wieder variiert werden. Genießen Sie diesen Klassiker.

Walnuss

Mandelschnitten

Mengen:	Zutaten:
	Teig
50 g	Rohrzucker
200 g	Haferflocken (Kleinblatt)
	Meersalz
200 g	feines, frisch gemahlenes und gesiebtes Weizenvollkornmehl
	echten Kakao
2	Eier
150 g	Butter
	Belag
2 EL	Rohrzucker
300 ml	Orangensaft
1	Orange
	Kardamom
1 Msp.	Ingwer
	Meersalz
150 g	Orangenmarmelade
150 ml	Sahne
50 g	Butter
250 g	gehackte Walnusskerne
100 g	geröstete Mandeln
100 g	Schokolade, mind. 55% Kakao

Zubereitung:

Teig

1. Rohrzucker, Haferflocken, Prise Salz, Mehl und Prise Kakao vermischen.
2. In der Mitte eine Mulde formen, verquirlte Eier in die Mitte und Butterflocken am Rand verteilen.
3. Alles zusammen mit einem breiten Messer zerhacken und dann rasch zu einem glatten Teig verkneten. In Klarsichtfolie einschlagen und 1 Stunde in den Kühlschrank legen.
4. Backofen auf 200° C (165° C Umluft) vorheizen. Mürbteig auf einer bemehlten Unterlage zu einem Rechteck ausrollen und auf ein, mit Butter bestrichenes Blech legen.

Belag

5. Rohrzucker im Topf karamellisieren. Orangensaft, Abrieb einer Orange, Prise Kardamom, Messerspitze Ingwer und Prise Salz dazugeben. Saft auf 2/3 einreduzieren lassen.
6. Marmelade, Sahne und Butter unter ständigem Rühren zugeben und sirupartig einkochen lassen. Gehackte Walnusskerne und Mandeln untermischen und die Masse schön verrühren. Anschließend auf der Teigschicht gleichmäßig verteilen.
7. Auf der mittleren Schiene ca. 20 Minuten backen. Die gebackene Platte nach dem Erkalten in 5 x 5 cm Quadrate schneiden und zur Hälfte in flüssige Schokolade tauchen. Auf einem Blech mit Backpapier ablegen und abkühlen lassen. Zum Lagern kühl stellen.

Tipp:
Sie können fettärmer zubereiten, indem Sie die Sahne durch zwei geriebene Äpfel ersetzen.

Dessert

Dies ist die kinderfreundliche Variante einer großen Köstlichkeit, weil wir auf den Alkohol verzichtet haben. So gut kann gesundes Essen schmecken.

Walnüsse und Mandeln sind beide recht fettig und dadurch Darm befeuchtend. Die sonstigen Wirkungen sind aber sehr unterschiedlich. Während die Walnuss die warmen und aktiven Energien von Lunge und Nieren stützt, beziehen sich die Mandeln vor allem auf den Yin-Aspekt der Lunge: sie befeuchten, senken das Qi ab und werden medizinisch deshalb gerne bei anhaltendem, trockenen Husten verwendet. Die Schnitten eignen sich also ideal als kleine Köstlichkeit durch den gesamten Winter.

Crème brulée

mit beschwipsten Pflaumen

Mengen:	Zutaten:
370 ml	Sahne
120 ml	Milch
70 g	Rohrzucker
1/2	Vanilleschote
7 - 8	Eigelb
	brauner Zucker zum Bestreuen
8	kandierte Zitronenschalen

Dessert

Mengen:	Zutaten:
100 ml	sehr guter Rotwein
200 ml	roter Traubensaft
100 ml	Portwein
1	Zimtstange
1	Nelke
1	Sternanis
1 Scheibe	Ingwer
	Meersalz
1	Zitrone
1/2 TL	Speisestärke
2 EL	brauner Rum (38%)
400 g	Dörrpflaumen

Zubereitung:

Crème brulée

1. Sahne, Milch, die Hälfte des Rohrzuckers und Mark einer halben Vanilleschote aufkochen und 10 Minuten ziehen lassen.
2. Eigelb und andere Hälfte des Zuckers vermischen, die Sahne-Milchmischung dazugeben und abkühlen lassen.
3. Masse in Förmchen füllen und im Wasserbad im Ofen bei 100° C ca. 50 Minuten pochieren. Die Crème muss vollkommen gestockt sein, notfalls noch 5 Minuten länger im Ofen lassen. Wenn sich die Crème im Glas nicht mehr bewegt, ist die Konsistenz perfekt.
4. Kalt stellen und mindestens 12 Stunden durchkühlen lassen.
5. Mit braunem Zucker bestreuen und mit einem Bunsenbrenner karamellisieren. Kandierte Zitronenschalen oben daraufsetzen und mit den beschwipsten Pflaumen servieren.

Tipp für einen zusätzlichen Geschmack:
Abrieb einer halben Zitronenschale und Abrieb einer halben Orangenschale zur Sahne-Milchmischung geben und mit Rohrzucker, Vanillemark und einer Msp. geriebenem Ingwer aufkochen.
Ziehen lassen und dann durch ein Sieb zur Eigelb-Zuckermasse geben.

Beschwipste Pflaumen

1. Rotwein, Traubensaft, Portwein mit Gewürzen und etwas Zitronensaft aufkochen und um ein Drittel einreduzieren lassen.
2. Speisestärke mit Rum verrühren, in die kochende Sauce einrühren und Sauce damit binden. Durch ein Sieb passieren und über die Dörrpflaumen gießen. In Einweggläsern mindestens 24 Stunden marinieren.
3. Heiß abgefüllt und gut verschlossen können die Dörrpfaumen an einem dunklen, kühlen Ort, einige Zeit aufbewahrt werden.

Das ist ein echter Einheizer. Die Pflaumen kommen gleich nach Glühwein. Vorsicht: nicht ganz jugendfrei durch Restalkohol! Mit süßem und saurem Geschmack wirkt sie - trotz warmem Temperaturverhalten - kühlend, bringt Körpersäfte hervor und sorgt für harmonischen Fluss des Qi. So schmeckt Crème brulée nicht nur sehr gut, sondern ist auch bekömmlich.

ORANGENKUCHEN

Mengen:	Zutaten:
4	Orangen
240 g	Butter
240 g	Rohrzucker
4	Eier
2 Msp.	frischer Ingwer
	Meersalz
240 g	feines Dinkel- oder Weizenmehl
2 TL	Backpulver
	Butter

Dessert

Zubereitung:

1. Die Schale einer Orange reiben und den Saft von vier Orangen auspressen.

2. Butter und Zucker schaumig rühren und Eier und Orangenabrieb nach und nach dazugeben.

3. Fein geriebenen Ingwer und eine Prise Salz zugeben.

4. Mehl und Backpulver vermischen und unter die Butter-Zucker-Ei-Masse heben. Dann den Orangensaft dazugeben und vorsichtig durchrühren.

5. Kuchenform mit etwas Butter ausfetten, Teigmasse in die Form geben und ca. 45 Minuten bei 180° C (Umluft 160° C) backen.

Tipp:
Zu grob gemahlenes Mehl durch ein feines Sieb geben.

Variante:
Machen Sie doch auch einmal einen Zitronenkuchen mit diesem Rezept.

Punkt 1 ersetzen Sie durch:
Die Schalen von zwei Zitronen reiben und den Saft von acht Zitronen auspressen.

Tipp:
1 EL Rohrzucker in der Pfanne etwas karamellisieren und einen Löffel Butter dazugeben. Mit 100 ml Orangensaft aufgießen, sirupartig einkochen und abkühlen lassen. Bestreichen Sie damit den fertig gebackenen Kuchen.
Beim Zitronenkuchen nehmen Sie Zitronensaft.

Trotz kühlender Orangenfrucht, tendiert der Kuchen ins Warme. Dazu tragen Ingwer, Mehl und Orangenabrieb bei. Dem Ingwer fällt außerdem eine klärende, nach unten ableitende Wirkung zu. Dabei wird er von der bitteren Orangenschale, durch deren Qi-bewegende Eigenschaften unterstützt und die eher „trüben" Zutaten Butter, Zucker und Eier werden bekömmlich.

ORANGEN-WALNUSS SCHNITTEN

Mengen:	Zutaten:
50 g	Rohrzucker
200 g	Haferflocken (Kleinblatt)
	Meersalz
200 g	feines, frisch gemahlenes und gesiebtes Weizenvollkornmehl
	echten Kakao
2	Eier
250 g	Butter

Dessert

2 - 3 EL	Grand Marnier
	Kardamom
	Meersalz
100 ml	Orangensaft
1/2	Orange
150 g	Orangenmarmelade
100 ml	Sahne
100 g	Butter
250 g	Walnusskerne
1 Msp.	Ingwer
100 g	Schokolade, mind. 55% Kakao

Zubereitung:

Teig

1. Rohrzucker, Haferflocken, Prise Salz, Mehl und Prise Kakao vermischen.
2. In der Mitte eine Mulde formen, verquirlte Eier in die Mitte und Butterflocken am Rand verteilen.
3. Alles zusammen mit einem breiten Messer zerhacken und dann rasch zu einem glatten Teig verkneten. In Klarsichtfolie einschlagen und 1 Stunde in den Kühlschrank stellen.
4. Backofen auf 200° C (165° C Umluft) vorheizen. Mürbteig auf einer bemehlten Unterlage zu einem Rechteck ausrollen und auf ein, mit Butter bestrichenes, Blech legen.

Belag

5. Grand Marnier im Topf mit Kardamom, Prise Salz, Marmelade, Orangensaft und Abrieb einer Orange einreduzieren und abkühlen lassen.
6. Masse auf die Teigplatte streichen.
7. Sahne aufkochen und einreduzieren lassen. Butter, gehackte Walnusskerne und Ingwer unter ständigem Rühren dazugeben. Gleichmäßig über die Teigschicht verteilen.
8. Auf der mittleren Schiene ca. 20 Minuten backen. Die gebackene Platte nach dem Erkalten in 5 x 5 cm Quadrate schneiden und zur Hälfte in flüssige Schokolade tauchen. Auf einem Blech mit Backpapier ablegen und abkühlen lassen. Zum Lagern kühl stellen.

Walnusskerne werden in der Chinesischen Medizin zur Stärkung des Yang der Nieren und der Lunge eingesetzt. Sie sind aber auch recht fettig, was ihre befeuchtende und abführende Wirkung auf den Dickdarm erklärt. Das bedeutet aber auch, dass sie bei zu reichlichem Genuss die Mitte durch Feuchtigkeit blockieren können. Die bitteren Zutaten Orangenabrieb, Kakao und der etwas scharfe und sehr aromatische Kardamom schützen die Mitte vor Überladung durch die übrigen sehr reichhaltigen Bestandteile.

Nusspalatschinken

mit Schokoladensauce

Mengen:	Zutaten:	Zubereitung:
		Palatschinken
3 - 4 EL	Mineralwasser	
100 g	Dinkelmehl echten Kakao	1. Mineralwasser, Mehl, Prise Kakao und Milch glatt rühren.
250 ml	Milch	
3 - 4	Eier	
	Kardamom aus der Mühle	2. Die Eier drunter ziehen und mit dem Schneebesen glatt rühren.
	Meersalz	3. Mit Prise Kardamom und einer Prise Salz würzen.
	Butterschmalz zum Backen	4. Die Masse 15 Minuten stehen lassen.
		5. Palatschinken in einer flachen, beschichteten Pfanne mit Butterschmalz ausbacken.
		Nussmasse
200 ml	Milch	1. Milch mit Schale einer ½ Zitrone, Honig, Prise Vanillezucker, Zimtstange, Rum, Ingwer und Prise Salz aufkochen.
1/2	Zitrone	
2 EL	Honig	Hitze reduzieren und 15 - 20 Minuten ziehen lassen.
	Vanillezucker	2. Zimtstange und Zitronenschale herausnehmen. Fein geriebene Walnüsse einrühren,
1 Stange	Zimt	noch einmal aufkochen und ein paar Minuten quellen lassen.
1 EL	Rum	3. Palatschinken mit Nussmasse füllen.
1 Msp.	frischer Ingwer	
	Meersalz	Tipp:
250 g	Walnüsse	Ist die Nussmasse zu fest, 1 - 2 TL Crème fraîche unterzeihen.
		Schokoladensauce
250 ml	Sahne	1. Sahne aufkochen und Schokolade langsam, unter ständigem Rühren, darin schmelzen lassen.
125 g	Bitterschokolade	
125 g	Milchschokolade	

Dessert

Nüsse sind wahre Kraftpakete. Das gilt insbesondere für Walnüsse. Im Herbst geerntet, über die Herbstmonate auf dem Kachelofen getrocknet, entfalten sie ihre bis auf die Ebene der Nieren wärmende Wirkung am besten, wenn wir es am nötigsten brauchen: mitten im Winter. Durch ihren hohen Ölgehalt, trocknen sie uns mit all ihrer Wärme aber nicht aus.

Grundrezepte

Grundrezepte geben eine umfassende Übersicht über die verschiedenen Möglichkeiten der Zubereitung.

Da die Rezepte in diesem Buch auf einer handwerklich soliden und leicht zuzubereiteten Plattform basieren, macht Ihnen das Ausprobieren und das Zubereiten sicherlich sehr viel Freude.

Im Anhang sind alle Rezepte unterteilt in die verschiedenen Gruppen.
Kombinieren Sie selbst und erleben Sie den Spass an Ihren Möglichkeiten.

Brühen und Fonds

Das Bereiten von Fonds und Brühen erfordert etwas Zeit. Vielleicht ist dies der größte Luxus, den Sie sich leisten.

Zeit zu opfern für eine Arbeit, die am Ende nicht sofort ins Auge springt, beim Essen Ihres Lieblingsgerichtes aber den großen Unterschied inpuncto Aroma, Geschmack und Bekömmlichkeit ausmacht. Zudem steckt in lange gekochten Fonds und Brühen ein wahrer Schatz an Kraft und Energie, die Essenz eben. Fonds lassen sich sehr gut auf Vorrat herstellen und portionieren. Sie sind im Kühlschrank einige Tage haltbar. So wird jedes Gericht, auch wenn es einmal schnell gehen muss, zu einem wahren Genuss.

Probieren Sie es aus, wir versprechen Ihnen, es lohnt sich.

Tipps rund um Brühen und Fonds:

Der Trend geht zu einreduzierten, naturbelassenen Fonds. Möchten Sie Ihre Sauce mit Butter, Sahne oder Wein, rotem Portwein, Vermouth (Noilly Prat) verfeinern, dann gehen Sie wie folgt vor. Faustregel: Weine und Portweine immer auf 1/3 reduzieren und Sauce damit abschmecken. Sahne, Crème fraîche und Butter kurz vor Ende des Kochprozesses dazugeben und etwas einkochen. Das gibt der Sauce die gewünschte Bindung und vor allem die Butter gibt der Sauce diese feine, samtige Konsistenz und das Butteraroma. Zum Schluss hochwertiges Olivenöl und frische Kräuter hinzugeben. Damit erhält Ihre Sauce eine eigene Note. Es empfiehlt sich jeden Bratensatz immer mit einem sehr kalten Fond abzulöschen, aufzugießen, zu passieren, zu reduzieren und zu verfeinern. Schweinebraten können Sie mit Dunkelbier verfeinern, Kalbs- und Rinderbraten mit Rotwein oder Portweinreduktion, Geflügel mit Weißweinreduktion, Wild mit Rotwein- oder Portweinreduktion und Fischfond mit einreduziertem Noilly Prat. Frische Kräuter sollten Sie erst kurz vor dem Servieren dazugeben. Kräuter, wie beispielsweise Rosmarin- oder Thymanzweige, 5 - 10 Minuten vor dem Anrichten in der Sauce ziehen lassen.

Aufbewahrung der Fonds:
Wenn Sie Fonds nicht sofort verwenden und aufbewahren möchten, füllen Sie diese am besten ganz heiß in Einweggläser. Deckel zuschrauben und am Küchentisch abkühlen lassen. Im Kühlschrank hält sich der Fond 2 - 3 Wochen.

Tipp:
Fonds können sie auch ohne Alkohol zubereiten, dann wird er etwas leichter und klarer im Geschmack.

Hühnerbrühe

Mengen:	Zutaten:
5 L	Wasser
1	Suppenhuhn
5	Pfefferkörner,
5	Korianderkörner
	Meersalz
4 EL	Weinessig
1 Msp.	Paprika edelsüß
1/2	Knollensellerie
4	Karotte
1 Stange	Lauch (das Weiße)
5 EL	Sojasauce
1	Tomate
2	Wacholderbeeren
2 EL	frisch geriebener Ingwer
	Meersalz

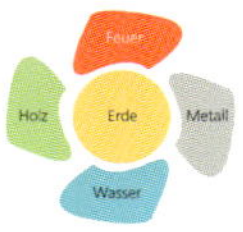

Zubereitung:

Huhn in einer Schüssel unter fließendem Wasser gut abspülen. Gemüse waschen und klein schneiden. Karotten in ½ cm dicke Scheiben schneiden. Diese können dann als Suppeneinlage weiter verwendet werden.

1. Huhn in den Topf geben und mit ca. 5 l kaltem Wasser auffüllen. Das Huhn sollte bedeckt sein.
2. Pfefferkörner, Korianderkörner, Salz, Weinessig, Prise Paprika dazu geben und alles zusammen langsam aufkochen. Den aufsteigenden Schaum abschöpfen und Hitze reduzieren. Die Brühe darf nicht mehr kochen, nur noch ziehen. Wenn Sie es mit einem Thermometer kontrollieren, sollte die Temperatur 85-87° C nicht überschreiten. Alternativ sind ca. 85° C erreicht, wenn in der Topfmitte Wärmeschlieren aufsteigen und dabei die Oberfläche leicht dampft. Bei zu hohen Temperaturen wird das Huhn trocken und die feinen Aromen verdunsten.
3. Sellerie, Karotten, Lauch, Sojasauce (Faustregel auf 1 L = 1 EL Sojasauce) Tomate und Wacholderbeeren dazugeben und alles zusammen ca. 2 Std. ziehen lassen.
4. Das Huhn aus dem Topf nehmen. Das Fleisch sollte sich ganz leicht mit der Hand vom Knochen lösen lassen. Anschließend in ca. 3 cm lange Stücke klein schneiden.
5. Brühe durch ein Sieb gießen. Die Karotten zu dem klein geschnittenen Huhn geben und auskühlen lassen. Mit einer Folie bedecken und bis zur weiteren Verwendung in den Kühlschrank stellen.
6. Brühe noch etwa eine halbe Stunde köcheln lassen. Es bleiben ca. 4 l Brühe übrig.
7. Diese mit 2 EL frisch geriebenem Ingwer und einer Prise Salz abschmecken. Brühe abkühlen lassen und bis zur weiteren Verwendung in den Kühlschrank stellen. Sobald die Brühe etwas runterkühlt, lässt sich das Fett gut abschöpfen.

Hühnerbrühe bereichert nicht nur durch seinen Geschmack jedes Gericht, sie ist auch ein wahres Geschenk für den Körper. Zusammen mit dem Hühnerfleisch, Nudelhörnchen, Karotten oder saisonalem Gemüse lässt sich aus dieser Hühnerbrühe ein schnelles, nährendes Gericht zaubern.

Gemüsebrühe

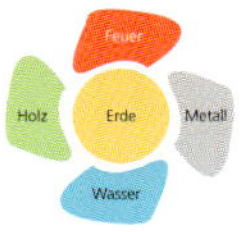

Mengen:	Zutaten:
	Olivenöl
2	Zwiebeln
5	Karotten
1	Knollensellerie
1	Petersilienwurzel
2 Stangen	Lauch
2	Knoblauchzehen
	Meersalz
7 L	Wasser
2	Tomaten
6 - 7	Petersilienstängel
1/2	Zitrone
1	Kartoffel
1 EL	geriebener Ingwer
5	Pfefferkörner
5	Korianderkörner
1	Lorbeerblatt

Zubereitung:

1. Einen großen Topf erhitzen (Stufe 12 oder höchste Stufe) und die vier Zwiebelhälften, mit der Schnittfläche nach unten, einlegen. Hitze nach 2-3 Minuten auf Stufe 6 reduzieren und goldgelb bräunen.
2. Olivenöl, Karotten-, Petersilienwurzel- und Selleriewürfel, Lauch und Knoblauch dazugeben und 2-3 Minuten leicht anbraten.
3. Salzen und 7 Liter kaltes Wasser dazugießen.
4. Tomatenscheiben und Petersilienstängel einlegen. Einmal kurz aufkochen. Hitze auf 85° - 87° C reduzieren. Bei leicht dampfender Oberfläche steigen in der Topfmitte Hitzeschlieren auf.
   Alternativ Induktionskochfeld auf 80° C einstellen.
   3 Stunden ziehen lassen.
5. 1 TL Zitronensaft, Zitronenschale, in Scheiben geschnittene Kartoffel, Pfefferkörner, Korianderkörner, Lorbeerblatt, frisch geriebener Ingwer und eine Prise Salz dazu und noch eine 1/2 Stunde ziehen lassen. Herdplatte abschalten, Zitronenschale entfernen und auf der warmen Platte langsam auskühlen lassen.
6. Brühe durch ein Spitzsieb mit Netz oder Spitzsieb mit Löchern gießen.

Kraftbrühe

Mengen:	Zutaten:
1,2 kg	Schlegel, entfettetes Rindfleisch
2	Karotten
1/2	Sellerieknolle
1 Stange	Lauch (nur das Weiße)
5	Pfefferkörner
2	Lorbeerblätter
2 EL	Sojasauce
5	Petersilienstängel
	Rosenpaprika
7	rohe Eiweiß
5 L	Rinderbrühe

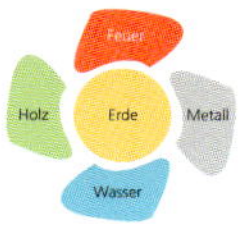

Zubereitung:

1. Fleisch faschieren (klein hacken), Gemüse klein hacken und mit den Kräutern, den Gewürzen und dem Eiweiß vermischen.
2. 5 Liter kalte Rinderbrühe mit der Fleisch-Gemüse-Kräuter-Eiweiß-Mischung in einen Topf geben und langsam, unter ständigem Rühren, erhitzen. Sobald die Flüssigkeit zu kochen beginnt, Herdplatte zurückdrehen und Topf am Rand der Platte noch 1 ½ Std. sieden (ziehen) lassen. Nicht mehr kochen.
   Nach dieser Zeit hat sich die Brühe mit den Aromastoffen von Fleisch und Gemüse vollgesogen.
3. Großes Rundsieb, mit einer gut in warmem Wasser gewaschenen Windel auslegen und Brühe durchgießen.

Heller Kalbsfond

Mengen:	Zutaten:
2,5 kg	Kalbfleischknochen
	Butterschmalz/Pflanzenöl
2	Karotten
1 Stange	Staudensellerie
1	Zwiebel
1 Stange	Lauch (das Weiße)
5	schwarze Pfefferkörner
1	Lorbeerblatt
	Meersalz
	Petersilienstängel
200 ml	Weißwein
4 L	Wasser
1	Tomate
1 Zweig	Rosmarin

Zubereitung:

1. Kleingehackte Knochen waschen und abtrocknen.
2. Knochen und Gemüse in etwas Butterschmalz oder Pflanzenöl farblos anschwitzen.
3. Pfefferkörner, Lorbeerblatt, Salz und Petersilienstängel dazugeben.
4. Mit Weißwein ablöschen. Diesen Ansatz von gerösteten Knochen und Gemüse abkühlen lassen, damit sich der Fond später nicht eintrübt.
5. Mit kaltem Wasser auffüllen. Tomatenscheiben dazu, einmal aufkochen, Hitze wieder reduzieren und Brühe 2-3 Stunden auf sehr kleiner Flamme köcheln lassen. Dabei immer wieder abschäumen.
6. Rosmarinzweig für die letzte halbe Stunde dazugeben.
7. Fond durch ein feines Sieb gießen. Bis zur Weiterverarbeitung kühlen.

Dunkler Kalbsfond

Mengen:	Zutaten:
2 EL	Öl
2,5 kg	Kalbfleischknochen
1/2	Knollensellerie
2	Karotten
5	Champignons
3	Zwiebeln
1 Stange	Lauch (nur das Weiße)
	Pfeffer aus der Mühle
	Meersalz
2 EL	Tomatenmark
200 ml	Rotwein
3 L	Wasser
1	Tomate
5	Petersilienstiele,
1 Zweig	Rosmarin
2	Wacholderbeeren (angedrückt)
1 Zweig	Estragonblätter
1	Lorbeerblatt
1	Knoblauchzehe
2	schwarze Pfefferkörner
3	Pimentkörner

Zubereitung:

1. Klein gehackte Kalbsknochen waschen und abtrocknen.
2. Öl erhitzen. Knochen kräftig anbraten, Fleischabschnitte dazu geben und mitbraten. Das Fett abgießen.
3. Würfelig geschnittenes Wurzelgemüse, Champignons, halbierte Zwiebeln und Lauch mitrösten.
4. Pfeffern, salzen und Tomatenmark dazugeben.
5. Rotwein langsam (Schluckweise) zugießen und dabei die Flüssigkeit immer wieder etwas einkochen lassen.
6. Knochen mit kaltem Wasser bedecken, aufkochen lassen und abschäumen.
5. In Scheiben geschnittene Tomaten, Kräuter und Gewürze dazugeben. Bei schwacher Hitze ca. 2 1/2 - 3 Std. im offenen Topf ganz leicht köcheln lassen. Dabei öfter abschäumen. Am Ende der Kochzeit durch ein feines Haarsieb ausgelegt mit einem Stofftuch (Etamin) gießen, kalt stellen und Fett abschöpfen.

Tipp:
Wenn Sie keinen so großen Topf haben, können Sie die Knochen auch im Backofen ohne Fett bei 180° - 200° C (Umluft) braun rösten und dann zu dem angebratenen Wurzelgemüse dazugeben.

Rinderbrühe

Mengen:	Zutaten:
500 g	Rindfleisch (Schulter, Brust oder Beinfleisch)
400 g	Rindsknochen (Schulter)
1	kleine Zwiebel
1	Karotte
1	Knollensellerie
1 Stange	Lauch
1 TL	schwarze Pfefferkörner
1	Lorbeerblatt
1	Liebstöckel
3 L	Wasser
1	Tomate
	Petersilienstängel
1	Zitrone
	Pfeffer aus der Mühle
	Meersalz

Zubereitung:

Die gewaschenen Rindsknochen in kochendem Wasser kurz überbrühen. Abgießen und kalt abschwemmen, bis das Wasser klar ist.
Gemüse und Suppengrün waschen und klein schneiden.
Zwiebel samt Schale halbieren, Wurzelansatz wegschneiden.

1. Zwiebel in einer beschichteten Pfanne, ohne Fett, auf der Schnittfläche dunkel anbräunen. Dadurch erhält die Suppe die kräftige Farbe.
2. Rindfleisch, Rinderknochen, Karotte, Sellerie, Lauch, Pfefferkörner, Lorbeerblatt und Liebstöckel in den Topf geben und mit kaltem Wasser aufgießen.
3. Tomaten und Petersilienstängel und etwas abgeriebene Zitronenschale dazugeben. Langsam aufkochen und bei kleiner Flamme 2,5 bis 3 Stunden leicht köcheln lassen.
   Den aufsteigenden Schaum öfters abschöpfen.
4. Suppe durch ein feines Sieb abseihen.
   Nach Belieben mit Pfeffer und Salz abschmecken.

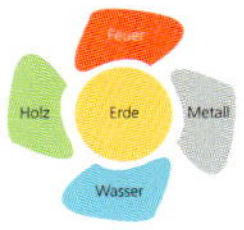

Tipp: Das gekochte Fleisch können Sie für Suppeneinlagen, als Hauptspeise oder für eine Sülze weiter verwenden.

Brauner Wildfond

Mengen:	Zutaten:
1 kg	Wildknochen
5 EL	Pflanzenöl
2	Karotten
3	Champignons
1	Lauch
1	Zwiebel
	Pfeffer & Meersalz
3 EL	Tomatenmark
2 EL	Rotweinessig
500 ml	Rotwein
2 - 3	Petersiliestängel
1 EL	Preiselbeeren
1 Strauß	Thymian
5	Wacholderbeeren
1	Knoblauchzehe
1	Nelke
5	Pfefferkörner
5	Pimentkörner
1	Lorbeerblatt
5 L	Wasser oder Brühe

Zubereitung:

1. Öl in einem Topf erhitzen, kleingehackte Knochen und Fleischabschnitte dazugeben und gut anrösten.
2. Wurzelgemüse schälen, grob schneiden, Zwiebel halbieren und mitrösten. Pfeffern und salzen. Tomatenmark dazu und ganz kurz mitrösten.
3. Mit Rotweinessig und Rotwein ablöschen und einkochen lassen, bis fast keine Flüssigkeit mehr übrig ist.
4. Gewürze dazugeben und mit Wasser oder leichter Fleischbrühe aufgießen. 2 1/2 Std. köcheln lassen, durch ein Spitzsieb gießen und auf die gewünschte Menge einreduzieren. Bei Bedarf noch etwas salzen. Fond kalt stellen und Fett abschöpfen.

Tipp: Sie können die Knochen auch im vorgeheizten Backofen (Mittlere Schiene 200° C) rösten, bis die Knochen eine schöne Farbe angenommen haben. Dies dauert ca. eine halbe Stunde.
Dann zum Gemüse dazugeben.

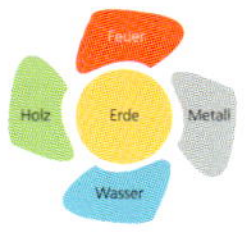

Fischfond

Mengen:	Zutaten:
1 kg	Fischkarkassen
3 L	Wasser
1 EL	Meersalz
2 Zweige	glatte Petersilie
2	Zitronen (ohne Schale und ohne Weiß, in Scheiben geschnitten)
5-6 Blätter	Basilikum
4 Zweige	Estragon
10	Champignons (in Scheiben geschnitten)
1 Stange	Lauch (nur das Weiße)
200 g	weiße Zwiebeln (in Scheiben geschnitten)
3 EL	Champagner-Essig

Zubereitung:

1. In einem Topf alle Zutaten, außer dem Essig, langsam aufkochen lassen. Dann sofort den Essig zufügen, vom Herd nehmen und 1 Stunde ziehen lassen.
2. Fond durch ein Passiertuch abgießen.

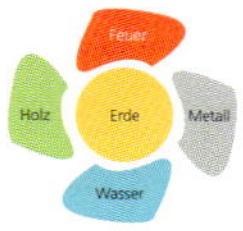

Langostini-Fond

Mengen:	Zutaten:
15	Langostinis (reicht für 6 Personen)
	Olivenöl
1	Chilischote
1	rote Paprika
1	Fenchelknolle
3	weiße Zwiebeln
1	junge Knoblauchknolle (halbiert)
8	Flaschentomaten
	frische Kräuter: glatte Petersilie (Blatt & Stiel), Basilikum, Estragon
150 ml	Noilly Prat
8 L	Wasser
	Meersalz

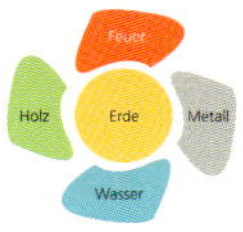

Zubereitung:

1. Kopf der Langostini knacken und ausräumen, sodass die Karkasse übrig bleibt. Schwanz ebenfalls aufbrechen und Karkasse entfernen. Jetzt gut unter fließendem Wasser spülen. Dann die Karkassen durch Beklopfen etwas aufbrechen.
2. Scheren entfernen.
3. Olivenöl in heißen Topf geben. Halbierte Chilischote und aufgebrochene Langostini-Karkassen dazu geben und bei niedriger Temperatur köcheln.
4. Geputztes und grob geschnittenes Gemüse und Kräuter zugeben und ca. 30 Minuten weiter köcheln.
5. Mit Noilly Prat ablöschen.
6. Mit kaltem Wasser aufgießen, wenig Salz dazu geben und 60 Minuten bei ca. 85° C ziehen lassen oder leicht köcheln. Zwischendurch entstehenden Schaum mit Löffel entfernen. Dann vom Feuer nehmen und abkühlen lassen.
7. Durch ein, mit einem Stofftuch ausgelegtes Sieb abgießen.

Wasser ist ein so genannter „Extrahierer“, das heißt es zieht in verschiedenen Temperaturbereichen unterschiedliche Aromen und Inhaltsstoffe aus den Zutaten. Deshalb ist der langsame Abkühlvorgang sehr wichtig.

Langostinis sind durch ihren Bezug zu den Nieren, ihr warmes Temperaturverhalten und den salzigen Geschmack sehr tief kräftigend. In Italien sagt man: „Zwei Löffel davon verlängern das Leben um eine Woche“.

Getreide

Nach Fleisch, Wurzeln und wilden Beeren, sind die Getreide eine der ältesten Ernährungsformen des Menschen. Sie sind mit dem Sesshaftwerden des Menschen verbunden. Aus Sicht der Chinesischen Medizin sind sie die Grundlage der menschlichen Ernährung, denn sie stärken und regulieren alle die Mitte.

Vor allem in Form von Breien sind sie kraftspendend und nährend und verdienen daher jeden Tag unsere Aufmerksamkeit.

Grundrezept:

Sie rechnen pro 100 g Mehl (2/3 glattes Mehl und 1/3 griffiges Mehl) ein Ei dazu. Ist doch ganz einfach, oder?

In der Praxis wäre das bei 300 g Mehl = 200 g glattes Mehl, 100 g griffiges Mehl und drei Eier. Fertig. Bei der in Italien auch gern benutzten Variante nehmen Sie statt der drei ganzen Eier nur das Eigelb.

Ist der Teig zu fest, fügen Sie ein Eigelb hinzu. Ist der Teig zu feucht, etwas Mehl dazu geben. Zuerst im Rührkessel mit einem Knethacken, dann mit der Hand zu einer schönen, glatten Masse verarbeiten. In Klarsichtfolie einwickeln und mindestens eine halbe bis eine Stunde kalt stellen. Den Nudelteig mit einer Nudelmaschine (oder Nudelholz) dünn ausrollen und in die gewünschte Form schneiden.

Nudelteig

Mengen:	Zutaten:
200 g	Kamutmehl (grießig gemahlen)
100 g	Vollkorndinkelmehl
3	Eier
2 EL	Wasser
1 EL	Olivenöl
	oder
200 g	Weizen- oder Dinkelmehl
100 g	Hartweizengrieß
3 - 4	Eier
2 EL	Wasser
1 EL	Olivenöl

Zubereitung:

1. Alle Zutaten in eine Rührschüssel geben und mit einer Küchenmaschine mit Knethacken auf der langsamsten Stufe miteinander vermengen. Anschließend den Teig mit der Hand auf einer bemehlten Fläche gute 5 - 7 Minuten durchkneten. (Mit Handballen flach drücken, obere Hälfte nach unten schlagen, drehen und wieder mit den Handballen flach drücken) Solange kneten, bis sich eine homogene Masse bildet.
   Nudelteig vor der Weiterverarbeitung mindestens 1 Stunde, in Klarsichtfolie eingewickelt, ruhen lassen.

2. Dann mit der Nudelmaschine oder dem Wellholz den Teig dünn ausrollen. Sollten Sie keine Küchenmaschine haben, Mehl auf die Arbeitsfläche geben, in die Mitte eine Mulde drücken. Eier, Wasser und Öl in die Mitte geben und mit den Fingerspitzen kreisförmig verquirlen. Dabei das Mehl nach und nach von außen nach innen untermischen, bis sich eine Kugel formen lässt. Anschließend auf einer bemehlten Fläche gut durchkneten. Ist der Teig zu trocken, Hände mit Wasser befeuchten und kneten, bis der Teig die Feuchtigkeit aufnimmt.

Tipp:
Bei der Verwendung von Vollkornmehl müssen Sie etwas mehr Flüssigkeit in Form von Eigelb oder dem ganzen Ei einkalkulieren.

Der Nudelteig kann nun beliebig zu Pappardelle, Tagliatelle, Ravioli, Lasagne oder Lasagnette verarbeitet werden. Eingewickelt in Klarsichtsfolie, kann er im Kühlschrank aufbewahrt und dadurch auch jederzeit am Vortag zubereitet werden.

Tipp:
Färben Sie Ihren Teig rot oder gelb.
Etwas Tomatenmark oder in Wasser aufgelöste Safranfäden unter die Eier rühren.

Nudelteig - italienisch

Mengen:	Zutaten:
300 g	Hartweizenmehl (semola di grano duro doppelt gemahlen)
8	Eigelb
50 ml	Wasser
2 EL	Olivenöl

Zubereitung:

1. Zuerst im Rührkessel mit einem Knethacken, dann mit der Hand zu einer schönen, glatten Masse verarbeiten. In Klarsichtfolie einwickeln und mindestens 6 Stunde kalt stellen.
2. Den Nudelteig mit einer Nudelmaschine (oder Nudelholz) dünn ausrollen und in die gewünschte Form schneiden.

Risotto

Mengen:	Zutaten:
1	kleine Schalotte
1	Knoblauchzehe
2 EL	Olivenöl
300 g	Risottoreis (Arborio, Vialone)
125 ml	trockenen Weißwein
900 ml	Geflügelbrühe
1 Zweig	Rosmarin
1 Zweig	Thymian
1 EL	Butter
	Pfeffer aus der Mühle
	Meersalz
2 - 3 EL	geriebener Parmesan

Zubereitung:

1. Geschälte und feine gehackte Schalotten in Olivenöl farblos anschwitzen. Ganzen Knoblauch mit Schale dazugeben.
2. Risottoreis dazu und kurz mitrösten. Salzen und mit warmem Weißwein ablöschen. Diesen bei geringer Hitze verdampfen lassen.
3. Heißen Geflügelfond nach und nach zum Risottoreis gießen.
4. Rosmarin- und Thymianzweig zum Garen dazulegen. Bei schwacher Hitze garen, dabei immer wieder umrühren oder wie die „Profis" schwenken, bis der Risotto kernig ist.
5. Nach ca. 17 - 20 Minuten, wenn das Risotto eine cremige Konsistenz bekommt und noch ganz leichten Biss hat, Knoblauch, Rosmarin und Thymian herausnehmen.
6. Kalte Butter dazugeben, mit Pfeffer und Salz würzen und Parmesan einrühren.

Tipp:
Das klassische Risotto können Sie nach Lust und Laune natürlich auch selbst kreativ mit Ihrem Lieblingsgemüse ergänzen, im Herbst passt Kürbis sehr gut. Sie rechnen pro Person ca. 50 Gramm Gemüse (z.B. Kürbispüree).
Die Zubereitung erfolgt wie auf Seite 93, Jakobsmuschel mit geraspelten Zucchini und Pfifferlingen.

Sollten Sie z.B. etwas Kürbissuppe übrig haben, gießen Sie doch nach der halben Kochzeit statt mit Brühe mit etwas Kürbissuppe auf und raspeln noch etwas frischen Kürbis und für die Schärfe etwas frisch geriebenen Ingwer dazu und würzen mit einer Prise Piment d´Espelette. Je nach Kochzeit des Gemüses, geben Sie das Gemüse etwas früher oder erst kurz vor Ende der Kochzeit dazu.

Basmatireis

Mengen:	Zutaten:
1 Teil	Reis
1 - 1 1/2 Teile	Wasser
1 TL	Meersalz

Zubereitung:

1. Reis in einen Topf mit Wasser und Salz geben. Am besten die flache Hand auf den, mit Wasser bedeckten, Reis legen. Diese sollte bis Oberkante bedeckt sein.
2. Reis aufkochen, zwei bis drei Minuten leicht köcheln lassen, dann Deckel darauflegen und ca. 20 - 25 Minuten im Ofen bei 180° C Umluft ziehen lassen, bis der Reis das ganze Wasser schön aufgenommen hat und gar ist.

Tipp: Wenn Sie gerne Reis essen ist ein Reiskocher eine tolle Sache.

Tipp: Ersetzen Sie Wasser durch Hühnerbrühe wird daraus ein leckerer und energetisch wertvoller 5-Elemente-Reis.

Schnelles Fladenbrot

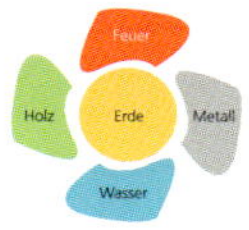

Mengen:	Zutaten:
260 g	fein gemahlenes Vollkornweizenmehl
1/2 Würfel	Hefe (20g)
	Pfeffer aus der Mühle
1/2 TL	Meersalz
200 ml	lauwarmes Wasser
	Paprika edelsüß
2 EL	Olivenöl

Zubereitung:

1. Mehl mit Pfeffer und Salz in eine große Schüssel geben.
2. Lauwarmes Wasser und Hefe verrühren und nach und nach zum Mehl geben. Zwischendurch immer wieder im Rührkessel oder von Hand kneten.
3. Wenn das ganze Wasser eingearbeitet ist, eine Prise Paprika und Olivenöl in den Teig kneten. Teig 20 Minuten ruhen lassen. Danach noch einmal kneten, Hände und Fläche mit Mehl bestäuben und gut durchkneten damit der Teig noch elastischer wird.
4. Teig zu einer Rolle formen und in 8 gleich große Portionen teilen und runde, dünne Scheiben formen. Fladen dabei immer wieder drehen und mit dem Nudelholz rollen, damit die Fladen gut in die Pfanne passen.
5. Große beschichtete Pfanne (mindestens 25cm Durchmesser) erhitzen und Fladen, ohne Fett, in die Pfanne geben.
   Sobald der Teig anfängt Blasen zu werfen, umdrehen und weiterbacken, bis dieser schön gebräunt ist. Herausnehmen und mit einem Geschirrtuch zugedeckt im Ofen (80° C) warm stellen, bis die anderen Fladen auf die gleiche Weise zubereitet sind.

Der selbst gemachte Wrap vereinigt zwar alle Elemente in sich, wird aber erst durch seine Füllung zum Leben erweckt.
Genießen Sie ihn zum Beispiel mit Hähnchen-Gemüse, Hackfleisch-Bohnen, kurz gebratenem Roastbeef, Gemüse oder Salat nach Saison.

Focaccia

Mengen:	Zutaten:
330 g	lauwarmes Wasser
25 g	Hefe
1 TL	Rohrzucker
	Pfeffer aus der Mühle
1 TL	Meersalz
500 g	fein gemahlenes Dinkel- oder Weizenvollkornmehl
100 ml	Olivenöl
	schwarze Oliven
	Ofentomaten
1 Zweig	Rosmarin

Zubereitung:

1. Lauwarmes Wasser mit Hefe, Zucker, Pfeffer und Meersalz in einer Schüssel vermischen und etwas von dem Mehl dazugeben. Das Ganze zugedeckt gehen lassen.
2. Das restliche Mehl und Öl dazu, verkneten und noch einmal gehen lassen.
3. Den ziemlich flüssigen Teig auf ein gefettetes Blech (1 - 2 cm hoch) geben und mit den Fingerspitzen Vertiefungen in den Teig drücken. Weitere 20 Minuten gehen lassen.
4. Mit kernlosen schwarzen Oliven ausfüllen, mit Ofentomaten belegen und mit Rosmarinnadeln bestreuen.
5. Im Backofen 15 Minuten bei 220° C (Umluft 180° C) goldbraun backen.

Focaccia passt wunderbar zu Salat, Antipasta oder als Solist zu einem guten Rotwein.

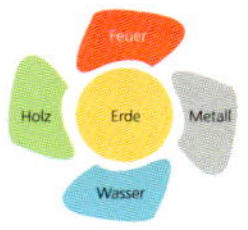

Serviettenknödel

Mengen:	Zutaten:
300 g	Brötchen
200 ml	Milch
3	Eier
1 TL	Butter
1	kleine Zwiebel
	Pfeffer aus der Mühle
	Meersalz
2 EL	gehackte Petersilie
	Bockshornkleesamen aus der Mühle

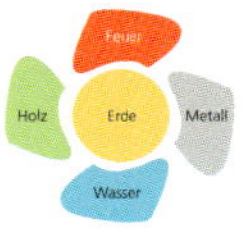

Zubereitung:

1. Brötchen in kleine Würfel schneiden und in eine Schüssel geben.
2. Milch anwärmen und Eier dazugeben. Milch darf nicht heiß sein.
   Eier und Milch mit Schneebesen verquirlen.
3. Würfelig geschnittene Zwiebel in Butter andünsten. Pfeffern, salzen, Petersilie und Prise Bockshornkleesamen kurz mitdünsten, zur Milch-Ei-Mischung geben und auf die Brötchen gießen.
   Mit den Händen schön unterheben. Nicht kneten.
   Knödelmasse ca. 30-45 Minuten am Küchentisch stehen lassen, bis die Flüssigkeit von den Brötchen schön aufgenommen worden ist.
   Kein Mehl in die Knödelmasse geben, denn die Eier sorgen für die Bindung.
4. Alufolie ausbreiten, darauf ein Bogen Frischhaltefolie legen und Knödelmasse (darf ruhig etwas feucht sein) längs darauf verteilen.
   Masse zuerst in Frischhaltefolie wickeln (Rolle formen, ca. 5 cm Durchmesser).
   Alufolie wie eine Wurst zusammenrollen, Enden fest zudrehen.
   Die Rollen in siedendem Wasser etwa 25 Minuten ziehen lassen.
   Anschließend können Sie die Knödel noch im Backofen, bis zur Weiterverwendung, bei 100° C warm halten. Knödel auswickeln und in Scheiben aufschneiden.

Tipp:
Mit Brezeln können Sie daraus Brezenknödel machen, mit Dinkelvollkornsemmeln, Dinkelvollkornknödel ...
Dieses Rezept funktioniert als Resteverwertung mit altbackenen Brötchen oder auch mit frischen Brötchen. Es läßt sich prima vorbereiten und in jeder Jahreszeit sehr vielfältig kombinieren.

Schneller Kaiserschmarrn in der Pfanne

220 ml	Milch
Prise	Kardamom
Prise	Salz
1 EL	Sauerrahm
120 g	Mehl
Prise	echten Kakao
4	Eier
2 EL	Butter

1. Milch, Kardamom, Salz, Sauerrahm, Mehl und Kakao glatt rühren.
2. Eier dazugeben und vorsichtig darunter ziehen.
3. Große Pfanne erhitzen, Butter schmelzen und den Teig hineingiessen und gut verteilen.
4. Sobald der Teig an der Oberfläche zu trocknen beginnt, ein paar Butterflocken in die Pfanne geben und mit einer Holzpalette den Teig halbieren. Alle Teile umdrehen und warten bis der Teig auch auf der 2. Seite Farbe annimmt.
5. Teig mit Gabeln in ca. 4 cm große Stücke reißen.
   Immer wieder durchschwenken.

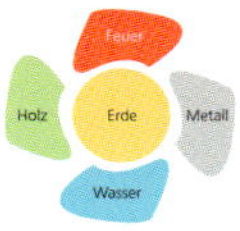

Spinatknödel

Mengen:	Zutaten:
140 g	Spinat
300 g	Dinkelbrötchen
1	kleine Zwiebel
1 EL	Butter
200 ml	Milch
3	Eier
	Muskatnuss
	Pfeffer aus der Mühle
	Meersalz
80 g	geriebener Käse
	1/2 Bergkäse
	1/2 Edamer
	Rosenpaprika

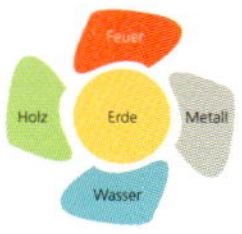

Zubereitung:

1. Spinat blanchieren und pürieren.
   Dinkelbrötchen in 1 cm Würfel schneiden und in eine Schüssel geben.

2. In Würfel geschnittene Zwiebel in einer Pfanne mit Butter glasig dünsten.

3. Milch anwärmen. Mit einem Schneebesen warme Milch mit den Eiern verquirlen und mit frisch geriebener Muskatnuss, Pfeffer und Salz würzen.

4. Milch mit gebratener Zwiebel, Spinat und geriebenem Käse über die Brötchen gießen. Mit Rosenpaprika würzen und mit den Händen drunter heben. Nicht kneten. Knödelmasse ca. 30 Minuten im Kühlschrank rasten lassen, bis die Flüssigkeit von den Brötchen schön aufgenommen worden ist.

5. Alufolie ausbreiten, darauf ein Bogen Frischhaltefolie legen und Knödelmasse (darf ruhig etwas feucht sein) längs darauf verteilen. Masse zuerst in Frischhaltefolie wickeln (Rolle formen ca. 6 cm Durchmesser). Alufolie wie eine Wurst zusammenrollen, Enden fest zudrehen. Die Rollen in schwach, wallendem Wasser 25 Minuten köcheln lassen. Knödel auswickeln, in Scheiben aufschneiden und servieren.

6. Mit etwas Nussbutter (Grundrezepte Seite 265), frittiertem Spinat und geriebenem Käse servieren.

Tipp:
Kochen Sie die Knödel in der Alufolie, benötigen Sie kein Mehl.
Die Rolle lässt sich nach dem Kochen auch gut eine halbe Stunde, bis die Kinder aus der Schule kommen, bei 80° C im Ofen warm halten.
Am nächsten Tag können Sie die Knödel auch in der Pfanne noch einmal auf beiden Seiten kurz anbraten und servieren.

Frittierter Spinat:
Geklärte Butter erhitzen und Spinatblätter ganz kurz darin knusprig frittieren.
Anschließend auf ein Küchenpapier legen.

Cremige Polenta

Mengen:	Zutaten:
1 Zweig	Rosmarin
250 g	Gemüsebrühe
250 ml	Milch
100 g	Maisgrieß
	Pfeffer aus der Mühle
	Meersalz
80 g	Parmesan
	Petersilie
	Rosenpaprika
2 - 3 EL	Olivenöl

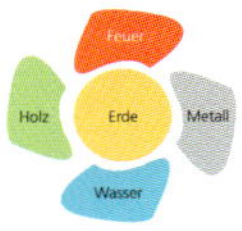

Zubereitung:

1. Rosmarinzweig in Gemüsebrühe und Milch aufkochen und 5 Minuten bei kleiner Flamme köcheln lassen.
   Rosmarinzweig wieder herausnehmen.
2. Maisgrieß einrühren, bei geringer Hitze, unter ständigem Rühren, ca. 10 - 12 Minuten köcheln lassen.
3. Pfeffer, Salz, Parmesan, Petersilie und Prise Rosenpaprika einrühren.
4. Bei Bedarf etwas Gemüsebrühe zugießen und Olivenöl unterrühren.

Tomaten Polenta: Tomatenpüree (aus gekochten und passierten Tomaten) kurz vor Ende der Kochzeit einrühren.

Paprika Polenta: 3 - 4 Paprika schälen und in etwas Olivenöl scharf anbraten. Mit einer Prise Rohrzucker karamellisieren. Etwas Gemüsebrühe zugießen und kurz köcheln. Eine Prise Pfeffer dazu und mixen. Wenn Sie die Paprikas vorher nicht schälen, Paprikapüree durch ein Sieb streichen und vor Ende der Kochzeit mit einrühren.

Bärlauch Polenta: Bärlauch blanchieren, mit kaltem Wasser abschrecken und pürieren. Am Ende der Kochzeit dazugeben. Keine Mengenangaben, kochen Sie nach Gefühl. Mengenangaben sind nur bei Kuchenrezepten ein absolutes Muss.

Tipp:
Werden Sie mit verschiedenen „Polenta Geschmacksrichtungen" selbst kreativ.

Strudelteig

Mengen:	Zutaten:
1 EL	Öl
1	Ei
Prise	Koriander
125 ml	warmes Wasser
Prise	Salz
Spritzer	Zitronensaft
200 g	feines Weizenmehl
etwas	Zitronenabrieb

Zubereitung:

1. Alle Zutaten zu einem Teig kneten und mit Folie zugedeckt bei Zimmertemperatur ziehen lassen.

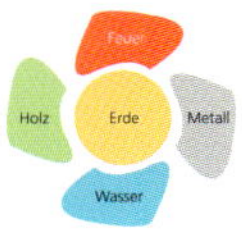

Tipp:
Strudelteig gibt es auch in sehr guter Qualität zu kaufen.

Herzhafte Grießnocken

Mengen:	Zutaten:
40 g	Butter
1	Ei
	Muskatnuss
	Meersalz
80 g	Grieß
	Rosenpaprika

Zubereitung:

1. Handwarme Butter mit dem Handmixer schaumig rühren. Ei verquirlen und langsam dazugeben.
2. Muskatnuss, Salz, Grieß und Prise Paprika dazugeben. Die Masse mindestens eine halbe Stunde im Kühlschrank rasten lassen.
3. Mit Kaffeelöffel Nocken formen und 3 Minuten in kochendes Wasser geben. Kaltes Wasser dazugeben und 10-15 Minuten zugedeckt ziehen lassen.
4. Grießnocken in heiße Brühe geben und mit frischem Schnittlauch garnieren.

Faustregel:
Grieß und Ei sollten die gleiche Menge sein (also gleich schwer), Butter das halbe Gewicht.

Grießnocken können Sie mit Weizen-, Dinkel- oder auch Maisgrieß zubereiten. Süß oder herzhaft zubereitet, sind sie eine schnelle und nährende Beilage in Suppe oder Kompott.

Süße Grießnocken auf zweierlei Art

Mengen:	Zutaten:
500 ml	Milch
2	Vanilleschoten
1 TL	Honig
	Koriander aus der Mühle
	Meersalz
160 g	Weizen- oder Dinkelvollkorngrieß
	echten Kakao
2	Eier
1	Eigelb

Zubereitung:

1. Milch mit Mark der Vanilleschoten und Honig aufkochen. Koriander und Prise Salz zugeben.
2. Grieß einrühren und Prise echten Kakao zugeben. Eier einrühren und abkühlen lassen.
2. Wasser leicht salzen und aufkochen.
3. Mit Teelöffeln Nocken formen und in siedendem Wasser ziehen lassen, bis die Nocken an die Oberfläche steigen.

oder

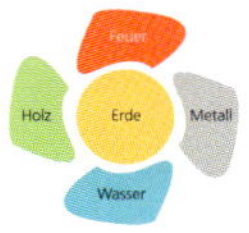

Mengen:	Zutaten:
40 g	Butter
1	Ei
	Koriander aus der Mühle
	Meersalz
80 g	Grieß
	echten Kakao

1. Handwarme Butter mit dem Handmixer schaumig rühren. Ei verquirlen und langsam dazugeben.
2. Koriander, Salz, Grieß und Prise echten Kakao dazugeben. Die Masse mindestens eine halbe Stunde im Kühlschrank rasten lassen.
3. Mit Kaffeelöffel Nocken formen und 3 Minuten in kochendes Wasser geben. Kaltes Wasser dazugeben und 10-15 Minuten zugedeckt ziehen lassen.
4. Grießnocken in warmes Kompott der Saison geben.

GEMÜSE

Im Gemüse spiegelt sich das Jahr wieder. Die frischen Sommergemüse, die nach sofortiger Zubereitung und zeitnahem Verzehr rufen und die Lagergemüse, die geduldig in Keller und Miete darauf warten, dass wir ihnen unsere Aufmerksamkeit schenken. Gemüse sind geschmacklich und energetisch die Nahrungsbestandteile, die nach den Kräutern, mit der größten Vielfalt und den verschiedensten Aromen aufwarten und bestechen können. Genießen wir sie, ein jedes zu seiner Zeit.

So schmeckt das Gemüse richtig gut

Ein Fehler, der in der Küche gerne begangen wird ist, das Gemüse in viel Wasser matschig zu kochen. Dabei geht, neben den wertvollen Inhaltsstoffen, auch gleich noch der Geschmack verloren. Und beides ist schade. Damit Wurzeln, Schoten, Blätter und Früchte ihre ganze Vielfalt an Aroma und Farbe zeigen können, ist keine hohe Kochkunst notwendig. Die zwei folgenden Methoden sind besonders dazu geeignet:

Blanchieren: Geputztes, klein geschnittenes Gemüse wird für sehr kurze Zeit, einige Sekunden bis 2 Minuten, in viel sprudelndes Wasser getaucht, mit einer Schaumkelle herausgehoben und sofort im Eiswasser abgekühlt. Das Eiswasser verhindert das Nachgaren durch Eigenwärme. Außerdem wird so die frische grüne Farbe (bei Spinat, Zuckerschoten, Erbsen, ...) erhalten.
Anschließend nur noch in ein wenig Butter, Salz und etwas Zucker schwenken.

Kochen in wenig Flüssigkeit: Diese Garmethode kann bei fast allen Gemüsearten angewandt werden, insbesondere, wenn es sich um fein Zerkleinertes, wie etwa Karottenscheiben handelt. Die Karotten werden mit wenig Wasser, etwas Butter, Salz und ein wenig Zucker zum Kochen gebracht. Schon nach wenigen Minuten sind die Karotten bissfest und das Kochwasser zu einem geschmackvollen Fond gekocht. Alle Vitamine, Nährstoffe und der Geschmack, die sonst mit dem Kochwasser gleich weggeschüttet werden, bleiben im Topf.

Garen im Vakuumbeutel: Gemüse kann auch im Vakuumbeutel gegart werden. Gemüse schälen, schneiden und mit Olivenöl und Meersalz im Vakuumbeutel im Wasserbad bei 80° C (Alternativ im Ofen oder im Dampfgarer auch hier im Vakuumbeutel) garen. Der Vorteil ist, dass das Gemüse durch das schonende Garen seine Inhaltstoffe und Geschmacksstoffe besser behält und nicht ausgelaugt wird.

Die Kartoffel - eine unscheinbare Knolle... mit vielen Talenten

Sie wird nicht mit Trüffel, Kaviar und Austern in einem Atemzug genannt - trotzdem hat die runzelige Knolle mehr zu bieten, als ölige Beilage in einem Schnellrestaurant zu sein. Ofenkartoffeln mit einem Häubchen Crème fraîche und Lachs oder mit Hüttenkäse und Schnittlauch sind mehr als eine Beilage. Sie sind es wert, in den Stand der Delikatessen erhoben zu werden. Weltweit existieren 5000 kultivierte Sorten und die Kartoffel wird in 130 Ländern der Erde angebaut.
Kartoffeln lassen sich füllen, überbacken, gratinieren, frittieren, braten, süß oder herzhaft würzen. Das kleine Kraftpaket ist zudem sehr gesund und macht, entgegen aller Gerüchte nicht dick. Die Kartoffel enthält je 100 gr. nur 68 Kalorien, weniger als ein Apfel.

Die Lagerung: Kühl im dunklen Keller. Nicht in einer Plastiktüte, dort schwitzt und keimt die Kartoffel. Die Erde erst kurz vor dem Kochen mit kaltem Wasser herunterwaschen. Die grünen Stellen an der Kartoffel großzügig wegschneiden.

Kochen: am besten mit der Schale, denn die Vitalstoffe liegen direkt darunter. Festkochende Kartoffeln eignen sich für Salate, Salz- und Bratkartoffeln, sowie Ofenkartoffeln und Rösti. Mehligkochende Kartoffeln wegen ihres höheren Stärkegehaltes für Pürees, Kartoffelteig (Gnocchi) und Kartoffelknödel.

Wie wird das Kartoffelpüree locker und leicht

Zur Herstellung von Kartoffelpüree empfiehlt sich eine Kartoffelpresse. Die gekochten und gepellten Kartoffeln werden mechanisch durchgepresst, dann mit warmer Milch, Butter und Gewürzen kurz im Handrührgerät flaumig geschlagen. Bitte greifen Sie nicht von Anfang an zum Handrührgerät, sonst haben Sie am Ende einen glasigen Brei, aus dem die ganze Kartoffelstärke herausgeschlagen ist.

Der Kartoffelsalat

Gekochte Kartoffeln, warm pellen und in Scheiben schneiden. In einer Schüssel Gemüsebrühe mit Zucker, Senf, Pfeffer, Salz und einem Schuss Weißweinessig verrühren. Einige Kartoffelscheiben zur Flüssigkeit geben und mit dem Stabmixer pürieren, bis eine sämige Sauce entstanden ist. Kartoffelscheiben, eine Hand voll Schnittlauch (oder Kresse), sowie in Butter gebräunte Zwiebel unterheben und 15 Minuten ziehen lassen. Ein Tiroler Klassiker: Gurkenscheiben unter den Kartoffelsalat mischen. Den Kartoffelsalat können Sie auch mit gedünsteten Pfifferlingen, Bärlauch, Rucola und vielem mehr mischen.

Warum werden Bratkartoffeln fett

Weil die Pfanne nicht heiß genug ist. Verwenden Sie eine beschichtete Pfanne. Wenn die Pfanne richtig heiß ist, geben Sie etwas Butterschmalz dazu. Kartoffeln (in der Schale gekocht, geschält und abgekühlt) in Scheiben nebeneinander in die Pfanne legen, bei mittlerer Hitze langsam anbraten und wenden. Wenn die Kartoffeln anfangen braun zu werden, in Streifen geschnittene Zwiebeln dazufügen und mitbraten. Zwischendurch schwenken und zum Schluss mit etwas Pfeffer aus der Mühle und Meersalz würzen.

Bratkartoffeln, so gelingen sie immer...

Nehmen Sie für Bratkartoffeln speckige oder frühe Kartoffeln und keine mehligen. Kartoffeln für Bratkartoffeln immer am Vortag kochen, dadurch zerfallen diese beim Braten nicht. Gekochte Kartoffeln warm schälen, danach in den Kühlschrank stellen und Klarsichtfolie darüber geben. Bratkartoffeln immer zuerst auf beiden Seiten goldgelb braten, dann pfeffern und salzen, sonst ziehen die Kartoffeln Wasser. Geben Sie die Zwiebel nie vor den Kartoffeln in die Pfanne und rösten diese goldgelb, denn dann verbrennen sie, bevor die Kartoffeln knusprig sind. Wenn Sie beim Durchschwenken nicht so geübt sind, können Sie Zwiebel und Speck in einer eigenen Pfanne in etwas Butterschmalz oder Öl anbraten und dann zu den knusprigen Bratkartoffeln geben.

Stampferdäpfel auf zweierlei Art

Mengen:	Zutaten:
4	mittelgroße Kartoffeln
20 g	Butter
1 EL	Schnittlauch
	Meersalz
1 EL	Petersilie
1 EL	Kerbel
	Paprika edelsüß

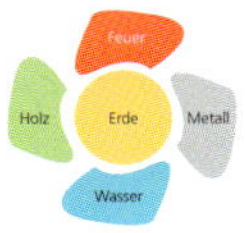

Zubereitung:

1. Kartoffeln in Alufolie einpacken und 1 Std. im Backofen bei 180° C backen.
2. Kartoffeln heiß schälen.
   Mit kalter Butter, Kräutern und Gewürzen zerstampfen.

Tipp:
Dieser Kartoffelstampf lässt sich leicht in einen Möhren-Kartoffelstampf verwandeln. Nehmen Sie dazu 2 zusätzliche Möhren.
1. Möhren schälen, in Scheiben schneiden und in Öl-Butter Mischung dünsten. Etwas Rohrzucker, Pfeffer und Salz dazu und mit wenig Wasser weich dünsten.
2. Mit einer Gabel zerdrücken und mit Erdäpfelstampf vermischen.

oder

Mengen:	Zutaten:
4	mittelgroße Kartoffeln
125 ml	Milch
125 ml	Gemüsebrühe
50 ml	Olivenöl
1 EL	Schnittlauch
	Meersalz
1 EL	Petersilie
	Paprika edelsüß

1. Kartoffeln in Salzwasser kochen, schälen und durch Kartoffelpresse in einen hohen Topf drücken.
2. Heiße Brühe-Milch-Mischung langsam mit Schneebesen in das Kartoffelpüree hineinrühren, bis das Püree die gewünschte Konsistenz hat. Keinen Mixer verwenden. Püree wird sonst, durch die aufgeschlagene Stärke kleistrig und zäh.
3. Olivenöl dazugeben und mit Schneebesen unterrühren.
4. Mit Schnittlauch, Salz, Petersilie und einer Prise Paprika abschmecken.

Tipp: Sie können die Milch auch durch Brühe ersetzen.

Rosmarinkartoffeln

Mengen:	Zutaten:
	Frühlingskartoffeln
	Meersalz
	frischer Rosmarin

Zubereitung:

1. Frühlingskartoffeln putzen.
2. Etwas Meersalz auf ein Blech streuen und die ungeschälten kleinen Frühlingskartoffeln darauf legen.
   Bei 180° C Umluft ca. 35 - 40 Minuten backen.
3. In den letzten 5 Minuten die Kartoffeln mit frischem Rosmarin überstreuen.

Die Kartoffeln sind gar, wenn sie mit einer Stricknadel oder einem dünnen Grillspieß leicht zu durchstechen sind.

Rösti

Mengen:	Zutaten:
400 g	festkochende Kartoffeln
	Pfeffer aus der Mühle
	frisch geriebene Muskatnuss
	Meersalz
	Zitrone
	Rosenpaprika
	Sonnenblumenöl oder Butterschmalz zum Ausbacken
1 EL	Petersilie
1 EL	Kerbel

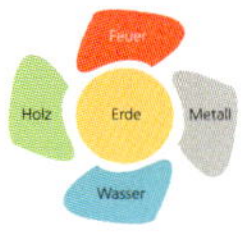

Zubereitung:

1. Kartoffeln waschen, schälen, halbieren und auf der Schnittfläche längs in 1 mm dicke Streifen hobeln.
2. Mit Pfeffer, Muskatnuss, Salz, Spritzer Zitrone und Prise Rosenpaprika würzen.
3. Flüssigkeit mit den Händen aus den Kartoffeln drücken.
4. Öl in einer beschichteten Pfanne erhitzen.
   Kartoffelmasse darin gleichmäßig ½ cm dick verteilen und an den Pfannenboden andrücken.
5. Bei mittlerer Hitze ca. 5 Minuten goldbraun braten.
   Zum Wenden einen Teller auf die Pfanne legen und umdrehen, dann auf der zweiten Seite goldgelb bräunen.
6. Rösti anschließend auf ein Küchenpapier gleiten lassen, oben trockentupfen und mit 1 - 2 EL Petersilie und Kerbel servieren.

Pfifferlinge

Mengen:	Zutaten:
200 g	Pfifferlinge
	Butter
	Pfeffer aus der Mühle
	Fleur de Sel
	Speck
2 EL	Petersilie
	Rosenpaprika
2 EL	Sahne

Zubereitung:

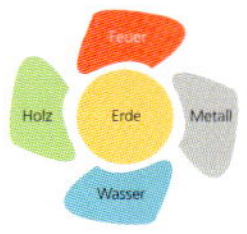

1. Pfifferlinge säubern und in schäumender Butter braten.
2. Am Ende Pfeffer, etwas Salz, in Würfel geschnittener Speck, gehackte Petersilie, eine Prise Paprika und Sahne zu den Pilzen geben.

Ebenso können Champignons, Shiitakepilze u.a. zubereitet werden.

Kartoffelgratin

Mengen:	Zutaten:
450 g	Kartoffeln
125 ml	Sahne
125 ml	Milch
	Muskat
	Meersalz
Spritzer	Essig
	Paprika edelsüß
100 g	geriebener Bergkäse
2	rote Paprika

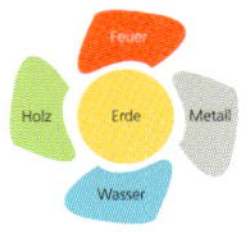

Zubereitung:

1. Die rohen, geschälten Kartoffeln in ca. 2 mm dicke Scheiben schneiden, Dachziegelartig in eine gebutterte Auflaufform legen und mit Sahne,- Milch und Gewürzmischung übergießen.
2. Auflaufform bei 180° C ca. 45 Minuten in Backofen geben.
3. Den Käse erst am Ende der Backzeit über die Kartoffel geben und mit Oberhitze im Backofen gratinieren.

Tipp:
Das Gratin ist fertig, wenn die Kartoffeln gar sind und die Flüssigkeit aufgesogen ist. Sollten die Kartoffeln schon vor Ende der Garzeit zu sehr gebräunt sein, mit Alufolie abdecken. Je nach Größe der Form, kann die Garzeit einmal kürzer oder länger sein.

Tipp:
Sie können auch zwischen die Kartoffeln z.B. geschälte rote Paprikascheiben legen. Dies gibt dem Ganzen einen fruchtigen Geschmack.

Schupfnudeln

Mengen:	Zutaten:
600 g	Kartoffeln
4	Eigelb
100 g	glattes Weizenmehl
100 g	Kamutmehl oder griffiges Weizenmehl
Prise	Muskat
Prise	Meersalz
Prise	Paprika
1 - 2 EL	geklärte Butter

Zubereitung:

1. Kartoffeln im Backofen auf Salzbeet bei 180° C garen, bis Sie weich sind. Schälen, warm durch die Kartoffelpresse drücken und etwas abkühlen lassen.
2. Mit den restlichen Zutaten zu einem Teig verarbeiten.
3. Rollen formen, kleine Stücke abstechen und in der Hand zu Schupfnudeln (Fingernudeln) drehen. Im kochenden Wasser 2 Minuten kochen, bis die Nudeln aufsteigen. Mit Schöpfkelle herausholen, kalt abspülen und trocken tupfen.
4. In Butterschmalz (oder Ghee) unter ständigem Schwenken goldbraun braten.

Die Nudeln können mit Gemüse der Saison, gebratenen Pilzen oder etwas Blattspinat kombiniert werden.

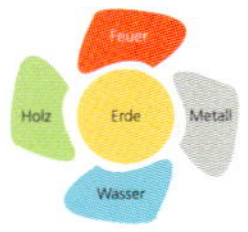

Tipp:
Mehl langsam dazu geben. Wenn die Kartoffeln schön mehlig sind, braucht man nicht immer das ganze Mehl (hängt vom Stärkegehalt der Kartoffel ab).
Die Kartoffeln können auch in Salzwasser mit der Schale weich gekocht werden und sollten dann 10 Minuten bei 120° C im Backofen noch etwas ausdämpfen.

Rezepte mit Schupfnudeln enthalten auch oft die Angabe ½ griffiges Mehl und ½ Stärkemehl. Das bindet die enthaltene Feuchtigkeit von den Kartoffeln.

Gnocchi

Mengen:	Zutaten:
600 g	mehlige Kartoffeln
2	Eier
	Pfeffer aus der Mühle
	Muskat
	Meersalz
100 g	glattes Weizenmehl
100 g	Kamutmehl oder griffiges Weizenmehl
	Thymianblätter

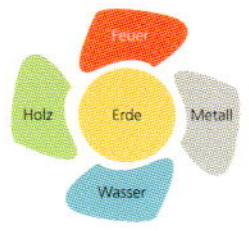

Zubereitung:

1. Kartoffeln waschen und im Salzwasser kochen.
   Wasser abgießen und Kartoffeln trocken tupfen.
   Deckel wieder auf den Topf geben und Kartoffeln ca. 10 Minuten ausdünsten lassen. Kartoffeln schälen.
2. Kartoffeln noch warm durch die Kartoffelpresse drücken und etwas auskühlen lassen. Eine Mulde in der Mitte formen, Eier hinein geben und mit Pfeffer, Muskat und Salz würzen.
3. Etwa ¾ des Mehles dazugeben.
4. Alle Zutaten zu einem glatten, geschmeidigen Teig kneten.
   Teig darf nicht zu lange geknetet werden, da er sonst zäh wird.
   Den Teig immer warm verarbeiten.
   Die Bindung entsteht durch die Eier, daher beim Mehl aufpassen, oft braucht es nicht die gesamte angeführte Menge an Mehl für den Teig.
   Sie können auch noch Mehl auf die Arbeitsfläche streuen.
5. Teig zu einer Rolle mit ca. 3 cm Durchmesser formen und 1 cm breite Nocken abschneiden.
   Nocken auf ein Blech geben und etwas Mehl darüber streuen.
6. Wenn die Probe gut ist, alle Gnocchi in einen großen, breiten Topf mit kochendem, leicht gesalzenem Wasser geben und warten, bis die Gnocchi nach ca. 2 Minuten an die Oberfläche steigen.
7. Gnocchi mit der Schöpfkelle aus dem kochenden Wasser heben und in eine Schüssel mit eiskaltem Wasser geben. Dies ist wichtig, denn dadurch wird die Stärke abgespült. Diese lässt die Gnocchi sonst in der Pfanne zusammenkleben.
8. Gnocchi in der Pfanne mit Olivenöl, etwas Butter und Kochwasser schwenken.
9. Gnocchi mit gehackten Thymianblättern auf den Tellern anrichten.

Tipp:
Ist der Teig zu feucht etwas Mehl hinzugeben, ist er zu trocken 1 Eigelb dazu.
Probieren Sie doch das Rezept auch einmal mit Süßkartoffeln aus.

Ofentomaten

Mengen:	Zutaten:
10	Tomaten
	Olivenöl
2	Knoblauchzehen
	Meersalz
1 Zweig	Thymian
1 Zweig	Rosmarin

Zubereitung:

1. Ofentomaten kurz in heißem Wasser überbrühen, schälen, entkernen, vierteln und auf ein mit Olivenöl bepinseltes Blech legen.
2. Gehackter Thymian und Rosmarin, Olivenöl, in Scheiben geschnittener Knoblauch und Meersalz über die Tomaten verteilen.
   Alles zusammen ca. 3 Stunden, bei 75° C statischer Hitze, im Backofen trocknen lassen.

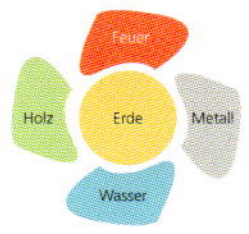

Tipp:
Ofentomaten können sehr gut vorbereitet werden. Sie halten sich, eingelegt in etwas Olivenöl, im Einwegglas mehrere Tage im Kühlschrank.

Wurzelgemüsepüree

Mengen:	Zutaten:
200 g	Knollensellerie
1	Zwiebel
250 ml	Gemüsebrühe
1 - 2 EL	braune Butter
	Muskat
	Salz
	Petersilie
	Rosenpaprika

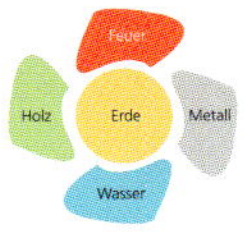

Zubereitung:

1. Die geschälte Sellerieknolle und Zwiebel in Würfel schneiden. In etwas geklärter Butter anschwitzen und gleichmäßig schmoren, bis die Zwiebel etwas Farbe annimmt.
2. Mit Brühe bedecken. Leicht pfeffern, salzen und halb zugedeckt weich dämpfen.
3. Sobald der Sellerie schön weich ist, Brühe durch ein Sieb in einen Topf gießen und Sellerie bei geschlossenem Deckel ausdämpfen lassen. Mit brauner Butter und falls notwendig ein klein wenig Brühe fein pürieren.
4. Mit Muskat, Salz, Petersilie und Prise Paprika abschmecken.

Tipp:
Kartoffelpüree, Steckrübenpüree, Petersilienwurzelpüree, Pastinakenpüree, Schwarzwurzelpüree, Topinamburpüree, Karottenpüree ... können Sie genau so herstellen.

Braune Butter: Butter langsam aufkochen, bis sie braun wird.

Hülsenfrüchtepüree... z.B. mit Erbsen

Mengen:	Zutaten:
250 g	Erbsen
	Pfeffer
	Salz
250 ml	Hühnerbrühe
2	Basilikumblätter
	Olivenöl

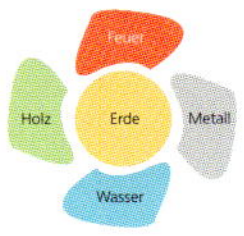

Zubereitung:

1. Die Erbsen in gesalzenem Wasser kochen, bis sie gar sind.
   Erbsen in ein Sieb abgießen und sofort in leicht gesalzenem Eiswasser abschrecken.
   So wird der Garprozess beendet und die Farbe bleibt erhalten.

2. Mit Pfeffer und Salz würzen.

3. In ¼ l Hühnerbrühe geben, Basilikumblätter und Olivenöl dazu und mixen.
Ist die Masse zu dick, noch etwas Brühe zugeben.

Tipp:
Alternativ können Sie das Erbsenstampf auch wie auf Seite 85 „Rinderfilet mit Erbsenstampf" herstellen.

Wie kocht man Hülsenfrüchte?

Linsen und Bohnen sollten nur in ungesalzenem Wasser gekocht werden, weil sie sonst sehr langsam weich werden oder immer einen gewissen Kern behalten. Auf der Packung der Linsen steht meisten 2-3 Stunden einweichen. Am besten weichen Sie die Linsen über Nacht ein, dadurch verkürzt sich die Kochzeit.

Blattgemüsepüree

Mengen:	Zutaten:
200 g	Blattspinat
50 g	Nussbutter (braune, geklärte Butter)
	Muskatnuss
	Salz
1/2	Zitrone
	Rosenpaprika

Zubereitung:

Blattspinat putzen und waschen.

1. Spinat in Salzwasser blanchieren und in Eiswasser abkühlen. Anschließend in einem Sieb gut abtropfen lassen.
2. Spinat und Butter in eine Schüssel geben und mit dem Pürierstab mixen.
3. Mit Muskat, Salz, Saft einer halben Zitrone und einer Prise Rosenpaprika abschmecken.

Zubereitungs-Variante:
Spinatblätter putzen, in etwas Butter andünsten, würzen und pürieren.
Tipp:
Mangoldpüree können Sie genauso herstellen.

Mediterranes Gemüse

Mengen:	Zutaten:
4 EL	Olivenöl
2	rote Paprika
2	gelbe Paprika
1	Zucchini
1	Aubergine
3	Schalotten
1	Knoblauchzehe
	Pfeffer aus der Mühle
	Cayennepfeffer
	Salz
1/2 EL	Tomatenmark
1 Zweig	Thymian
1 Zweig	Rosmarin
100 ml	trockenen Weißwein
	Rosenpaprika
500 ml	Gemüsebrühe
1	kleine Kartoffel

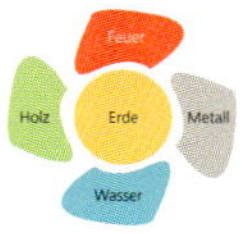

Zubereitung:

1. Gemüse schälen, klein würfelig schneiden und in Olivenöl 2 - 3 Minuten anbraten. Von der Pfanne auf einen Teller geben und auf die Seite stellen.

2. In derselben Pfanne Schalotten und Knoblauchzehe in etwas Olivenöl anschwitzen. Pfeffern und salzen. Tomatenmark, Thymianzweig und Rosmarinzweig sehr kurz mitrösten. Mit Weißwein ablöschen. Messerspitze Paprika dazu und ca. 5 Minuten köcheln lassen.

3. Mit Gemüsebrühe aufgießen und die Kartoffel hinein reiben. 20 Minuten köcheln lassen. Nach Bedarf mit Pfeffer, Cayennepfeffer und Salz würzen.

4. Gemüse vom Teller wieder in die Pfanne geben und alles zusammen in einem tiefen Teller servieren.

Tipp zur Paprikazubereitung:
Paprika entweder mit einem Kartoffelschäler schälen oder Paprika halbieren, in eine Pfanne, mit der Haut nach oben, legen und im Ofen bei 200° C backen, bis die Haut Blasen bildet und etwas Farbe annimmt. Herausnehmen und schälen.

Lauch-Kartoffelgemüse

Mengen:	Zutaten:
100 g	Lauch
350 g	mehlige Kartoffeln
50 ml	Milch
50 ml	Gemüsebrühe
	Piment d´Espelette
	Muskat
	grobkörniges Meersalz
1/2	Zitrone
	Paprika edelsüß
1 EL	Butter

Zubereitung:

1. Lauch waschen, in feine Streifen (Julienne) schneiden und in kochendem Salzwasser weich kochen. In Eiswasser kalt abschrecken. So wird der Garprozess unterbrochen und die Farbe des Lauches bleibt erhalten.
2. Kartoffeln schälen, würfelig schneiden und in leicht gesalzener Brühe-Milchmischung weich kochen. Lauch dazugeben. Mit Piment, Muskat, etwas Meersalz, Zitronensaft und Prise Paprika würzen. Am Schluss etwas Butter für die Bindung zugeben.

Tipp: Auf diese Weise können Sie auch Karotten-, Pastinaken- oder Süßkartoffelgemüse herstellen.

Gebackene Zwiebel

Mengen:	Zutaten:
	Zwiebeln
	Olivenöl
	Fleur de Sel

Zubereitung:

1. Zwiebeln schälen, halbieren, mit Olivenöl beträufeln und mit Fleur de Sel bestreuen.
2. Zwiebelhälften in Alufolie zu Päckchen packen und bei 150° C statischer Hitze ca. 90 Minuten im Backofen backen.

Tipp:
In das Alupäckchen können Sie ebenso jede Art von Wurzelgemüse geben.

Auberginenkompott

Mengen:	Zutaten:
3	Auberginen
	gutes Olivenöl
	Knoblauch
	Meersalz
1/2	Zitrone
	Paprika edelsüß

Zubereitung:

1. Auberginen der Länge nach durchschneiden, mit dem Messer einschneiden und mit etwas Salz bestreuen.
2. In den Ofen geben und bei 180° C ca. 45 - 50 Minuten backen.
3. Das Fruchtfleisch herausholen und in eine Schüssel geben. Mit etwas Knoblauch, Salz, Spritzer Zitronensaft und Prise Paprika würzen. Zum Schluss mit Olivenöl abschmecken.

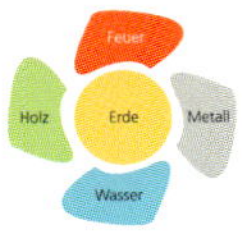

Tipp:
Mit drei zusätzlichen Tomaten, können Sie aus dem Auberginenkompott ein Tomaten-Auberginenkompott zaubern.
Tomaten schälen, blanchieren und entkernen. Fleisch würfeln und unter das Auberginenkompott mischen.

Spargel

Mengen:	Zutaten:
	Spargel

Zubereitung:

1. Spargel waschen, schälen und in ein feuchtes Tuch einschlagen. Im Kühlschrank aufbewahren.
2. Aus den Schalen wird mit Wasser in 25-30 Minuten ein Fond gekocht. Abgießen, sonst gehen die Bitterstoffe der Schalen in den Fond über.
3. Spargel im Fond ca. 20 Minuten kochen. Garprobe mit der Gabel.

Tipp:
Spargelfond für Spargelsuppe oder Spargeldressing aufheben.

Zubereitungsvariante

Weißen Spargel stehend im Spargeltopf garen. 1 Teil Zucker, 1 Teil Salz, 1 Stück Butter, 1 Spritzer Zitronensaft. Sehr fein wird der Spargel, wenn man zuerst die Schalen aufkocht und in diesem Fond die Spargelstangen gart.
Grüner Spargel: nur die Enden schälen, kochen, braten, grillen.

Rotkraut

Zubereitung:

Kraut

Mengen:	Zutaten:
2	Rotkrautköpfe
2 EL	Butterschmalz
	Rohrzucker
3	Zwiebeln
1 EL	Risottoreis
	Pfeffer aus der Mühle
	Meersalz
2 EL	Preiselbeermus

1. Kraut halbieren, vom Strunk befreien und sehr fein (Julienne) schneiden. Mit der Marinade übergießen, andrücken und über Nacht im Kühlschrank ziehen lassen.
2. Am nächsten Tag abseihen und Marinade aufheben.
3. Zwiebeln in Ringe schneiden, in Butterschmalz anrösten und mit etwas Rohrzucker karamellisieren.
4. Rotkraut und 1 EL Risottoreis dazugeben. Der Reis verkocht und sorgt für die Bindung. Gut durchmischen und mit der Marinade aufgießen. Kraut langsam bissfest dünsten, dabei immer wieder gut umrühren.
5. Mit Pfeffer, Salz und Preiselbeermus abschmecken.

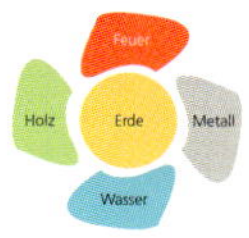

Marinade

Mengen:	Zutaten:
2	Orangen
1	Zitrone
ca. 750 ml	Rotwein
2	Äpfel
	Zimt
	Kümmel
	Fleur de Sel

1. Orangen und Zitrone auspressen und Äpfel grob reiben.
2. Orangen- und Zitronensaft mischen, Rotwein und geriebene Äpfel zugeben und mit einer Prise Zimt, frisch gemahlenem Kümmel und Salz würzen.

Variante: Mögen Sie die Rotkrautmarinade ohne Alkohol zubereiten, tauschen Sie den Rotwein gegen roten Traubensaft aus.

Gemüse-Flan

Mengen:	Zutaten:
250 g	gekochtes Gemüse Karotten, Sellerie, Erbsen o. Fenchel
1 Msp.	frischer Ingwer
	Piment d'Espelette
	Meersalz
100 g	Crème fraîche
	Paprika edelsüß
3	Eigelb
3	Eiweiß
Spritzer	Zitronensaft

Zubereitung:

1. Gekochtes Gemüse mit geriebenem Ingwer, Piment d´Espelette, Prise Salz, Crème fraîche, Prise Paprika und Eigelb pürieren und durch ein Sieb streichen.
2. Eiweiß mit Prise Salz und Spritzer Zitronensaft zu crèmigem Schnee schlagen und locker zuerst 1/3 unterziehen. Dann ganz vorsichtig das zweite Drittel vom Schnee unterheben.
3. Förmchen mit Gemüsemasse 2/3 füllen und in einem Wasserbad (ca. 4 cm mit Wasser gefüllt) im Backofen 25 Minuten bei 200° C statischer Hitze stocken lassen.

Tipp:
Passt als Beilage zu Fisch und Geflügel.

Pommes, selbstgemacht

Mengen:	Zutaten:
	Kartoffeln
	Olivenöl

Zubereitung:

1. Kartoffeln schälen und in 1 cm dicke Scheiben schneiden. Die Scheiben in 1,5 cm breite Stäbchen schneiden.
2. Öl auf 150° C aufheizen. Verwenden Sie einen Temperaturmesser. Pommes ca. 7 - 10 Minuten blanchieren, bis die Kartoffeln gerade weich, aber nicht gebräunt sind. Die Pommes herausnehmen und auf einem Küchenpapier abtropfen lassen.
3. Kurz vor dem Servieren das Öl auf 180°C erhitzen und die Pommes in weniger als 5 Minuten frittieren, bis diese goldbraun, knusprig und innen weich sind.

Kartoffel-Sauerrahm-Blinis

Mengen:	Zutaten:
350 g	mehlige Kartoffel
	Pfeffer aus der Mühle
	Meersalz
50 g	Sauerrahm
1 EL	Buchweizenmehl
40 ml	Sahne
1	Ei
1	Eigelb
1 EL	Speisestärke
	Butterschmalz

Zubereitung:

1. Geschälte Kartoffeln kochen und gut ausdämpfen lassen.
2. Durch die Kartoffelpresse drücken, pfeffern und salzen. Sauerrahm, Buchweizenmehl, Sahne, Ei und Eigelb verrühren, zu den Kartoffeln geben und Speisestärke mit einarbeiten. Halbe Stunde stehen lassen.
3. In einer Pfanne wenig Butterschmalz und die Masse löffelweise auf den Pfannenboden setzen und ausbacken.

Tipp:
Sauerrahm-Blinis können Sie mit frischen Kräutern, mit Räucherlachs oder gebratenen Pilzen servieren. Passt auch sehr gut zu Wildgerichten.

Nehmen Sie für 4 Personen die doppelte Menge an Zutaten.

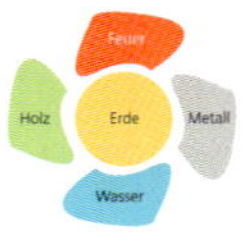

Gemüselasagne

Mengen:	Zutaten:
8	Tomaten
1	Zwiebel
4	Zucchini
1 - 2	Auberginen
2	rote Paprika
2	gelbe Paprika
1	Knoblauchzehe
2	Chilischoten
1 Zweig	Rosmarin
1 Zweig	Thymian
	Piment d´Espelette
	Pfeffer aus der Mühle
	Meersalz
1 Bund	Basilikumblätter
500 ml	Tomatensauce
	Nudelteig Grundrezept Seite 237
	Bechamelsauce Grundrezept Seite 264
	Parmesan

Zubereitung:

Mediterranes Gemüse

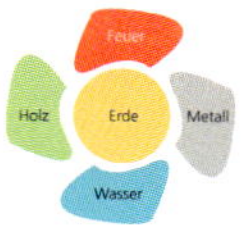

1. Tomaten blanchieren, schälen, entkernen und vierteln.
   Zwiebel und Knoblauch schälen und fein hacken.
2. Zucchini und Aubergine waschen und in dünne Scheiben schneiden,
   Paprika schälen, entkernen und 3 cm breite Scheiben schneiden.
   Chilischote entkernen und in Würfel schneiden.
3. Zwiebel mit dem Gemüse in einer beschichteten Pfanne glasig dünsten.
   Knoblauch, Chilischoten und Rosmarin- und Thymianzweig
   dazugeben und gut durchschwenken.
   Ein paar Minuten in der Pfanne dünsten.
4. Mit Piment d´Espelette, Pfeffer, Salz und Basilikum würzen.

5. Mit **Tomatensauce** aufgießen. Grundrezept Seite 259.
   Das Gemüse sollte aber nicht darin schwimmen.

6. Blanchierte Tomatenscheiben dazugeben und abkühlen lassen.
   Thymian- und Rosmarinzweig herausnehmen.

Nudelteig

1. Den Nudelteig mit Nudelmaschine oder auf einer bemehlten Arbeitsfläche
   dünn ausrollen und in Quadrate 5 x 10 cm schneiden.
2. Die Nudelrechtecke zusammen in einen breiten, großen Topf mit
   kochendem Wasser geben und ca. 4 Minuten kochen lassen.
   Mit einem Schöpflöffel herausnehmen und in kaltem Wasser
   abschrecken. Gut abtropfen lassen und mit Küchentuch trocknen.
3. Die Lasagneblätter in eine Form geben und mit dem mediterranem Gemüse
   bestreichen, wieder Nudelblätter drauflegen und so weiter,
   bis die Lasagne-Form gefüllt ist.
4. **Bechamelsauce** oben drüber geben und mit viel Parmesan überstreuen.
   Im vorgeheizten Backofen (mittlere Schiene)
   bei 170° C ca. 50 Minuten überbacken,
   bis die Käsekruste oben schön goldgelb gebräunt ist.

Tipp:
Fleischliebhaber können das Gemüse auch durch Sauce Bolognese, Grundrezept Seite 264, ersetzen.

Sollte die Kruste oben zu schnell dunkel werden, können Sie eine Alufolie über die Lasagneform spannen und diese erst die letzten 15 Minuten zum Überbacken wieder abnehmen.

Salat-Dressings

„Nimm Öl wie ein König, Essig wie ein Bettler und Salz wie ein Weiser".

Es ist fast unmöglich, genaue Mengen für Salatsaucen anzugeben. Als klassisches Mengenverhältnis gilt 3 EL Öl, 1 EL Essig und eine Prise Salz.

Ob mit frischen Gartenkräutern oder einem besonderen Öl, ob aus Großmutters handgeschriebenem Kochbuch oder von einem anderen Kontinent überliefert, das Dressing verleiht den Salaten eine besondere Note. Wundern Sie sich bei dem einen oder anderen Rezept nicht über die Menge. Geben Sie das übrige Dressing in ein Schraubglas und stellen es in den Kühlschrank. So müssen Sie am nächsten Tag nur noch jemanden finden, der den Salat putzt.

Dressing mit Gemüsebrühe

Mengen:	Zutaten:
150 ml	Gemüsebrühe
	Rohrzucker
1/2 TL	scharfer Senf
	Pfeffer aus der Mühle
	Meersalz
100 ml	Weißwein-Essig
	Paprika edelsüß
75 ml	Sonnenblumenöl
75 ml	Walnussöl

Zubereitung:

1. Gemüsebrühe mit Prise Rohrzucker, Senf, Pfeffer, gute Prise Salz, Essig und Prise Paprika gut verrühren.
2. Sonnenblumenöl und Walnussöl unterrühren, langsam dazugießen, bis der Geschmack passt. Kann daher ein bisschen mehr oder weniger Öl sein.
3. Salat und Dressing immer erst kurz vor dem Servieren in einer Schüssel gut vermischen.

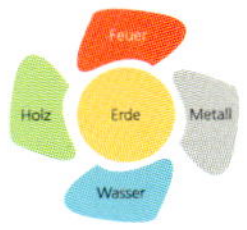

Tipp:
Bei jedem Dressing können Sie mit etwas fein gehacktem Knoblauch, einem anderen Öl, Zitronensaft statt Essig oder durch die Hinzugabe von Kräutern nach eigenem Geschmack variieren.

Essig-Öl-Dressing

Mengen:	Zutaten:
1 EL	Essig
	Bockshornkleesamen aus der Mühle
	Rohrzucker
1/2 TL	Senf
	Pfeffer aus der Mühle
	Meersalz
3 EL	Öl

Zubereitung:

1. Zutaten mit dem Mixer glatt rühren. Öl langsam in den Mixer gießen. So können Sie die Ölmenge selbst bestimmen.
2. Am Schluss frische Kräuter dazugeben. Kräuter mit dem Messer hacken, nicht schneiden.

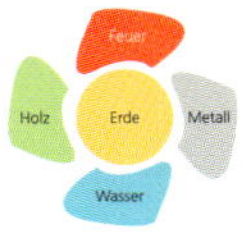

Tipp:
1 Teil Essig : 3 Teile Öl
Sie können die halbe Ölmenge auch durch Brühe ersetzen.

Spargel-Dressing

Mengen:	Zutaten:
100 ml	Spargelfond
50 ml	Walnussöl
1 TL	Rohrzucker
1/2	Zwiebel
Prise	Pfeffer aus der Mühle
Prise	Meersalz
70 ml	Balsamico-Essig
2	Tomaten
1/2	Orange
	frische Kräuter:
	Kerbel, Estragon
	Schnittlauch

Zubereitung:

1. Tomaten mit dem Kartoffelschäler schälen, halbieren, mit einem Teelöffel Kerne entfernen und Fruchtfleisch fein würfeln.

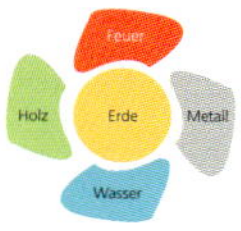

2. Hühnerbrühe erwärmen.

3. Spargelfond, Walnussöl, Prise Rohrzucker, klein gehackte Zwiebel, Pfeffer, Prise Salz, warme Hühnerbrühe, weißen Balsamico-Essig, Tomatenwürfel, etwas Orangenabrieb und 2 - 3 EL der frischen, gehackten Kräuter in einer Schüssel mit dem Schneebesen verrühren.

Das Dressing sollte beim Servieren warm sein, das erhöht die Bekömmlichkeit.

Joghurt-Sauerrahm-Dressing

Mengen:	Zutaten:
100 ml	Joghurt
100 ml	Sauerrahm
1	Zitrone (Saft)
1/2	Orange (Saft)
Prise	Kurkuma
4 - 5 EL	natives Olivenöl
Prise	Rohrzucker
1 Msp.	gehackte Knoblauchzehe
Prise	Meersalz
2 EL	Kerbel
2 EL	Petersilie

Zubereitung:

1. Alles zusammen glatt rühren und mit frischen Kräutern vermischen.

2. Blattsalat waschen, putzen und mit Geschirrtuch trocknen. Kurz vor dem Servieren den Salat mit Joghurt-Sauerrahmdressing in einer Schüssel vermischen.

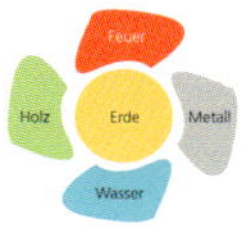

Exotisches Spargel-Dressing

Mengen:	Zutaten:
125 ml	Spargelfond
4-5 EL	Walnussöl
1 EL	Rohrzucker
1 TL	Honig
1/2	Zwiebel
	Ingwer
1	Chilischote
	Pfeffer aus der Mühle
	Meersalz
4-5 EL	Balsamico-Essig
2	Tomaten
	frische Kräuter:
	Petersilie, Salbei,
	Thymian & Rosmarin

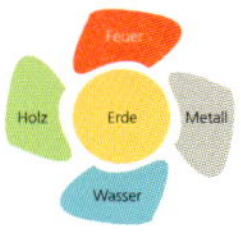

Zubereitung:

1. Tomaten mit dem Kartoffelschäler schälen, halbieren, mit einem Teelöffel Kerne entfernen und Fruchtfleisch fein würfeln.
2. Spargelfond erwärmen.
3. Walnussöl, Rohrzucker, Honig, klein gehackte Zwiebel und Chilischote, Pfeffer, Messerspitze geriebener Ingwer, Prise Salz, Balsamico-Essig, Tomatenwürfel und 2 - 3 EL der frischen, gehackten Kräuter zum Fond geben und gut verrühren.

Das Dressing sollte beim Servieren warm sein, das erhöht die Bekömmlichkeit.

Tipp:
Statt gedämpftem Spargel, Spargel Sous vide gegart (im Vakuumbeutel entsteht Flüssigkeit, die wir für den Spargelfond verwenden können).

Mayonnaise

Mengen:	Zutaten:
2	Eigelb
1/2 TL	Senf
	weißer Pfeffer
	Meersalz
2 EL	Gewürzgurkensaft
2 EL	Weißwein
1/2	Zitrone (Saft)
Prise	Paprika edelsüß
500 ml	kalt gepresstes Sonnenblumenöl

Zubereitung:

1. Eigelb mit allen Zutaten, bis auf das Öl, mit dem Handmixer schön vermischen.
2. Öl in Zimmertemperatur langsam, unter ständigem Rühren dazugießen.
3. In ein Glas füllen und im Kühlschrank aufbewahren. Hält sich gut zwei Wochen.

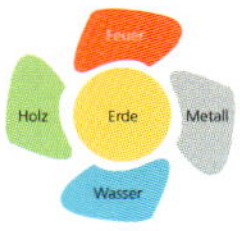

Mayonnaise-Kräuter-Dressing

Mengen:	Zutaten:
200 g	Mayonnaise
	Pfeffer aus der Mühle
	Meersalz
	Zitronensaft
200 g	Joghurt
5 EL	geschnittene Kräuter: Kerbel, Basilikum, Estragon, etc.
5 EL	Zwiebel

Zubereitung:

1. Mayonnaise nach Grundrezept wie oben beschrieben herstellen.
2. Mit Pfeffer, Salz und Zitronensaft abschmecken.
3. Mit Joghurt glatt rühren. Kräuter und klein geschnittene Zwiebel zugeben.

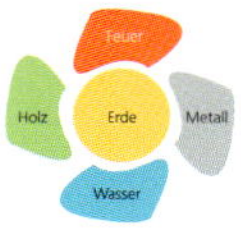

Asia-Dressing

Mengen:	Zutaten:
1 EL	Fischsauce (Asialaden) alternativ: Prise Salz oder Sojasauce
50-70 ml	Hühnerbrühe
3-4	Limetten (Saft)
Msp.	Bockshornklee
2-3 EL	Sojaöl
1 TL	Honig
Msp.	Koriander
1 TL	geriebener Ingwer
1	Chilischote
2 EL	Korianderblätter

Zubereitung:

1. Bockshornklee und Korianderkörner im Mörser zerkleinern.
2. Chilischote entkernen und klein hacken.
3. Alle Zutaten miteinander verrühren und gehackte Korianderblätter dazu geben.

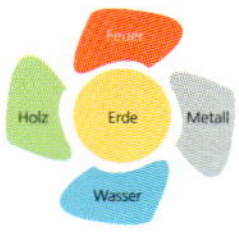

Saucen, Pestos & Marinaden

Wenn uns einmal die Ideen für schmackhafte Zutaten ausgehen sollten, können wir immer noch ein feines Pesto oder eine raffinierte Sauce übers Gemüse, die Kartoffeln oder die Pasta geben und schon ist die Mahlzeit gerettet. In ihnen ist konzentriert alles enthalten, was aus Spaghetti oder Fleisch ein 5 Elemente-Gericht macht.

Tomatensauce 1

Mengen:	Zutaten:
7	Strauchtomaten
2 EL	Olivenöl
1	Zwiebel
3	Knoblauchzehen
1 TL	Honig
	Pfeffer aus der Mühle
	Meersalz
1 Zweig	Rosmarin
	Rohrzucker

Zubereitung:

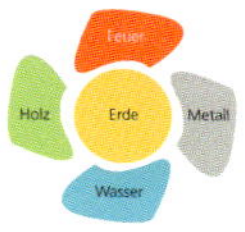

1. Tomaten überbrühen, schälen und klein schneiden.
2. Zwiebel in etwas Olivenöl andünsten.
3. Knoblauch schälen, hacken und ganz kurz mitrösten.
4. Honig, Pfeffer, Salz und Tomatenstücke dazugeben.
   Kein Wasser mehr, da die Tomaten genug Wasser enthalten.
5. Rosmarinzweig dazulegen. Mit einer Prise Rohrzucker würzen
   und bei geringer Hitze ca. 25 Minuten köcheln lassen.
6. Rosmarinzweig wieder herausnehmen. Sauce mit dem Stabmixer pürieren.
7. Bei Bedarf noch eine Prise Pfeffer und Salz zufügen.

Tomatensauce 2

Mengen:	Zutaten:
5	Strauchtomaten
2 EL	Olivenöl
1	Zwiebel
1	Knoblauchzehe
1/2 TL	Ingwer
	Rohrzucker
	Pfeffer aus der Mühle
	Meersalz
1 EL	Weißweinessig
1 Zweig	Rosmarin

Zubereitung:

1. Tomaten überbrühen, schälen und klein schneiden.
2. Zwiebel in Olivenöl andünsten. Knoblauch und Ingwer dazu.
3. Mit Prise Rohrzucker, Pfeffer und Salz würzen.
4. Mit Essig und Tomatenstücken (mit Saft) aufgießen und einen Rosmarinzweig mit dazugeben. Bis zur gewünschten Konsistenz und Geschmacksintensität auf kleiner Hitze köcheln lassen.
   Rosmarinzweig entfernen.
5. Sauce mit dem Stabmixer pürieren.

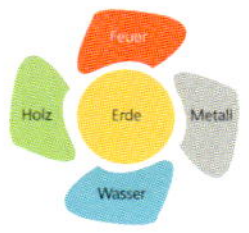

Tomatensauce 3 ...als die „Einfachste"

Mengen:	Zutaten:
5	Tomaten
1	Knoblauchzehe
	Piment d'Espelette
	Meersalz
2 EL	Olivenöl
	Basilikum & Meersalz

Zubereitung:

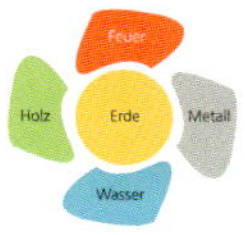

1. Gehackten Knoblauch in etwas Olivenöl glasig dünsten.
2. Piment d'Espelette, Salz, geschälte Tomaten und eine
   handvoll Basilikumblätter dazugeben.
3. Eine halbe Stunde köcheln lassen und dann mixen.

Tomaten-Chutney

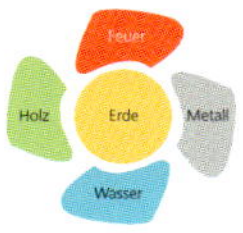

Mengen:	Zutaten:
7	Tomaten
1	Zwiebel
2	Knoblauchzehen
1 TL	frisch geriebener Ingwer
1	Chilischote
	Meersalz
125 ml	Weißwein-Essig
7 Blätter	Basilikum
1 EL	Rohrzucker

Zubereitung:

1. Tomaten blanchieren, schälen und klein schneiden.
2. Geschälte und klein gehackte Zwiebel und Knoblauch in etwas Olivenöl glasig dünsten.
3. Ingwer, gehackte und entkernte Chilischote und Prise Salz dazugeben.
4. Mit Essig aufgießen und Tomaten untermischen.
5. Gehackte Basilikumblätter und Rohrzucker dazugeben. Bis zur gewünschten Konsistenz und Geschmacksintensität auf kleiner Hitze köcheln lassen.

Warme Tomaten-Zimt-Sauce

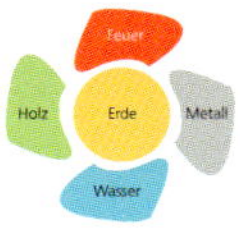

Mengen:	Zutaten:
5	Strauchtomaten
2 EL	Olivenöl
1	Zwiebel
	gemahlener Zimt
1 EL	Honig
1	Knoblauchzehe
1/2	Chilischote
1/2 TL	Ingwer
	Meersalz
1 Zweig	Rosmarin

Zubereitung:

Tomaten überbrühen, schälen und klein schneiden.

1. Zwiebel in etwas Olivenöl andünsten, Zimt, Honig, Knoblauch, halbierte und entkernte Chilischote, Ingwer und Prise Salz dazu.
2. Mit Tomatenstücken und dem Saft der Tomaten aufgießen. Rosmarinzweig dazugeben. Bis zur gewünschten Konsistenz und Geschmacksintensität auf kleiner Hitze köcheln lassen.
3. Chilischote und Rosmarinzweig wieder entfernen.
4. Sauce mit dem Stabmixer pürieren. Eventuell noch Pfeffer und eine Prise Salz hinzufügen.

Tipp bei Tomatensaucen:

Tomaten enthalten ein natürliches Glutamat. Wenn Sie Tomaten schön langsam, über einen längeren Zeitraum bei nicht zu viel Hitze köcheln lassen, bekommen Sie einen schönen, sehr kräftigen und sehr intensiven Geschmack. Diese intensive Tomatensauce können Sie in einem Einwegglas im Kühlschrank aufbewahren und als Würzmittel für Saucen, Fonds und Gemüsegerichte verwenden, indem Sie bei Bedarf 1 - 2 Esslöffel der Sauce dazugeben. Bei Ihrem Pastagericht verlängern Sie ganz stark einreduzierte Tomatensaucen mit ein wenig Wasser oder Gemüsebrühe.

Tipp: Pilze waschen

Pfifferlinge mit etwas Mehl in kaltes Wasser geben und kurz umrühren.
Schon sind die Pilze sauber. Danach die Pfifferlinge gut abtrocknen.

Champignonsauce

Mengen:	Zutaten:
300 g	Champignons
50 g	Zwiebeln
	Pfeffer aus der Mühle
	Salz
	Zitronensaft
20 g	Butterschmalz
125 ml	dunklen Kalbsfond
200 ml	Sahne
	Cayennepfeffer
2 EL	gehackte Petersilie
	Paprika edelsüß

Zubereitung:

1. Champignons mit Küchentuch putzen (nicht waschen), blättrig schneiden und in heißem Butterschmalz kurz anbraten. Wenn das Schmalz heiß ist, sollten die Champignons kein Wasser ziehen.
2. Zwiebeln dazu und kurz mitdünsten. Die Zwiebeln sollten keine Farbe annehmen.
3. Pfeffer, Salz und etwas Zitronensaft darüber geben. Alles aus der Pfanne nehmen und auf einem Teller beiseite stellen.
4. Fond und Sahne in die Pfanne gießen, mit Cayennepfeffer und etwas Salz würzen und 3 - 5 Minuten einköcheln lassen. Sobald eine leichte Bindung entsteht Petersilie, Prise Paprika und Pilze in die Sauce geben und sofort servieren.

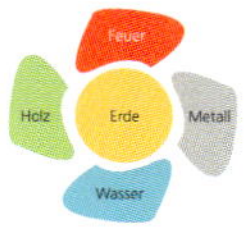

Morchelsauce

Mengen:	Zutaten:
300 g	frische Morcheln
50 g	Zwiebeln
20 g	Butterschmalz
200 ml	Sahne
125 ml	dunklen Kalbsfond
	Pfeffer
	Salz
1 cl	weißen Balsamicoessig
2 cl	Vermouth (Noilly Prat)

Zubereitung:

1. Da Morcheln auf sandigem Boden wachsen, die frischen Morcheln ganz vorsichtig ausklopfen. Den Stil abschneiden, eventuell halbieren und in einer großen Schüssel mit kaltem Wasser gut waschen. Ausdrücken und in einem Sieb abtropfen lassen. Mit einem Küchentuch trocken tupfen.
2. Zwiebeln in Butterschmalz anbraten. Die Zwiebeln dürfen keine Farbe annehmen.
3. Morcheln dazugeben, kurz anschwitzen und mit Kalbsfond, Sahne, Pfeffer, Salz, Essig und Vermouth aufgießen. Köcheln lassen, bis die Morcheln gar sind.

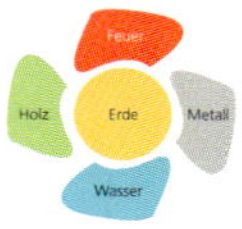

Cremolata

Mengen:	Zutaten:
125 ml	Olivenöl
4 - 5 EL	geröstete Pinienkerne
1 Msp.	Knoblauch
	Pfeffer
2 EL	schwarze, klein gehackte Oliven
1 EL	grobes Meersalz
2	gewürfelte Ofentomaten
4 EL	gehackte Petersilie
	Spritzer Zitronensaft
	Abrieb einer 1/2 Zitrone

Zubereitung:

Alles zusammen in einem kleinen Topf vermischen und die Marinade handwarm im Backofen oder auf dem Herd erwärmen.

Dies ist eine tolle Alternative zu Pesto oder Tomatensauce.

Rucolapesto

Mengen:	Zutaten:
70 ml	Olivenöl
1/2	Knoblauchzehe
	Pfeffer aus der Mühle
	Salz
1 EL	geriebener Parmesan
1 EL	Petersilie
100 g	Rucola
2 EL	geröstete Pinienkerne

Zubereitung:

1. Knoblauchzehe schälen und vierteln. Pinienkerne in einer Pfanne ohne Fett rösten.
   Petersilienblätter blanchieren und in Eiswasser abkühlen.
   Rucola waschen und trocken schütteln.
2. Olivenöl, Knoblauch, Pfeffer, Salz, Petersilie, Rucola und Pinienkörner in den Küchenmixer geben und mixen. Ganz zum Schluss den geriebenen Parmesan zugeben und nur noch kurz mixen, da sonst das Pesto grau wird.

Tipp:
Anstelle der Pinienkerne können Sie auch Walnüsse nehmen.
Tipp:
Petersilie muss nicht blanchiert werden. Sie kann auch roh gemixt werden.
Tipp:
Früher wurde Pesto im Mörser zubereitet.
So schmeckt es am besten.

Bärlauchpesto

Mengen:	Zutaten:
30 g	Pinienkerne
100 g	Bärlauchblätter
	Pfeffer aus der Mühle
2 EL	Parmesan
1 Bund	glatte Petersilie
1/2 TL	frischer Rosmarin
150 ml	Olivenöl

Zubereitung:

1. Bärlauchblätter 2- 3 Minuten blanchieren und in kaltem Wasser abkühlen.
2. Petersilie 10-15 Sekunden blanchieren und in kaltem Wasser abkühlen.
3. Pinienkerne und Rosmarin ohne Fett in der Pfanne anrösten.
4. Pinienkerne, Bärlauchblätter, Pfeffer, Parmesan, Petersilie und Rosmarin zusammen mit 150 ml Olivenöl in der Küchenmaschine zu einer sämigen Masse verarbeiten.

Mango-Chutney

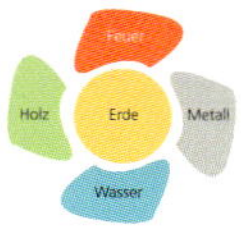

Mengen:	Zutaten:
1	reife Thai-Mango
1/2	Apfel
1 TL	Olivenöl
1	kleine Zwiebel
1	Knoblauchzehe
50 g	Rohrzucker
1/2	Zimtstange
1 TL	geriebener Ingwer
2 - 3	Nelken
	Kardamom aus der Mühle
1 Schote	Chili
	Meersalz
	Paprika edelsüß
50-100 ml	Weißwein-Essig
3 - 4 EL	Wasser

Zubereitung:

1. Mango schälen und in kleine Würfel (1/2 cm) schneiden. Apfel schälen und fein reiben.
2. Zwiebel und Knoblauch ganz fein hacken und in Olivenöl etwas glasig dünsten.
3. Mangowürfel und geriebener Apfel dazugeben. Zucker zugeben und etwas karamellisieren. Zimtstange, Ingwer, Nelken, Prise Kardamom, halbierte, entkernte und in Streifen geschnittene Chilischote, Salz und Prise Paprika dazugeben und kurz mitrösten.
4. Mit Weißweinessig aufgießen. Etwas einkochen lassen und 3 - 4 EL Wasser dazugeben.
5. Alles zusammen ca. 35 - 40 Minuten köcheln lassen. Wenn das Chutney zu dick ist, einen Schuss Wasser dazugeben. Probieren und bei Bedarf noch einen Schuss Essig oder eine Prise Zucker hinzufügen. Zimtstange herausnehmen.

Chutney noch heiß in ein Einwegglas abfüllen, auf den Kopf stellen und stehen lassen, bis es abkühlt. Hält sich so einige Wochen.
Nach dem Öffnen im Kühlschrank lagern und bald aufbrauchen.

Dunkle Bratensauce

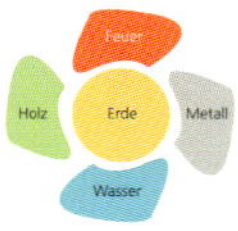

Mengen:	Zutaten:
800 g	Fleisch Rind- oder Kalbsfilets
2	Karotten
1/2	Sellerieknolle
1	Zwiebel
1	Lauch (das Weiße)
	Pfeffer aus der Mühle
	Meersalz
1	Tomate
1 EL	Tomatenmark
	Rotwein
	Portwein
	Fond (Gemüse-, Hühner- oder dunkler Kalbsfond)

Zubereitung:

1. Fleisch anbraten, aus der Pfanne nehmen und im Backofen bei 80° C mit Kerntemperaturmesser (55° - 60° C) fertig garen.
2. Wurzelgemüse in der Pfanne kurz bräunen, Pfeffer, Prise Salz, Tomatenscheiben und Tomatenmark hinzugeben, umrühren, mit Rotwein und einem Schuss Portwein ablöschen. Gut einkochen lassen. Noch einmal mit etwas Rotwein und etwas Portwein aufgießen und sirupartig einkochen lassen.
3. Mit eiskaltem Fond aufgießen und auf die gewünschte Konsistenz einkochen lassen.
4. Fond durch ein Sieb oder Tuch passieren.

Bei Wildfleisch gehen Sie genauso, wie oben beschrieben, vor.
Der eiskalte Fond sollte ein Wildfond sein.
Wenn Sie keinen zur Verfügung haben, nehmen Sie etwas Hühnerbrühe oder braunen Hühnerfond. Beide sind sehr neutral.

Marinade

Mengen:	Zutaten:
200 g	Läuterzucker
1/2 Stange	Zimt
15	weiße Pfefferkörner
2	Sternanis
1/2 Schote	Chili, halbiert & entkernt
1	frisches Lorbeerblatt
Prise	Meersalz
50 ml	Weißwein-Essig
1/2	Zitrone (Saft)
1	Orange (Saft)
	Schale von 1/2 Zitrone
	Schale von 1/2 Orange

Zubereitung:

1. Zutaten zur Marinade aufschlagen und gekochtes Gemüse für 24 Stunden darin einlegen.

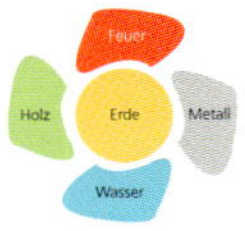

Bechamelsauce (für Lasagne)

Mengen:	Zutaten:
500 ml	Milch
1/2	Zwiebel
	weißer Pfeffer
	Muskatnuss
2	Gewürznelken
	Meersalz
1 Zweig	Rosmarin
2 EL	Butter
2 EL	Dinkelmehl

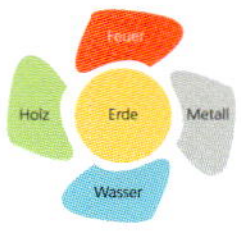

Zubereitung:

1. Zwiebel in Ringe schneiden und mit den Gewürzen in Milch aufkochen. Ca. 5 Minuten kochen lassen, durch ein Sieb gießen und abkühlen lassen.
2. Butter schmelzen, Dinkelmehl kurz anschwitzen und mit kalter Milch aufgießen. Mit Schneebesen gut verrühren und 5 - 10 Minuten köcheln lassen. Ist die Sauce zu dick, etwas Milch hinzugießen. Dann kalt werden lassen.

Sauce Bolognese

Mengen:	Zutaten:
2 EL	Olivenöl
1 Zweig	Rosmarin
1 Zweig	Salbei
1	Karotte
1/2 Knolle	Sellerie
1	Zwiebel
1	Knoblauchzehe
1 kg	Rinder-Hack
	Pfeffer aus der Mühle
	Meersalz
1 EL	Tomatenmark
500 ml	Rotwein
500 g	passierte Tomaten
1 L	Wasser
100 g	Pecorino

Zubereitung:

1. Öl in einem Topf mit großem Durchmesser erhitzen. Kräuter, fein gehacktes Gemüse und ganze Knoblauchzehe hinzufügen und kurz anschwitzen.
2. Fleisch pfeffern, salzen und dazugeben, so dass der ganze Boden bedeckt ist. Topfboden muss bei der Zugabe vom Fleisch sehr heiß sein, sonst schwitzt das Eiweiß und zieht Flüssigkeit, dann kocht es eher, als dass es brät. Ca. 5 Minuten schön braten lassen. Darauf achten, dass das Gemüse nicht anbrennt. Eventuell etwas Öl dazu. Alle paar Minuten etwas umrühren und weiterbraten.
3. Tomatenmark dazugeben und ganz kurz mitrösten. Mit Rotwein aufgießen und fast vollständig verdampfen lassen. Passierte Tomaten mit Wasser hinzufügen. Alles zusammen zum Kochen bringen, Hitze reduzieren und 1 ½ Stunden zu einer dicken Sauce köcheln lassen. Bei Bedarf etwas Wasser nachgießen.
4. Mit frischem Pecorino (dünne Scheiben) bestreuen.

Tipp:
Den Rotwein können Sie durch weitere 500 g passierte Tomaten ersetzen.

Orangen-Kardamomreduktion

Mengen:	Zutaten:
4	Kardamomschoten ohne die grüne Schale
1	Knoblauchzehe
	Meersalz
500 ml	Orangensaft
1 Zweig	Rosmarin

Zubereitung:

1. Orangensaft pressen und durch ein feines Sieb gießen.
2. Knoblauch in Scheiben schneiden, Kardamomschoten und Prise Salz dazugeben.
3. Den Saft ganz langsam einkochen lassen, bis er dickflüssig ist. Einen Rosmarinzweig dazugeben und abkühlen lassen. Orangensaft durch ein Sieb in eine kleine Plastikflasche gießen und abkühlen lassen.

500 ml Orangensaft, 4 Kardamom-Schoten und 1 Knoblauchzehe ergeben 100 ml Reduktion.

Erdnußsoße

Mengen:	Zutaten:
120 ml	Kokosmilch
1/2 EL	rote Currypaste
1 EL	Fischsoße
1 EL	Japanischer Reis-Essig
	Bockshornklee
1 EL	Rohrzucker
60 g	geschälte, sehr fein gehackte Erdnüsse

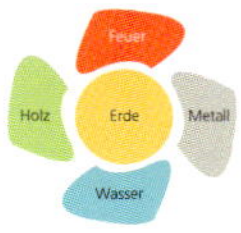

Zubereitung:

1. Alles zusammen verrühren und mit Stabmixer mixen.

Eignet sich prima zu gebratenen Hühner- und Putenbrüstchen.

Nußbutter

Zubereitung:

1. Butter bei mittlerer Hitze leicht köcheln lassen, bis sich die Molke am Boden absetzt. Den Schaum oben abschöpfen.
2. Butter langsam goldbraun schmelzen lassen, dann vorsichtig, ohne die abgesetzte Molke, durch ein Sieb gießen. Goldbraune Butter schmeckt „nussig“, daher der Name „Nußbutter“.
3. Am Ende des Kochprozesses können Sie noch 2 Scheiben Ingwer in die geklärte Butter legen und 2 Minuten darin ziehen lassen. Das macht die Butter bekömmlicher.

Läuterzucker

Zubereitung:

Läuterzucker können Sie ganz leicht selbst herstellen.
Geben Sie einen Teil Wasser und einen Teil Rohrzucker in einen Topf.
Ca. 2 Minuten köcheln lassen, in ein Glas abfüllen und im Kühlschrank aufbewahren.

„Sonne ins Glas“

Ein Dilemma der saisonalen Ernährung ist, dass wir in der kalten Jahreszeit manchmal entweder unwiderstehlich Lust auf etwas haben, was längst im Lagerraum verdorben ist oder aber bei einem Winterrezept etwas benötigen, was einerseits die Ahnung vom vergangenen Sommer wach hält und andererseits die Hoffnung auf die bevorstehende warme Jahreszeit nährt. Dann sind wir froh, wenn wir die Sonne ins Glas gepackt haben.

Freuen Sie sich, dass Sie in der Zeit daran gedacht haben und in der Not des Winters von feinen Sommeraromen profitieren können. Durch die Konservierung werden viele der eigentlich kühlen und erfrischenden Sommerzutaten deutlich wärmer, sodass Sie sich getrost dem Schwelgen in Sonnenerinnerungen hingeben dürfen.

Einwecken ist ein Begriff, der die Konservierung von Lebensmitteln revolutioniert hat: durch die Erfindung des Weckglases wird vor allem Obst über Jahre oder Jahrzehnte haltbar gemacht. Das älteste Weck-Glas ist aus den 30er Jahren des 20. Jahrhunderts und enthält Birnen, die bis heute kein Anzeichen für Verderben zeigen. Wer hat in die Studentenbude oder ins Lehrlingsheim nicht alles eingeweckte Pflaumen oder Sauerkirschen von der Mutter mitbekommen. Die Methode ist etwas eingeschlafen, eignet sich aber für alle, die nicht auf industrielle Fertigung setzen und genau wissen wollen, was im Glas ist.

Eingeweckte Salz-Zitrone

Mengen:	Zutaten:
250 ml	Wasser
250 g	Meersalz
1	Zitrone
1/4	Chilischote
1	kleines Lorbeerblatt

Zubereitung:

1. Wasser und Meersalz aufkochen.
2. Mit einem scharfen Messer die Schale der Zitrone anschneiden.
3. Zitrone in ein Weckglas legen und mit dem heißen Salzwasser auffüllen. Chilischote und Lorbeerblatt mit ins Glas geben.
4. Weckglas bei 120° C für 1 Stunde und 20 Minuten in den Backofen stellen.
5. Zitrone herausnehmen, in Stücke schneiden, Kerne entfernen und ganz klein hacken.
6. Kleingehackte Zitrone in das gesäuberte Weckglas füllen und im Kühlschrank aufbewahren.

Eingelegtes Gemüse

Mengen:	Zutaten:
650 g	gemischtes Gemüse:
	Zucchini
	rote und gelbe Paprika
	Auberginen
	Champignons
	Tomaten
2	Knoblauchzehen
	Ingwer
3	schwarze Pfefferkörner
2	Korianderkörner
	Pfeffer aus der Mühle
	Meersalz
100 ml	Weißwein-Essig
2 Zweige	Thymian
2 Zweige	Rosmarin
200 ml	Gemüsebrühe
1	Lorbeerblatt
400 ml	Olivenöl
1	Zitrone
1	Orange

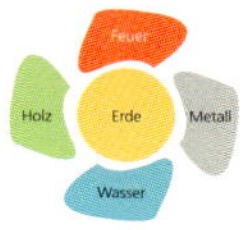

Zubereitung:

1. Tomaten schälen, entkernen und vierteln, Auberginen und Zucchini in dünne Scheiben schneiden, Paprika schälen und ebenfalls in Scheiben schneiden, Champignons halbieren. Jeweils Knoblauchzehen und Ingwer schälen und auch in dünne Scheiben schneiden.
2. Gemüse (Auberginen, Zucchini, Paprika) in einer Grillpfanne in etwas Olivenöl schön anrösten, Thymian, Rosmarin, Champignons, Knoblauch und Ingwerscheiben dazu und kurz mitrösten. Pfeffern, salzen und Tomaten dazugeben.
3. Mit Essig aufgießen und etwas einreduzieren, Gemüsebrühe, Pfefferkörner, Lorbeerblatt, Korianderkörner dazugeben und bei mittlerer Hitze ca. 5 – 7 Minuten kochen lassen.
4. Gemüse und Gewürze mit einer Schöpfkelle aus dem Sud heben und auf Küchentuch trocken tupfen. Das Gemüse mit den Gewürzen auf 2 Einweggläser verteilen.
5. Olivenöl erwärmen und lauwarm über das Gemüse gießen, bis dieses schön bedeckt ist. Orangen- und Zitronenschalen zugeben und Gläser fest verschließen.

Das Gemüse hält sich an einem dunklen, trockenen Ort bis zu drei Monate. Nach dem Öffnen des Glases im Kühlschrank lagern und innerhalb von 2 Wochen verbrauchen. Wenn Sie das Gemüse gleich als Antipasta verwenden wollen, legen Sie es nach dem Grillen (Punkt 2) in etwas Olivenöl ein. So hält sich das Gemüse im Kühlschrank ca. eine Woche.

Eingemachte Tomaten

Mengen:	Zutaten:
10	Marzano-Tomaten
	oder
Hälfte	geschälte Tomaten
	aus dem Glas und
Hälfte	frische Tomaten
	Olivenöl
3	Knoblauchzehen
	Meersalz
1 Zweig	Basilikum
	Rohrzucker

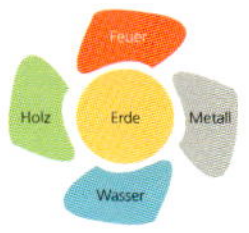

Zubereitung:

1. Tomaten blanchieren. Marzano Tomaten haben eine sehr dünne Schale. Sie können daher, wenn es schnell gehen muss, auch mit Schale gekocht werden. Strunk aus den Tomaten schneiden und diese in Spalten schneiden.
2. Knoblauch schälen und angedrückt in etwas Olivenöl andünsten. Meersalz, Tomaten, Basilikumblätter und Prise Rohrzucker dazugeben und 15 – 20 Minuten köcheln lassen. Mit dem Stabmixer mixen und in die Sauce noch ein paar ganze Basilikumblätter geben.
3. Tomatensauce in hitzebeständige Einweggläser füllen und im Wasserbad im Ofen bei 150° C ca. 30 Minuten pasteurisieren. Die Einweggläser sollten bis zur Hälfte im Wasser stehen. Sie können die Einweggläser auch in einen Topf stellen, gut halb hoch mit Wasser füllen und 30 Minuten kochen lassen.

So können Sie auch in den Wintermonaten frische, selbst eingemachte Tomaten genießen.

Süsse Sünden

Kompotte und andere Leckereien

Vor allem Kompotte stellen eine sehr gut verträgliche Form von Obst dar. Auch wenn im Sommer frisches Obst der Favorit ist und gerne auch zwischendurch als köstliche Erfrischung genascht wird, sind viele Kompotte durch die geschickte Kombination mit Gewürzen eine Veredelung der an und für sich feinen, rohen Frucht. Auch für Menschen, die rohes Obst unter Umständen nicht vertragen, kann in vielen Fällen so die Bekömmlichkeit gesteigert werden.

Desserts werden mit viel Liebe zubereitet, runden ein Menü perfekt ab, schenken Festtagen eine besondere Note und lassen uns den Alltag für einen genussvollen Moment einfach vergessen.

Zwetschgen-Kompott

Mengen:	Zutaten:
500 g	Zwetschgen
125 ml	Pflaumensaft
1/2	Zitrone
1	Vanillestange
	Koriander aus der Mühle
125 ml	Wasser

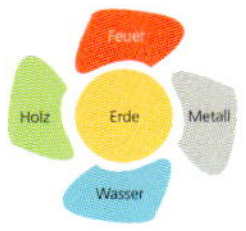

Zubereitung:

1. Zwetschgen waschen, entsteinen, und würfelig klein schneiden.
2. Pflaumensaft in einen Topf geben. Abrieb einer ½ Zitrone, Mark einer Vanillestange, Koriander und Wasser dazugeben und aufkochen lassen.
3. Zwetschgen dazugeben und 3 - 5 Minuten bei reduzierter Hitze garen.

Tipp:
Heiß abgefüllt in ein Schraubdeckelglas sind beschwipste Pflaumen und Co. auch über längere Zeit ohne Kühlung konservierbar (siehe auch Seite 222).

Apfel-Ingwer-Kompott

Mengen:	Zutaten:
2	Äpfel
200 ml	Apfelsaft
1	Zimtstange
1	Vanilleschote
1 EL	geriebener Ingwer
1	Nelke
2 Blatt	frischer Lorbeer
100 ml	Wasser
1/2	Zitrone

Zubereitung:

1. Äpfel in Spalten schneiden, mit etwas Zitronensaft beträufeln, damit diese nicht braun werden.

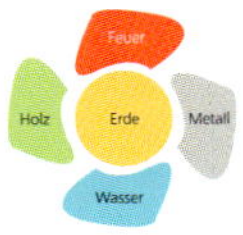

2. Apfelsaft, Zimtstange, Vanilleschote, geriebener Ingwer, Nelke, frischer Lorbeer, Wasser, Spritzer Zitronensaft und etwas Abrieb einer Zitrone aufkochen lassen.

3. Apfelspalten dazu geben und Hitze reduzieren. Nach ungefähr 10 Minuten Zimtstange, Vanillestange und Lorbeerblatt entfernen.

Aprikosen-Mus

Mengen:	Zutaten:
125 ml	Wasser
1/2	Zitrone
1 Zweig	Rosmarin
500 g	reife Aprikosen
1 EL	Rohrzucker
1 Zweig	Pfefferminze
	Meersalz

Zubereitung:

1. Aprikosen waschen und entsteinen.
2. Wasser, Spritzer Zitrone, Rosmarinzweig, Aprikosen, Rohrzucker, Pfefferminzzweig und eine Prise Salz zugeben und kurz aufkochen lassen.
3. Hitze reduzieren und 5 - 7 Minuten sanft köcheln lassen.
4. Rosmarinzweig und Pfefferminzzweig entfernen.
5. Aprikosengemisch mixen.

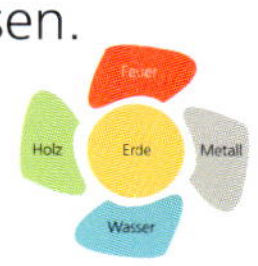

Cranberrie-Birnen-Marmelade

Mengen:	Zutaten:
500 g	frische Cranberries
500 g	Birnen
1	Zitrone
300 g	Gelierzucker
1	Zimtstange
3	Nelken
	Meersalz
1 cl	Cognac

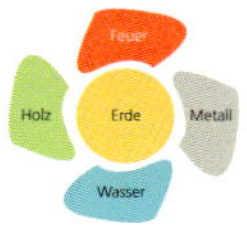

Zubereitung:

1. Birnen schälen, Kerngehäuse entfernen, würfeln und mit Zitronensaft in einer Schüssel vermengen.
2. Cranberries in ein Sieb geben und gut mit kaltem Wasser abspülen, abtropfen lassen und auf einem Küchenpapier trocken tupfen.
3. In einem großen, breiten Topf den Gelierzucker mit Birnenstücken, einer Zimtstange, Nelken, Prise Salz, Cranberries, etwas Abrieb einer Zitrone und Cognac mischen und zugedeckt 1 ½ Stunden ziehen lassen.
4. Die Früchtemischung langsam zum Kochen bringen und 5 Minuten kochen lassen. Nelken und Zimtstange entfernen und mit Stabmixer pürieren.
5. In vorbereitete Gläser abfüllen und verschließen.

Birnen-Feigen-Kompott

Mengen:	Zutaten:
6	Birnen
6	Feigen
1 TL	Butter
1 EL	Rohrzucker
1	Zimtstange
1 TL	Ingwer
3	Nelken
	Meersalz
2	Zitronen
200 ml	Birnensaft
200 ml	Wasser

Zubereitung:

1. Birnen schälen, würfelig schneiden und in Butter andünsten. Mit Zucker karamellisieren.
2. Zimtstange Ingwer, Nelken, Prise Salz, Zitronensaft und Abrieb einer Zitrone zugeben und mit Birnensaft und Wasser ablöschen.
3. Ca. 5 Minuten köcheln lassen.
4. Feigen schälen, würfelig schneiden, dazugeben und nochmals 5 Minuten köcheln lassen. Deckel auflegen und ca. 10 Minuten ausdünsten lassen.

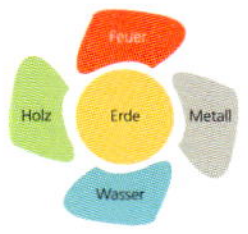

Mousse au chocolat

Mengen:	Zutaten:
170 g	Bitterschokolade Kakaoanteil mind. 70%
125 ml	Schlagsahne
2 EL	Rohrzucker
5	frische Eiweiß
	Chilipulver
	Meersalz
1/2	Zitrone
30 g	Bitterschokolade in kleine Stücke gehackt
	Kakaopulver zum Bestäuben

Zubereitung:

1. Schokolade in einer Schüssel über Wasserdampf schmelzen.
2. Sahne mit der Hälfte des Rohrzuckers steif schlagen und unter die Schokomasse ziehen.
3. Eiweiß mit der anderen Hälfte des Rohrzuckers, Prise Chilipulver, Prise Salz und einem Spritzer Zitronensaft crèmig schlagen und unter die Sahne-Schokomasse ziehen. Bitterschokoladenstückchen zugeben.
4. Schoko-Mousse in Spritztüten füllen (geht gut mit einem Löffel), in kleine Likör/Sektschalen spritzen und einige Stunden in den Kühlschrank stellen.
5. Vor dem Servieren mit Kakaopulver bestäuben.

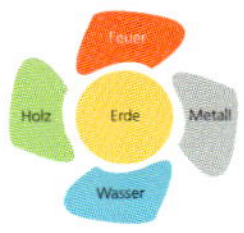

Tipp:
Dieses Mousse ist ohne Eigelb sehr kalorienfreundlich und cholesterinarm.

Schokoladen-Kuchen

Mengen:	Zutaten:
200 g	Butter
100 g	Zucker
9	Eigelb
100 g	Vollmilch-Schokolade
100 g	bittere Schokolade
100 g	feines Weizenmehl
100 g	griffiges Weizenmehl
Prise	Kardamom
Prise	Meersalz
Spritzer	Zitrone
	Marillenmarmelade
	Glasurschokolade

Zubereitung:

1. Butter und Staubzucker schaumig rühren.
2. Schokolade im Wasserbad schmelzen
3. Eigelb nach und nach dazugeben, Schokolade, Mehl, wenig Kardamon, Prise Salz und Spritzer Zitrone vorsichtig unterheben.
4. Eiweiss steif schlagen und nach und nach unterheben.
5. Den Teig auf ein gebuttertes Kuchenblech geben und bei 160° C ca. 50 Minuten backen. Mit einer Fleischnadel einstechen. Wenn nichts daran kleben bleibt, ist der Kuchen fertig.
6. Kuchen mit Marillenmarmelade (Aprikosenmarmelade) bestreichen.
7. Mit Milchschokolade oder Zartbitterschokolade glasieren.

Biskuit

Mengen:	Zutaten:
6	Eier
1 Msp.	Ingwer
Prise	Salz
1/2	Zitrone
100 g	Zucker oder Honig
100 g	glattes Weizenmehl oder 80 g Vollkornmehl

Zubereitung:

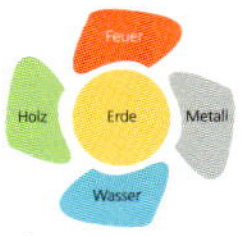

1. Eigelb und die Hälfte des Zuckers, alternativ den ganzen Honig, im Rührtopf cremig schlagen. Dann Ingwer, Salz und den Abrieb einer Zitrone zugeben.
2. Eiweiß mit einer Prise Salz und dem restlichen Zucker zu Schnee schlagen, dabei den Zucker ganz vorsichtig einrieseln lassen.
3. Mehl und Eischnee nach und nach unter die Eigelb-Masse heben und auf ein mit Backpapier belegtes Backbleck streichen und ca. 10 Minuten bei 170° C mit Umluft backen.
4. Backblech herausnehmen und die Masse umdrehen. Das Backpapier etwas anfeuchten und abziehen.
5. Abkühlen lassen und mit Marillenmarmelade bestreichen und einrollen.

Warmer Schokoladenauflauf

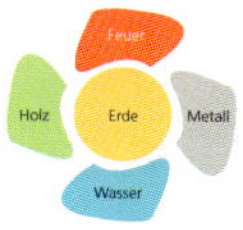

Mengen:	Zutaten:
3	Eier
1	Eigelb
55 g	Rohrzucker
125 g	Schokolade mit 50% Kakao
90 g	Butter
	Kardamom
	Meersalz
30 g	griffiges Weizenmehl
	Butter zum Bestreichen der Soufflèförmchen

Zubereitung:

1. Eier und Zucker über Dampf schaumig aufschlagen.
2. In einer zweiten Schüssel Schokolade und Butter über Dampf zergehen lassen.
3. Die beiden Massen miteinander vermengen. Prise Kardamom, Prise Salz und das Mehl vorsichtig unterheben.
4. Förmchen mit Butter und Zucker ausstreichen oder die Metallringe mit Backpapier innen umwickeln und mit Tesa festkleben.
5. Die Metallringe auf ein Blech stellen, die Masse von oben ca. 3/4 voll einfüllen und bei 245° C ca. 7 Minuten backen.

Wenn das Ganze gelingt, lassen sich die Metallringe nach oben ziehen und das Soufflé bleibt stehen und fällt nicht zusammen.

Wichtig: da jeder Ofen anders ist, immer ein „Probesoufflé" zubereiten. Auf der Seite und oben muss das Ganze fest sein und in der Mitte flüssig, damit die Schokolade beim Hineinstechen schön zerläuft.

Topfensoufflé

Mengen:	Zutaten:
200 g	Quark
1	Zitrone
1	Orange
3 EL	Milch
3	Eigelb
1 TL	Vanillezucker
Spritzer	Rum
5	Eiweiß
50 g	Rohrzucker
	Meersalz
	Butter
	Rohrzucker

Zubereitung:

1. Passierten (durch ein Sieb gedrückten) Quark, etwas Abrieb von Zitronen- und Orangenschale, Milch, Eigelb, Vanillezucker und Spritzer Rum glatt rühren.
2. Eiweiß mit Zucker und Salz zu festem Schnee schlagen und unter den Topfen heben.
3. Förmchen mit Butter ausstreichen und etwas Zucker ausstreuen.
4. Masse einfüllen, im Backofen bei 200° C (Umluft 170° C) ins vortemperierte Wasserbad (70° C) setzten und ca. 20 Minuten backen.

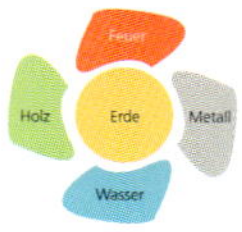

Butter, Rohrzucker: zum Ausstreichen und Ausstreuen der Förmchen

Wie erkennt man, ob Eier frisch sind?

Durch schütteln. Bei einem frischen Ei sind die Luftkammern am abgerundeten Ende des Eies kaum wahrnehmbar. Jeden zweiten Tag nimmt dieses Volumen ein wenig zu. Ein frisches Ei geht im Wasser unter, ein 7 - 10 Tage altes Ei schwimmt dagegen an der Oberfläche. Beim Aufschlagen auch den Geruch prüfen. Das Eigelb sollte eine schöne gelbe Farbe haben. Je weiter das Ei auseinander läuft, um so älter ist es. Eier bleiben gekühlt etwa 14 Tage frisch. Eier niemals neben Knoblauch, Zwiebel oder Lauch im Kühlschrank lagern, da das Ei die Fremdgerüche durch die Schale hindurch aufnimmt.

Marinierte Erdbeeren

Mengen:	Zutaten:
500 g	Erdbeeren
2	Zitrone
1 TL	Honig
1 Stück	Ingwer (ca. 1cm)
	Meersalz

Zubereitung:

1. Erdbeeren gut waschen und in Scheiben schneiden.
2. Zitronensaft und Abrieb einer Zitrone mit Honig verrühren. Ingwerscheibe und Prise Salz zugeben und die Erdbeeren in der Marinade ziehen lassen.

Tipp: Schmecken sehr lecker zum Vanilleparfait auf Seite 273.

Marmorkuchen

Mengen:	Zutaten:
170 g	Butter
150 g	Puderzucker
7	Eier
etwas	Zitronenschale
1 Msp.	Ingwer
Prise	Salz
150 g	Rohrohrzucker
200 g	griffiges Mehl
10 g	Backpulver
1 EL	Kakao
	etwas Butter zum einfetten der Gugelhupf-Form

Zubereitung:

1. Butter und Puderzucker cremig rühren, Eigelb nach und nach langsam zugeben. Etwas Zitronenschale und Messerspitze Ingwer dazu.
2. Zum Eiklar eine Prise Salz geben und mit Rohrohrzucker (langsam einrieseln lassen) zu Schnee schlagen.
3. Mehl und Backpulver vermischen und abwechselnd mit dem Eischnee unter die Dottermasse ziehen.
4. Gugelhupf-Form gut ausbuttern und mit Rohrohrzucker ausstreuen.
5. 2/3 der Masse in die Gugelhupf-Form füllen, die restliche Masse (1/3) mit 1 EL Kakao verrühren und einfüllen.
6. Kuchen bei 180° C (Umluft 160° C) 55 – 60 Minuten backen.

Schokoladen-Nusskuchen

Mengen:	Zutaten:
100 g	Butter
50 g	Puderzucker
6	Eigelb
6	Eiklar
100 g	Bitter-Schokolade mind. 70% Kakao
	Kardamom aus der Mühle
	Meersalz
1 EL	Dinkelmehl
1/2	Orange
100 g	gemahlene Haselnüsse
50 g	Rohrohrzucker

Zubereitung:

1. Butter und Zucker cremig rühren. Eigelb nach und nach in die Butter-Zuckermasse geben.
2. Geschmolzene Schokolade dazugeben und auf langsamer Stufe im Rührkessel weiterschlagen.
3. Kardamom, Prise Salz, Dinkelmehl, Abrieb einer halben Orange und gemahlene Haselnüsse in die Schokomasse geben. Vorsichtig unterheben.
4. Eiklar und Zucker zu Schnee schlagen. Zuerst 1/3 vom Schnee drunter ziehen, dann die restlichen 2/3 vorsichtig drunter heben. Die Masse in eine ausgebutterte Terrinenform füllen. Im Wasserbad bei 200° (Umluft 160° C) ca. 40 Minuten im Backofen backen. Die Dauer hängt immer von der Breite und Tiefe der Form ab.
5. Kuchen aus der Form stürzen.

Tipp:
Mit Schlagsahne oder Schokosauce servieren.

Pralinenparfait

Mengen:	Zutaten:
3	Eier
3 EL	Honig
50 g	Bitterschokolade
50 g	Milchschokolade
1 EL	Kakaolikör
1 EL	Rum
	Meersalz
1	Zitrone oder Orange
250 ml	Sahne

Zubereitung:

1. Eier mit Honig über Dampf schaumig schlagen. Mit Temperaturfühler (77° C) aufpassen, dass die Eier am Boden nicht stocken, daher immer wieder mal den Kessel vom Wasserbad runter nehmen.
2. Schokolade im Wasserbad schmelzen und mit Kakaolikör und Rum unter die schaumige Eimasse rühren. Etwas abkühlen lassen.
3. Prise Salz, Spritzer Zitrone oder Orange und etwas Abrieb einer Orangen- oder Zitronenschale zugeben und die geschlagene Sahne darunter ziehen.
4. In kleine Förmchen oder eine größerer Form, die Sie vorher mit Klarsichtfolie ausgelegt haben, füllen und über Nacht tiefkühlen.

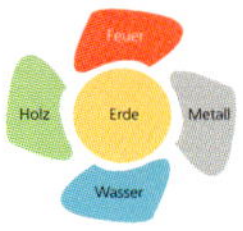

Vanilleparfait

Mengen:	Zutaten:
3	Eier
3 EL	Honig
1	Vanilleschote
250 ml	Sahne

Zubereitung:

1. Topf mit Wasser aufstellen und warten, bis Dampf aufsteigt. Eine runde Schüssel über den Dampf geben und die Eier-Honig-Vanillemarkmasse über Dampf mit einem Schneebesen schaumig schlagen. Temperaturfühler verwenden (77° C). Da die Masse im Topf von unten mehr Hitze als von oben bekommt, immer wieder die Schüssel vom dampfenden Topf herunter nehmen und mit einem Schneebesen kräftig schlagen. So wird die Wärme gleichmäßig verteilt und es gibt kein Rührei.
2. Etwas abkühlen lassen und die geschlagene Sahne darunter ziehen. In Förmchen füllen und tiefkühlen.

Beerenparfait

Mengen:	Zutaten:
3	Eier
3 EL	Honig
	Ingwer
	Meersalz
200 g	Beeren
1	Zitrone
2 - 3 EL	Läuterzucker
200 g	Sahne

Zubereitung:

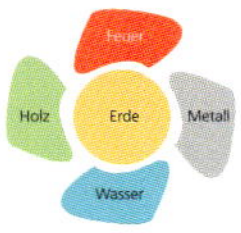

1. Eier über Dampf mit Honig aufschlagen und abkühlen lassen. Messerspitze frisch geriebener Ingwer und Salz zugeben.
2. Beeren mit Zitronensaft, etwas Abrieb einer Zitrone und Läuterzucker pürieren und zur Eimasse geben.
3. Sahne schlagen, unter die Eimasse ziehen, abfüllen und tiefkühlen.

Tipp:
Vor dem Stürzen die Förmchen kurz ins heiße Wasser halten und dann stürzen, so löst sich der Inhalt leichter aus der Form.

Fleisch

Kaufen Sie nur Fleisch aus artgerechter Haltung, denn es zeichnet sich nicht nur durch gute Konsistenz und feinen Geschmack aus, es ist auch frei von Hormonen und Antibiotika. Das Fleisch muss lange gereift sein. Geben Sie lieber ein paar Euro mehr aus, dann haben Sie sicher auch eine gute Fleischqualität.
Fleisch schon vom Metzger zugeputzt - ohne Haut und Flachsen - kaufen und dort vakuumieren lassen.

So bleibt das Fleisch bei Ihnen auch noch ein paar Tage im Kühlschrank frisch. Fleisch aus der Klarsichtfolie auspacken und mit kaltem Wasser abwaschen. Anschließend ganz gut mit Küchenrolle trocken tupfen. Es darf nicht mehr nass sein.

Fleisch braten:

Geeignet sind Rind, Kalb, Wild, Lamm oder Schwein (z.B. Roastbeef, Entrecote, Karree oder Lammnüsschen). Nehmen Sie die Fleischteile im Ganzen oder in Teilen, die zum kurz Braten (keine Schmorgerichte) geeignet sind. Putenbrust und Hühnerbrust nur ganz kurz anbraten. Geht je nach Dicke der Fleischstücke ganz schnell. Meist reicht eine Minute auf beiden Seiten. Nach dem Anbraten das Fleisch gleich zum Rasten und Durchziehen bei 80° - 100° C in den Backofen geben. So bleibt das Fleisch saftig und in der Zwischenzeit können Sie aus dem Bratensatz noch etwas Sauce zaubern.

1. Pfanne erhitzen.
Wichtig: Die Pfanne muss heiß sein, nicht das Öl.
2. Öl dazugeben (Rapsöl, Olivenöl, Sonnenblumenöl…)
3. Fleisch ganz kurz vorher mit Pfeffer und Salz würzen und kräftig auf beiden Seiten anbraten. Dann Hitze um die Hälfte reduzieren und Fleisch - je nach Dicke des Fleisches 2 - 5 Minuten – auf beiden Seiten weiter braten. Das gibt dem Fleisch schöne Röstaromen.
4. Geben Sie zum schön angebratenen Fleisch, bevor Sie es aus der Pfanne in den Ofen legen, Gemüse und Kräuter dazu und rösten das Gemüse, bis es etwas Farbe annimmt. Dazu eignen sich: ½ Sellerie, 1 Karotte, 1 Schalotte, etwas Lauch (das Weiße), 1 Knoblauch mit Schale, 2 - 3 Ingwerscheiben, 2 - 3 Pfeffer- oder Korianderkörner, Prise Salz, 1 TL Tomatenmark (im Sommer 1 EL frische eingekochte Tomaten verwenden), 1 Rosmarin- oder Thymianzweig und bei Wild Wacholderbeeren, Orangen- und Zitronenschalen.
5. Fleisch aus der Pfanne nehmen und in den, bei 80°-100° C vorgeheizten Ofen auf ein Gitter, mittlere Schiene, legen. Teller an den Boden des Backofens stellen. Dieser fängt den Bratensaft auf. Bratenthermometer verwenden und das Fleisch bis zur gewünschten Kerntemperatur (57° - 60° C) fertig braten. Ofen ausschalten, Ofentür aufmachen und das Fleisch noch 5 Minuten rasten lassen.
6. Auf Wunsch: Bratensatz mit 1/8 L Rotwein und 1/8 L Portwein aufgießen und auf 1/3 einkochen lassen. Dies passt gut zu Wild und Rind. Bei Schwein könnten Sie Dunkelbier nehmen und bei hellem Fleisch wie Kalb oder Huhn ist Weißwein ideal.
7. Mit Fond (Kalbsfond, Wildfond, Hühnerfond...) oder Brühe (Rinderbrühe, Gemüsebrühe...) aufgießen und bis zur gewünschten Konsistenz einkochen lassen. Abschmecken und die Sauce durch ein Sieb (ausgelegt mit einer Stoffwindel) passieren. Zum Abbinden können Sie eine fein geriebene ½ Kartoffel ca. 30 Minuten in der Sauce mitköcheln lassen.

Fleisch grillen:

Das Grillfleisch (auch ganz dünne Scheiben) nie auf einmal fertig braten. Immer ein paar Minuten bei 80° C im Ofen etwas ruhen lassen, sonst läuft beim Anschneiden der gute Saft gleich aus dem Fleisch. Bei großen Fleischteilen (Entrecote im Ganzen) nach dem Aufschneiden die Fleischscheiben noch mit etwas grobem Meersalz bestreuen. Kerntemperaturen von 55° - 60° C (Roastbeef medium-rare/medium), Hirschrücken oder Schweinefilet (60° - 67° C) Pute und Geflügel durchbraten (80° C). Zum Abbinden von Saucen können Sie immer gegen Ende der Kochzeit eine frisch geriebene Kartoffel ca. 30 Minuten in der Sauce mit köcheln lassen. So verzichten Sie auf Mondamin, Sahne, Butter oder die klassische Mehlbutter.

Momentan in aller Munde ist das **Garen mit niederen Temperaturen** (z.B. Kalbstafelspitz bei 72° C ca. 7 Stunden, je nach Größe des Fleisches). Diese Garmethode ist empfehlenswert und eignet sich bei größeren Bratenstücken und klassischen Schmorgerichten, wie Rinderschulter, Lammschulter und andere. Hierfür benötigen Sie einen sehr guten Ofen, der die statische (konstante) Temperatur hält. Umluftofen haben zu starke Schwankungen. Empfehlenswert bei dieser Garmethode ist auch ein Fleischthermometer.

Eine weitere sehr sanfte Methode ist das **Garen im Vakumbeutel**, wie es beim Rezept der Milchkalbshaxe auf Seite 90 beschrieben ist.

Kochen heißt nicht, nur streng nach Rezeptur vorgehen. Kochen hat auch viel mit Gefühl und persönlichem Geschmack zu tun. Werden Sie kreativ bei Ihren Saucen und Fonds.

FISCH

Fisch können Sie im Ofen backen, aber oft müssen Sie ja in kleinen Portionen denken, dann sind für die Zubereitung von Filets oder Steaks beschichtete Pfannen am besten geeignet. Darum bitten Sie den Fischhändler, Ihnen den Fisch zu filetieren. Wie lange der Fisch garen muss hängt letztendlich von der Dicke des Fisches ab.

Fisch braten:

Pfanne erhitzen, Olivenöl hineingießen, Fischfilet unmittelbar vor dem Braten mit etwas feinem Meersalz bestreuen und auf der Hautseite kräftig anbraten, immer ruhig liegen lassen, wenn Sie den Fisch bewegen oder zu früh versuchen ihn zu wenden bleibt die Haut am Boden haften. Durch die nach oben wandernde Hitze wird das milchige Fleisch, beginnend auf der Seite, erkennbar weiß, dann Kräuter (z.B. Estragon oder Rosmarin) in die Pfanne legen, etwas Butter dazugeben, Fisch umdrehen und die Hitze reduzieren, besser noch die Pfanne etwas auf die Seite ziehen, da die Resthitze der Pfanne den Fisch glasig ziehen lässt. (Thermometer mit ganz dünner Nadel verwenden. Bei 48° C Kerntemperatur ist der Fisch schön glasig). Die Haut abziehen und mit Fleur de Sel würzen.

Fisch in Fond ziehen lassen:

Fisch in der Pfanne in Fischfond oder Gemüsebrühe unter 80° C (Thermometer verwenden) ziehen lassen und anschließend mit Fleur de Sel würzen.

Fisch einwickeln:

Fisch mit Klarsichtfolie einwickeln - noch besser im verschlossenen Vakuumbeutel mit Kräutern (Rosmarin oder Thymian) und Olivenöl, aber kein Salz - im Wasserbad bei 80°C ziehen lassen oder im Dämpfer dämpfen.
Tipp: Fisch beim Pochieren, Dämpfen und Garen im Vakuumbeutel (Klarsichtfolie) immer erst nach dem Garen mit Meersalz (zum Beispiel Hibiskussalz oder Fleur de Sel) bestreuen und mit etwas nativem Olivenöl und Zitronensaft beträufeln.

Fisch in der Form:

Fisch in eine mit Olivenöl bestrichene Form legen, Klarsichtsfolie über das Gefäß spannen und im Ofen (nicht Umluft) bei 80° C ca.15 Minuten glasig ziehen lassen. Anschließend mit Fleur de Sel würzen. Bei Lachs, Lachsforelle, Forellen und Saiblingen eignet sich diese Zubereitung hervorragend, da bei zu großer Hitze schnell das Eiweiß austreten kann.

Eine einfache und schnelle Methode:

Einen Topf mit Wasser aufstellen, bis es schön dampft. Einen Teller (22 - 26 cm) wie einen Deckel auf den Topf platzieren und Forellen oder Alpenlachsfilets darauflegen. Dabei den Fisch mit der Hautseite nach oben legen. Mit etwas Butter oder Olivenöl beträufeln und einen zweiten Teller mit der Wölbung nach oben über den Fisch stülpen und diesen so ca. 2 - 3 Minuten zwischen den Tellern garen. Dann den oberen Teller anheben, Fisch umdrehen (Hautseite nach unten), mit Fleur de Sel bestreuen und Olivenöl beträufeln.
Weitere 2 - 3 Minuten garen.

Das Backen im Salzmantel:

Eine der ältesten Zubereitungsarten für Fisch, die wieder stark in Mode gekommen ist. Ursprünglich streute man eine Schicht Meersalz in ein Gefäß, legte den Fisch darauf und deckte diesen mit einer weiteren Schicht Salz und vielleicht einigen Kräutern ab. Dann wurde das Salz mit Wasser bepinselt. Dadurch klebte das Salz zusammen und bildete eine Kruste, die den Fisch vor der Hitze schützte und durch das Garen im eigenen Saft noch mehr Aroma gab. Heutzutage wird in sehr guten Restaurants eine etwas aufwendigere, teigähnliche Kruste aus Kräutern, Salz, Eiweiß und Mehl hergestellt, die dann im Ofen steinhart wird.

Kräuter, die zum Fisch passen sind Petersilie, Salbei, Estragon, Rosmarin.

Frühling & Sommer

Die Grund-Zubereitungsformen im Frühjahr und im Sommer

Die Zubereitungsformen die vorwiegend im Frühjahr und im Sommer zur Anwendung kommen sind Blanchieren, Dünsten, Dämpfen und Pochieren.

Blanchieren: Wasser auf den Siedepunkt bringen und Gemüse oder Blattgrün kurz in das kochende Wasser geben. Um den Garvorgang zu unterbrechen, wird das Gargut anschließend in Eiswasser abkühlt.

Dünsten: Bratgut bei guter Hitze rasch anbraten. Mit Deckel, ohne Flüssigkeit, zugedeckt bei wenig Hitze (110° bis 130° C) dünsten. Die Flüssigkeit (Fond) die sich gebildet hat, reduzieren lassen und je nach Gericht mit servieren. Besonders für Schlachtfleischstücke, Gemüse und Früchte geeignet.

Dämpfen: Siebeinsatz über Wasserdampf oder entsprechende Geräte verwenden. Diese Zubereitungsart kommt zunehmend zur Anwendung um Fischen, Geflügel und Gemüse den Eigengeschmack zu erhalten.

Pochieren: Das Pochieren ist der schonendste Garprozeß. Die Speisen werden vorsichtig bei 65° C bis 80° C in Flüssigkeit oder im Wasserbad gegart.

In Flüssigkeit: Wasser, Fonds (Gemüsefond, Fleischfond, Hühnerfond, Fischfond)
oder in Öl: Olivenöl (unter 60° C). Diese Art des Garens eignet sich zum Beispiel für Fisch.

Formen im Wasserbad: Füllungen (Pasteten, Terrinen,) Eierstich, verschiedene Süßspeisen.

Sous vide Garen: Fleisch oder Fisch wird in einen Vakuumbeutel eingeschweißt - kann mit Aromen und Kräutern mariniert werden - und anschließend bei konstanter Wassertemperatur von 68° C im Wasserbad gegart. Durch das Einschweißen geht vom Fisch- und Fleischaroma nichts mehr verloren. Der aromatische Saft kann als Grundlage für feine Saucen dienen. Das Produkt bleibt so gut, wie es ist und durch die niedrigen Temperaturen wesentlich saftiger.
Wichtig: Beim Sous vide Garen sollten nur beste und frischeste Lebensmittel verwendet werden.

Bei allen Kochmethoden handelt es sich um Verfahren, die den Yin-Aspekt der Lebensmittel stärken. Diese Zubereitungsmethoden verbessern die Bekömmlichkeit der Speisen im Vergleich zur Rohkost deutlich. Eigengeschmack und Inhaltsstoffe werden geschont.

Außerdem wird der Yin-Charakter von Lebensmitteln gestärkt durch kurze Garzeiten, Zugabe kühler Zutaten, wie Obst, Südfrüchte, Sprossen oder durch Zugabe von Saft.

Herbst & Winter

Die Grund-Zubereitungsformen in Herbst und Winter

Die Zubereitungsformen, die vorwiegend im Herbst und Winter zur Anwendung kommen sind langes Kochen, Sieden, Niedertemperaturgaren, Backen, Braten, Grillen, Sautieren und Frittieren.

Kochen: Für Teigwaren und Reis.

Sieden: Unter Sieden versteht man eine Zubereitungsart zwischen Pochieren und Kochen. Am Siedepunkt von Wasser oder Fond bei 95° - 98° C ziehen lassen. In unseren Rezepten ist an dieser Stelle zu lesen: „wenn in der Topfmitte Wärmeschlieren aufsteigen und dabei die Oberfläche leicht dampft". Das Siedefleisch hat von dieser Kochmethode seinen Namen.

Niedertemperaturgaren: Garen bei einer konstanten, statischen Ofentemperatur von 75° - 80° C. Umluft beschleunigt nur das Austrocknen. Mit dieser schonenden Gartechnik lassen sich tolle Ergebnisse erzielen. Schon in der Steinzeit wurde Fleisch in der Asche verlöschender Feuer vergraben und am nächsten Tag quasi „niedertemperaturgegart" verzehrt. Die besten Köche der Welt nutzen diese Garung schon seit vielen Jahren. Je nach Größe des Fleisches kann der Vorgang mehrere Stunden dauern. Die verschiedenen im Fleisch enthaltenen Eiweiße gerinnen bei Temperaturen zwischen 60° und 72° C, daher kommt die Farbveränderung von rosa (60° C Roast beef Kerntemperatur) nach grau (72° C Kerntemperatur).

Backen im Backofen: Auf dem Gitterrost bei 170° - 240° C oder auf dem Blech bei 150° - 240° C. Im Ofen wird ohne Zugabe von Flüssigkeit oder Fett gegart oder in Formen gebacken. Diese Garmethode eignet sich speziell für Fleischgerichte, Kartoffeln, Teiggerichte, Süßspeisen und Gebäck.

Braten im Backofen: Anbraten im großen Topf oder im Ofen bei 210° - 250° C und anschließend bei weniger Hitze von 120° - 180° C fertig braten. Diese Art eignet sich bei Schlachtfleisch, Geflügel, Wild, Fischen und Kartoffeln.

Grillen: Das Grillgut nur leicht einölen. Anfangs sollte die Temperatur 220° - 240° C (Grill-Mitte) und zum Fertiggrillen 100° - 150°C betragen (Bratgut auf den Rand des Grills). Das Grillen eignet sich sehr gut für kleinere und mittlere Fische, Fleischstücke (Steaks, Entrecote, Geflügel) und Gemüse. Dünne Stücke erfordern hohe Hitze, dicke Stücke schwache Hitze.

Sautieren: In der Bratpfanne (Sauteuse) geschnetzeltes Fleisch, Geflügel, Kartoffeln oder Gemüse in heißem Fettstoff anbraten. Auch hier gilt, bei Fleisch stark fallende Hitze vermeiden. Dies passiert, wenn man zu viel Fleisch in eine zu kleine Pfanne gibt. Das Fleisch zieht Flüssigkeit und wird dadurch trocken.

Frittieren: Tauchen in Öl. Asiaten frittieren viel Fleisch und Fisch. Wichtig: Hitzebeständiges, cholesterinfreies Raps- oder Sonnenblumenöl verwenden. Die Temperatur sollte zwischen 170° bis 180° C betragen. Frittieren Sie niemals über 180° C. Ebenfalls wichtig: Immer bei gleich bleibender Hitze frittieren, sonst saugt sich das Backgut voller Fett.

Überbacken: Gratinieren mit Käse oder einer Kräuter-Bröselmischung.

Braisieren (Schmoren): im Rohr in Flüssigkeit und zugedeckt (Deckel oder Alufolie) weich schmoren.

Bei diesen Kochmethoden handelt es sich um Verfahren, die den Yang-Aspekt der Lebensmittel stärken. Zusammen mit wärmenden Gewürzen und dem Kochen mit Alkohol wird damit viel Energie und Wärme in die Gerichte gebracht.

Qualität ohne Übertreibung

Eine der guten alten Küchenregeln besagt: Jedes Gericht schmeckt nur so gut wie seine schlechteste Zutat.

Versuchen Sie täglich frisch zu kochen und verwenden Sie dazu frische, hochwertige Produkte. Diese müssen nicht unbedingt immer teurer sein. Verzichten sollten Sie auf tiefgekühlte Fleisch- und Fischwaren und alle vorgefertigten Waren. Kaufen Sie Milch- und Fleischprodukte aus Ihrer Region.

Salze:

Verwenden Sie verschiedene Salze wie Fleur de Sel, Maldon Salz (hat eine flockige, feine Konsistenz) oder ein aromatisiertes Salz wie z.B. das Hibiskusblütensalz oder ein Gewürzsalz. Bei den Salzen handelt es sich um reine, einzigartige und auf traditionelle, natürliche Art und Weise produzierte Lebensmittel, ohne chemische Reinigung und Zusätze hergestellt. Vergessen Sie den Tipp, dass man Fleisch vor dem Braten nicht würzen sollte. Salz entzieht dem Fleisch zwar Wasser, daher sollte man das Fleisch erst ganz kurz vor dem Anbraten salzen. Wenn Sie den aufgeschnittenen Bratgutscheiben kurz vor dem Servieren dann noch ein paar Körnchen Salz gönnen erhalten Sie einen intensiven Fleischgeschmack.

Essig & Öl:

Probieren Sie Champagner-Essig, der aus Weißwein und Champagner hergestellt wird. Er schmeckt angenehm mild und spritzig und zieht den Gaumen beim Probieren nicht schlagartig zusammen. Und Sherry-Essig, aus Jerez, der Hauptstadt der Sherryproduktion in Südspanien. Nicht weniger vielfältig als der Essig, mit seinen zahlreichen Variationen, präsentiert sich auch die große Familie der Öle. Die Palette reicht vom Distel- bis zum Mohnöl, von Kürbiskern- bis zum Walnussöl. Die am weitesten verbreiteten Sorten sind aber die reinen Keimöle (Pflanzenöle), sowie das Olivenöl. Die Qualität und damit auch der Preis eines Olivenöls hängen direkt von der Methode der Pressung ab.

Am wertvollsten sind die so genannten Tropföle, bei deren Gewinnung die Früchte gar keinem mechanischen Druck ausgesetzt werden. Die kostbare Flüssigkeit bildet sich allein durch das Gewicht der übereinander geschichteten Oliven. Die nächste Stufe sind „olio extra vergine" naturrein, kalt gepresst, mit einem Fettsäuregehalt unter einem Prozent und „olio vergine" mit einem Fettsäuregehalt über 3.3%. Gutes Olivenöl ist also geschmacklich interessant und gesundheitsfördernd. Heben Sie Öl kühl und lichtgeschützt auf und keinesfalls zu lange, sonst beginnt es ranzig zu werden. Kaufen Sie kein Olivenöl mit den Aufschriften „olio raffinato" oder „rettificato", denn dabei handelt es sich um industriell hergestellte, oftmals mit chemischen Mitteln behandelte Sorten.

Kochweine:

Weine sind nicht nur zum Trinken da, sie werden auch für eine Reihe von Saucen und Fonds benötigt. Ein Wein der zu süß oder zu sauer ist, nach Sprit schmeckt, oxidiert ist oder aber korkt, ein solcher Wein hat überhaupt nichts in der Sauce zu suchen, die ansonsten mit viel Liebe und den besten Zutaten hergestellt wird. Ein „Zaubertrank" gehört unbedingt in Ihr Flaschensortiment, vor allem, wenn Sie wohlschmeckende Fischsaucen anbieten wollen. Es handelt sich um einen südfranzösischen Vermouth, der schon 1843 kreiert und nach seinen beiden Erfindern Joseph Noilly und Claudius Prat benannt wurde: Noilly Prat. Er entsteht aus speziellen Weißweinen der Gegend, die über mehrere Jahre in Eichenfässern ausgebaut und am Schluss mit einer Mischung aus 20 Kräutern, nach einem Geheimrezept zusammengestellt und gewürzt wird. Probieren Sie es einmal aus, sie werden sehen wie gut dieser Vermouth mit Ihrer Fischsauce harmoniert. Was in Ihrer Spirituosenabteilung ebenso wenig fehlen darf, ist ein Madeira. Er ergänzt hervorragend süße und dunkle Saucen, beispielsweise Trüffel und Wildsauce. Verwenden Sie Madeira aber nicht so wie er aus der Flasche läuft. Er muss reduziert werden, das heißt: so dick eingekocht, dass am Schluss ein Fünftel übrig bleibt. Diese Reduktion geben Sie dann an die Sauce.

Gesamt-Register
alphabetisch geordnet

Quellenangabe

Giovanni Maciocia: Die Grundlagen der Chinesischen Medizin; Verlag für Traditionelle Chinesische Medizin, Dr. Erich Wühr, Kötzting 1994

Dan Bensky, Steven Clavey, Erich Stöger: Materia Medica, 3rd Edition; Eastland Press, Seattle 2004

Ute Engelhardt, Rainer Nögel: Rezepte der chinesischen Diätetik; Urban & Fischer, München und Jena 2009

Ute Engelhardt, Carl-Hermann Hempen: Chinesische Diätetik; Urban & Fischer, München und Jena 2002

Uwe Siedentopp, Hans-Ulrich Hecker: Praxishandbuch Chinesische Diätetik; Verlag Siedentopp & Hecker GbR, Kassel 2004

Barbara Temelie: Ernährung nach den Fünf Elementen; JOY-Verlag, Sulzberg 2004

André Dominé: Natürlich & Köstlich; Könemann Verlagsgesellschaft mbH, Köln 1998

Ingo Holland: Gewürze; Tre Torri Verlag, Wiesbaden 2006

Ralf Bos, Thomas Ruhl: Avant Garde; Fackelträger-Verlag, Köln 2008

Weiterführende Adressen

Ausbildungsstätten für Traditionelle Chinesische Medizin

Internationale Gesellschaft für Chinesische Medizin e.V. (SMS)
www.tcm.edu

Arte Medica Dialog
www.arte-medica.de

Gemeinnützige Verbände zur Förderung der 5-Elemente-Ernährung

Deutschland
Ernährung nach den Fünf Elementen e.V.
www.5-elemente-ev.de

Schweiz
Verband Ernährung nach den 5 Elementen
www.ernaehrung5elemente.ch

Österreich
Gesellschaft für Ernährung nach den Fünf Elementen
www.tcm-ernaehrung.at

Realisation / Informationen

2. überarbeitete Auflage / Januar 2013

neue ISBN 978-3-941684-11-9

Projektleitung und Herstellung:
Tinto Verlag, Hannover
www.tinto-verlag.de

Texte und Organisation:
Stefanie Hamma, Isny & Ekkehart Hamma, Isny
www.inpuncto-mitte.de www.chinesische-kinderheilkunde.de

Rezepte und Gerichte-Zubreitung:
Wolfgang Radi, Tannheim
Mit der wunderbaren Unterstützung seines Küchenteams aus dem Landhotel Hohenfels
unter der Leitung von Raffaele Cesare Cannizzaro.
www.hohenfels.at

Photographie:
André Chales de Beaulieu, Hannover
www.photo-cdb.de

Bildnachweise:
Inhalt: Seite 17: S.Körber/fotolia, Seite 21: A.Subbotina/fotolia, Seite 23: printemps/fotolia
Seite 158: A.Scarpi/fotolia.de, Seite 175: L.Tid/fotolia.de, Seite 216: C.Gissemann/Shutterstock.com,
Seite 236: krizz7/fotolia.de, Seite 277: monamakela.com/fotolia
Umschlag: o.2.vl: A.Subbotina/fotolia, o.3.vl: Volff/fotolia, o.2.vr: Isak55/Shutterstock.com,
o.r: Ermess/Shutterstock.com